全面从严治党与新时代中国宪法发展

李少文 著

上海三联书店

序

秦前红[1]

作为一种独具特色的中国政党制度，为了实现执政愿景和保持执政地位，中国共产党开展了创造性的政党实践活动，诸如独特的话语叙事、自主的规则体系和缜密的组织运行系统。其中中国共产党所推动的全面从严治党活动，其影响是全面的。相关的理论问题就包括，全面从严治党如何影响国家权力运行的动力和活力，如何影响法治建设的深度和广度，如何影响经济社会发展的方向与趋势，等等。发现全面从严治党与宪法发展之间的关系，对于中国宪法研究来说，是一个必要的选题。站在宪法是权力配置和权力运行的“宏观调控法”的角度看，全面从严治党对中国宪法体制产生了重要影响。只是这种影响关系，较难通过文本研究、训诂解释完整呈现。所以，本书围绕这个主题展开，体现了一定创新。在中国宪法学目前愈发显著的文本主义取向下，这一研究颇有特色，具有积极意义。

在全面从严治党背景下，中国推进了国家监察体制改革，这是宪法学应当关注的问题。监察改革重新塑造国家制度和法律制度，在党法关系、党政关系以及法律体系方面，都产生了较大影响。例如，对于党法关系来说，加强党的全面领导，特别是党中央权威和集中统一领导，让党的领导穿透在国家权力运行的各个方面、各个层次，这是监察改革

① 武汉大学法学院教授。

的隐含任务。对于党政关系来说，党的纪律检查委员会与国家的监察委员会合署办公，实行一套工作机构、两个机关名称，履行党的纪律检查和国家监察两项职责，实现“纪委监委领导体制和工作机制的统一融合，集中决策、一体运行”。这种体制安排是党政关系变革的体现，也是监察改革的直接任务。在这种情况下，党不再被认为是远离公权力的，而是在一定范围内直接行使公权力的政治主体；党组织可以凭借合署办公的特殊安排，实际上履行法律职责、行使法定权力，形成同时执纪执法的结构。在党法关系、党政关系发生变革的情况下，我国的法律体系也发生了变革。监察法治就是一种特殊的“法治”，监察权、监察委员会以及监察法的属性都需要进一步深入思考。对此，本书做了一些研究，提出了颇具创见的主张，包括全面从严治党影响法治中国建设、国家治理体系、政党治理法治化以及权力监督体制，依规治党具有外溢功能、监督权遵循主权逻辑、监察权运行应当贯彻正当程序等。

关于中国宪法在国家政治社会生活中的定位以及效力，也需要深入思考。就学界认识来说，这个问题或许有共识，但这种共识却是脆弱的，其内涵究竟为何，如何结合现实作出深刻理解，仍不够清楚。例如，政治体制改革究竟如何凭借宪法展开；针对国家监察体制改革，宪法的控制力如何体现；在监察制度体系中，是否存在着由体制性因素所影响的具体程序环节，等等，都是宪法学的难题。中国宪法中的国家权力关系，有很多值得深入展开研究的内容。然而，针对动态的政治与宪法的关系，目前国内或许还没有很好的研究范式。本书在这方面所做的探索值得关注，一些观点还颇具新意，包括修宪工程作为控制框架、改革中的“宪法收缩”、监察委员会的非实体性，政党依附型宪法发展模式，以及坚持党的领导、人民当家作主、依法治国有机统一的不同侧重、动态平衡特征等。

本书作者李少文博士是一名才华卓著的青年学者，他在宪法学领域持续做了一些有意义的研究，形成了一些具有个人特色的学术主张，有一定理论高度，也不失现实意义。从本书内容看，他对于宪法设计的原理以及推进宪制性改革的过程研究，是较为独到的。针对监察改革的理论问题，监察法治的细节问题，本书也有一些启发性论述。在研究过程中，他不局限于已有的本土话语和学科知识，而是积极引入比较研究资源，善于发掘宪法学原理，这也是很有意义的研究方式。当然，本书还有一些不足，例如，在体系上，全面从严治党如何影响政体运行、国家治理的效能，并未深入展开；在理论上，全面从严治党在影响政治体制时，究竟反映了何种宪法原理，如何按照中国模式加以提炼总结，论述不够清楚；在实践上，监察改革是一个系统化的问题，作者虽然有所体悟，但感触仍不深刻，对于相关具体任务的把握还可以进一步增强。这些问题可以留待作者以及有关研究人员进一步展开。多年来，我一直关注作者的成长。他从武汉大学法学院本科毕业后，到北京大学法学院读硕士和博士研究生，再到中央党校从事教学科研工作，一直都在努力探索。他学术感觉敏锐，学养良好，勤奋刻苦，在基础原理方面下了一定功夫，对理论引介、改造较为积极，表达能力也较为突出。这都是很好的品质。作为青年学者，他能够有自己的一些思考，形成研究成果，出版著作，我也颇为欣慰。当然，他也面对着很多挑战，希望他在未来的学术漫途中，持之以恒，久久为功。

目　录

导 论

一、研究背景

政党与宪法的关系是世界性难题，呈现出不同形态和方案。在西方，宪法对待政党的态度是从排斥到接纳，最后逐渐融合，政党的内部治理也成为宪法规制的对象。作为中国特色社会主义事业的领导核心，中国共产党"领导一切"，具有最高的政治权威。社会主义国家宪法，是党和人民意志的集中体现，现行宪法是在深刻总结我国社会主义革命、建设、改革的成功经验基础上制定和不断完善的，是党领导人民长期奋斗的历史逻辑、理论逻辑、实践逻辑的结果，是必须遵循的国家根本法。中国共产党领导是中国特色社会主义最本质的特征，这决定着党与宪法之间不仅没有相斥的基础，而且，作为政治主体，中国共产党所开展的政治活动，必然影响宪法秩序和法治建设。本书聚焦于党法关系的一个侧面，即新时代党对于党政关系及其自身的治理逻辑、方式与举措，如何产生促进社会主义法治建设特别是宪法发展的效果。

中国共产党十八大以来推进全面从严治党，产生了巨大影响，推动新时代取得了历史性成就，发生了历史性变革。这是当代中国的一项重要政治活动，是新时代中国特色社会主义的基本方略之一。党的二十大提出，坚定不移全面从严治党，深入推进新时代党的建设新的伟大工程。[①] 全面从严治党的内涵宽泛，强调勇于自我革命、从严管党治党，包括了坚持和加强党的全面领导，推进党的政治建设、思想建设、组织建设、作风建设、纪律建设，把制度建设贯穿其中，深入推进反腐败斗争，在这个过程中全面增强执政本领，不断提高党的执政能力和领导水平。[②] 特别是，坚持党要管党、全面从严治党，要加强党的领导，坚持制度建党、依规治党，加强党内法规建设，以及由此延伸出来的中国共产党对于权力运行体制的影响和权力结构的重新安排，新时代的这些举措从客观上保障中国共产党在政治过程中与宪法保持一致，并且通过党作为政治主体的主动性、积极性，反向作用于宪法，推动了宪法秩序和法治建设。这是新时代中国特色社会主义事业最重要的保证，是“历史周期率”之问的新回答。为什么中国共产党的自我革命、全面从严治党具有如此效果？这是当代中国政治学和宪法学的理论挑战之一。

中国共产党是中国最重要的政治活动主体，党所开展的政治活动是国家重要政治活动。党的建设，特别是加强党的全面领导，坚持党要管党、全面从严治党，必然影响到社会主义国家民主政治，特别是宪法秩序和法治建设。这就是党关于党政关系及其自身治理的政治行为所产生的影响，表明了党以伟大自我革命引领伟大社会革命的重要意义。现行宪法是我国国家制度和国家治理体系的根本法保障，也是全面依法治国的根本法依据。中国共产党必须在宪法法律范围内活动。同时，党作为政治主体，在宪法法律范围内的政治行为，可以反向影响宪法秩序。这就形成了一种党与宪法法律之间的互动结构。这是理解党与法关系的重要视角。新时代全面加强党的领导，坚持党的自我革命，坚持全面从严治党，推进党的建设新的伟大工程，构成了这一组互动关系下的实体内容。理解新时代的中国宪法实践，关键是发现如何实现

---

① 习近平：《高举中国特色社会主义伟大旗帜　为全面建设社会主义现代化国家而团结奋斗——在中国共产党第二十次全国代表大会上的报告（2022 年 10 月 16 日）》，人民出版社 2022 年版，第 63 页。

② 习近平：《决胜全面建成小康社会　夺取新时代中国特色社会主义伟大胜利——在中国共产党第十九次全国代表大会上的报告（2017 年 10 月 18 日）》，人民出版社 2017 年版，第 61—62 页。

党的建设与宪法秩序和法治建设相统一。用“党言党语”来说，那就是以党的建设带动中国特色社会主义宪法工程建设，坚持党的建设新的伟大工程与社会主义国家宪法工程建设相统一，体现中国特色宪法发展模式的独特性。这是新时代坚持和发展中国特色社会主义的本土智慧和有效经验。

二、研究主题

本书分析框架的核心基础是，党法关系，特别是党与宪法的关系，受到了中国共产党所开展的政党治理行为的影响。对此，本书进行了基本原理和制度设计的延伸，还提出了“政党依附型宪法发展模式”。实际上，政党与宪法之间从来都不只是宪法的单向约束，因为政党是有明确意志的政治活动参与者，在面对宪法时，也有实现其政治意志的行为动机。这是宪法作为行为规范时的一种特殊表现。政党与宪法的关系，具有较为显著的权力配置和权力运行的内涵，这是中西方的共同特点。在西方，政党与宪法关系形成了美国式抑制政党发展的麦迪逊主义和德国式政党法治化两种模式。对此，中国有新模式、新方案，那就是党的建设与宪法秩序之间的内在一致性。中国共产党自十八大以来，推进全面从严治党，在党政关系和党的内部治理方面采取了一系列有力措施，对中国的权力体系产生影响，包含了对法治建设、治理体系以及权力运行方式的影响。其中，一个重要表现就在于建立了具有独特优势的监督权体系，这是党坚持自我革命、跳出历史周期率的依托。与之相关的是，党和国家监督体系的正当性、国家监察体制改革的必要性，它们需要进一步进行分析。以监督权为中心的改革是当代中国政治体制改革，反映了中国宪法发展的特征。

本研究形成如下主要论点：

第一，中国共产党推进全面从严治党具有宪法影响，是政党与宪法法律互动结构关系的一种表现，特别是，说明了在处理政党与宪法关系方面，中国有自己的方案和独特的优势。政党制度是宪法安置作为主

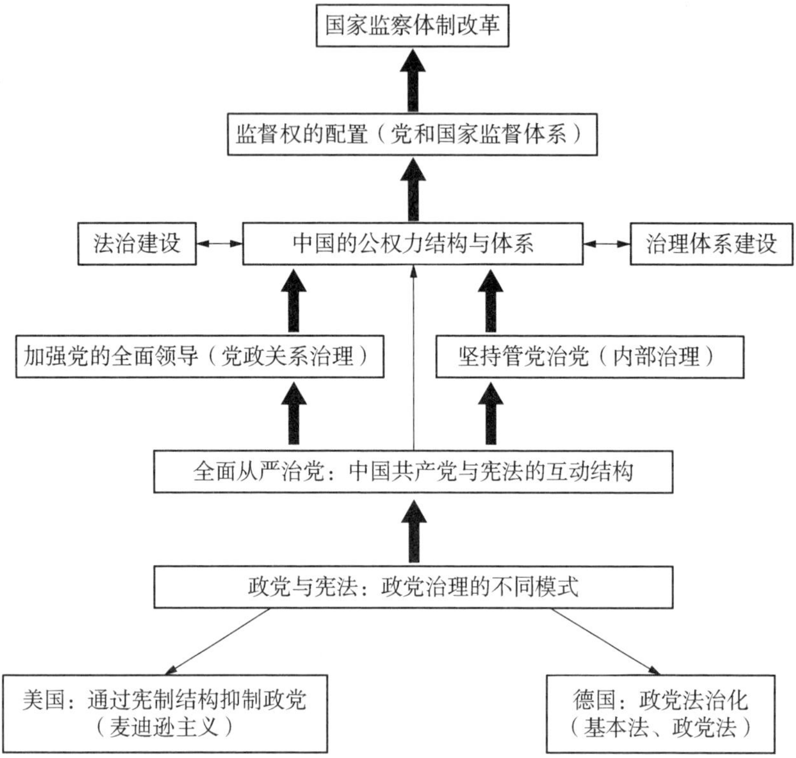

权者的人民的重要制度形式，能够在一定程度上体现人民的主权者地位。在西方，政党与宪法的关系至少有两种类型，分别是以美国为代表的抑制政党发展进而弱化政党结构的模式，和以德国为代表的用宪法法律直接约束政党内部治理活动并形成政党法治化的模式。政党治理亦形成了自由型和约束型两种不同模式。中国共产党是中国特色社会主义事业领导核心，执掌国家政权，党的建设与国家整体宪法秩序之间具有互动关系。党坚持管党治党、全面从严治党，反映了马克思主义政党和社会主义国家在处理政党和宪法关系上的新方案。这正是中国特色国家制度和法律制度的集中体现。全面从严治党是中国特色社会主义民主政治建设和法治建设的重要组成部分，宪法实施存在着政治主体通过政治活动发展宪法的路径，中国共产党是宪法实施的动力源。

第二，中国共产党作为最重要的政治主体，党的建设是重要的政治活动,也能够成为社会主义法治建设的活动过程。全面从严治党在党政关系治理和党的内部治理方面发挥作用,具有宪法意义。它体现了中国共产党的宪法使命,将西方逻辑下的政党民主理论与加强中国共产党的领导结合在一起,既发挥了社会主义制度的优势,又能够让中国共产党自律于内、束缚于外,推动中国宪法发展。全面从严治党促进了法治中国建设,形成了“科学立法、严格执法、公正司法、全民守法”之外的法治建设新进路;影响国家治理现代化和权力配置的内涵,在政党治理、依规治党、基层治理等方面发挥作用;塑造权力运行机制,有利于权力正确行使。

第三,全面从严治党是中国特色宪法实施和法治实践的具体表现。它的内容和方式,如开展党内政治生活、加强党内监督、坚持依规治党,以及由此延伸出来的完善党和国家监督体系、国家监察体制改革等,贯彻了法治的逻辑。具体来说,开展党内政治生活是民主逻辑的贯彻,党内监督运用了监督的制度逻辑,依规治党体现了法治逻辑,重塑监督体系、设计监察权等是重要的宪制性变革。这些实践活动反映了中国特色社会主义法治体系的重要意义。

第四,在全面从严治党背景下,中国的权力体系及其运行发生了重大变革。中国共产党坚持自我革命,推进全面从严治党,虽然并没有直接调整权力配置关系,但这一政治活动影响了法治建设、国家治理,也对权力运行方案和监督体系提出了新要求。规范权力是全面从严治党的时代使命,反腐败是迫切任务,国家监察体制改革是制度安排。以党的自我革命跳出历史周期率的新路,需要强有力的制度支撑,关键就在于完善党和国家监督体系、推进国家监察体制改革。这也是当代中国最切实有效的政治体制改革方案,反映了新时代政治体制改革的新逻辑、新选择和新效果。

第五,全面从严治党与加强权力监督、完善党和国家监督体系具有内在一致性,反映了全面从严治党的权力效应。这也是中国宪法实践的生动体现。健全完善党和国家监督体系,特别是推进国家监察体制改革,正是在全面从严治党背景下形成权力正确行使方案的具体制度安排，具有权力配置的内涵。全面从严治党以及完善党和国家监督体系、国家监察体制改革的政治活动，构成了中国共产党的宪法工程。将管党治党、全面从严治党与宪制结构、法治建设结合在一起分析，阐释党与宪法、党与民主的关系，是理解中国宪法秩序特点及其演进方式的理论框架。厘清中国共产党的宪法工程，发现政治主体发展宪法的原理和路径，是中国宪法学面对的真实任务。

第六，国家监察体制改革是当代中国的政治体制改革，是宪制性变革，是重要的宪法实践活动。这一改革蕴含了很多宪法性问题，包括：从缘起上看，可以发现修宪工程对于宪制性变革的控制作用；从过程中看，可以发现宪法与改革的特殊关系；从内容上看，可以发现宪法制度设计贯彻的逻辑及其效果；从结果上看，可以发现政治体制改革所体现的基本规律是重视宪法的整体改革观。坚持党的领导、人民当家作主、依法治国有机统一，就是在发挥我国宪法所设计的社会主义民主制度的优势。协调三种制度元素，既是宪法实践的具体任务，也是挑战，在国家监察体制改革中得到体现。

此外，从宪法角度看，我国呈现出一种“政党依附型宪法发展模式”。这是社会主义国家宪法发展的独特逻辑。

三、研究方法

本书在方法上是较为新颖的，运用宪法学原理和知识，分析具体政治实践问题，表明了关于宪法学的一种新理解思路。传统宪法学通常采取司法主义立场，站在法官角度，采用将宪法作为裁判规范的思维类型。本书从政治主体的角度出发，立足于宪法作为行为规范时政治过程的特点，分析政治主体与宪法的互动，既重视宪法对政治主体及其活动的约束，也重视政治主体对宪法的反向作用，从而发现宪法效力的生成过程与宪法发展的动力过程。这一研究运用宪法工程学的思维，站在功能主义和实证主义立场，发现宪法作为政治主体的宽泛行为规范、框架结构和政治程序的特征，以政治主体与宪法的互动结构关系为中心，加深了对中国宪法实践的理解。

（一）面向现实的中国宪法学

在中国讨论宪法的效力与功能，不能只关注法院如何适用宪法。相反，中国宪法最有用的地方是在“庙堂之上”，在现实政治之中。这是我们经常忽视的问题，也是一些方法论者经常反对的问题。只有把宪法拿到政治过程之中，我们才能发现一个全面的真实的宪法，也才能理解中国宪法秩序的塑造过程。这种理解并不是取消宪法学的独立性，也不是传统国家法学的“再生”，而是因为我们对宪法内涵以及宪法效力与功能的实现机制、宪法发展变迁方式都有了全新认识。

那么，中国宪法学要回应什么现实问题？一个迫切任务就是深入理解中国特色社会主义制度，理解符合国家治理现代化标准的民主制度，有针对性地开展民主设计，保障民主运行，保障自由体制，从而实现宪法秩序的稳定与活力，实现习近平所要求的“发展社会主义民主政治，保证人民当家作主，保证国家政治生活既充满活力又安定有序”。[1] 这是一个内涵十分宽广、领域极其开阔的问题域，也是充满了建构色彩、强调通过结构塑造秩序的过程。它们是巩固社会主义制度的关键措施。回应这种现实，离不开研究当代中国重要的政治活动以及政治主体。中国共产党推进全面从严治党，是党的十八大以来最引人瞩目的政治活动。它究竟有何宪法意义？这是本研究的一个重要出发点。[2]

自近代以来，宪法就是政治结构的基石，也是一种重要的“转换器”，即通过宪法，将人民与“执政者”或“掌权者”（包括政府和政党）联系起来，达成平衡与协调，这本身是一个复杂的、精密的设计。人类既

---

① 习近平：《在庆祝全国人民代表大会成立 60 周年大会上的讲话（2014 年 9 月 5 日）》，载《人民日报》2014 年 9 月 6 日第 002 版。

② 对此，或许有人认为政治话语下的活动没有法律意义或者研究价值。实际上，我国的政治话语强大，但宪法如何与之结合却是理论盲区，在政治过程中的宪法长期被忽视。这恰是不应回避的问题。

不能离开政府，在现代社会甚至也不能离开政党，但自由与人的权利也不能被过分限制和侵害。换句话说，宪法秩序是一个相当包容的动态平衡的范畴。关于如何建设宪法秩序和法治，当代中国需要一套有效的叙事方式。例如，我们对于如何坚持党的领导、人民当家作主、依法治国有机统一，是否形成了有说服力的理论？政治体制改革如何体现这三者有机统一？回顾40余年来的宪法学发展历史，在上世纪末、本世纪初，随着新一代宪法学者快速成长并占据主流，我国宪法学有了长足的发展和快速的进步，突出表现在现代宪法学话语占据统治地位，前苏联的国家法理论被驱逐出去。这个过程中，多数学者开始重视规范，提出重视文本的宪法学主张。这是中国宪法学的巨大进步，因为在当时环境下，宪法权威性不足，对文本关注也不够。“呼吁”认真对待中国宪法文本，试图回答“人们表面上都承认宪法的重要性，但在实际生活中宪法文本没有受到足够的重视”的问题。[①] 与之相关的是，我们对宪法秩序的期待也在于“呼吁”有权机关遵守宪法，通过强调文本的重要性以及文本解释来达到目标。这就对宪法解释学的方法和技巧提出了新的要求。[②]

凭借全社会对宪法权威的普遍认知，在尚未建立完善的被动型宪法秩序建构机制之前，一些观点强调形式主义宪法学的主导地位，主张塑造一个严密的封闭的宪法“系统”。这种路径自然有其正当性，本身也是欧陆宪法学发展的一种趋势，正确性无需论证，也无需置疑。不过，必须时刻保持警惕的是，究竟什么样的宪法学才是当代中国需要的宪法学？例如，如何回答我国宪法秩序建设的动力机制？能否忽视政治主体对于宪法的作用力？能否抛弃宪法作为政治法的特殊背景？在没有司法主义空间的背景下，如何处理司法逻辑主导的概念话语？这些问题启示我们正视当前中国宪法学的任务。由此观之，一些形式主义的主张，反倒是落入了形式主义窠臼之中。在德国，宪法教义学是主

---

① 韩大元：《认真对待中国宪法文本》，载《清华法学》2012年第6期。

② 韩大元：《序》，载韩大元主编：《比较宪法——宪法文本与宪法解释》，中国人民大学出版社2007年版，第3页。

流，它也为我国台湾地区等制度移植地区所接受。在中国，宪法教义学兴盛且日益占据主导地位也并不意外，毕竟它是德国乃至世界宪法学的一种显著表现，自然是我国学术发展的趋势和结果，但它究竟要在多大程度上统治宪法学，仍有反思空间。是否适合当下中国的现实需要，是所有理论都面临的问题。实际上，形式主义从来都不是宪法学的唯一选择。现实主义反倒是能够推导出多种类型的理论，也能够形成不同的理论范式。他们将宪法置于政治过程之中，考察宪法秩序的建构以及宪法与改革的关系。通过辨别和设计宪法制度，通过宪法约束政治活动参与者，一个良善的完备的宪法秩序方能建立起来。

宪法是法律文件，也是政治文件，按照国内学者所引用的卢曼的流行说法，那就是“政治系统与法律系统的结构性耦合”，而且，经常在两个系统之间进行“结构性漂移”。① 从其诞生过程来看，宪法作为政治文件的属性更为显著，所以它的政治性、道德性很突出。而且，一部宪法的容量极为有限，但所涉范围却十分宽泛，所以它的不确定性也很突出。这些都决定着关于宪法的讨论必然更加多元。宪法学问的大视野、大格局在这个时候就变得异常重要。善于从政治理论和政治实践中发现宪法的理论议题，而不能仅仅从文本中、从概念上进行演绎式推理，这是提炼中国宪法学的“问题意识”的特殊之处。然而，在复杂的现实政治秩序面前，既不使宪法的理论言说陷入“事实”的“描述”，即尝试对政治事实进行一种带有规范性特点的证立，又不使宪法学流于因袭美、德话语的批判政治模式，是一件颇为困难的工作，关键在于如何在坚持宪法道德性前提下理解当代中国的宪法秩序及其内在理论逻辑。

在中国，不同于法官裁判思维，发掘政治主体与宪法互动视角之下的宪法学问题意识，显示出政治对宪法的影响力。中国共产党推进全面从严治党所延伸出来的监督权设计，就是新兴政治实践带来的契机。“八二宪法”施行以来，我国宪法学先后经历了政体学说、人大学说、权

① 泮伟江：《宪法的社会学启蒙——论作为政治系统与法律系统结构耦合的宪法》，载《华东政法大学学报》2019 年第 3 期。

利学说的繁荣阶段。如今可以看到，在中国宪法机制运作中，监督权扮演了一个至关重要的角色。我国宪法制度体系将监督权作为中心之一，这也构成了国家治理体系的关键部分，可称得上国家治理之“一翼”。这是宪法文本和政治事实共同呈现出来的结论。若要强调监督权，宪法学议程中就必须包括它如何构成乃至稳固宪法秩序结构。以下皆是理解中国宪法秩序的重要问题：监督权如何与其他权力分支共同构成了政府（政权）？政府、官僚集团与宪法在强大的监督权影响下如何发挥政治功能？在监督权扮演重要侧翼之下，人民组建政治国家的目标如何得以实现？以监督权的实践为切入点，我们既可以发现宪法在当代中国的运行方式，也可以发现宪法基本原理在中国的贯彻情况。

近二十年来，重视文本的宪法学推进规范概念解释以及体系化，引进教义学概念，取得了较大成就。如果说以解释主义为中心，全国人大常委会的宪法解释程序建设是一个重点，那么，以现实主义为中心，国家监察体制改革以及党和国家监督体系的制度建设就是另一个重点。它显示出在传统的文本解释主义之外，面向现实的宪法学所具有的意义。这种关注中国政治实践、面向中国现实的宪法学考虑绝非简单的对策主义，并不代表理论的失语。相反，以监督权为中心的实践宪法秩序必然呼唤深刻的中国宪法学理论。如何发掘一个既符合宪法基本原理、契合宪法根本精神，又反映当下和未来具体问题、凸显中国特色的理论体系？这构成本研究在方法上的重要使命。

（二）互动宪法观

在我国，宪法实施是一个极为重要的概念，但在法治建设中，很少见到民法实施、刑法实施等说法。那么，宪法有何特殊性？实施宪法有什么特别功能？为什么在法治建设过程中需要强调宪法的实施？对此，理论界并没有统一答案。相反，一些方法论者尝试将其他部门法的分析方法几乎无差别地运用到宪法学，以法官裁判思维思考几乎所有的宪法现象，以演绎推理作为理解宪法效力的主要方式。但这些尝试究竟如何处理宪法实施的特殊性，并没有统一认识。

实际上,在宪法实施中,始终存在着政治主体与宪法之间进行互动的现象。具体来说,宪法作为行为规范,约束对象是具有主动性的政治主体,它们依据宪法行使权力,也可以凭借职权反作用于宪法。宪法是政治法,在内容上具有政治性、道德性特征,在规范结构上存在极大的不确定性,具有主动性的政治主体可以有意识地向宪法不确定性内容输入政治意志,实现它们所理解的宪法秩序。政治主体和宪法之间存在一种互动结构,这是宪法实施的重要特征。不过,法治的基本要求是公权力依法行使,并受到宪法法律约束。所以,宪法受到政治主体反向作用并不是无限制的,否则就将破坏法治。

作为行为规范,宪法与民法、刑法都有差异。面对民法、刑法,受法律约束者一般需要根据法律行为,甚至接受并信仰法律教义,但宪法作为行为规范时,受宪法约束的政治主体具有主动性、政治性,可以反作用于宪法。实际上,宪法作为行为规范时表现出较强的授权规则特点,即授予政治主体大量权力。这是宪法实施的互动性的重要来源。当一些具体问题没有直接相关的宪法规则作为依据,而是涉及运用宪法精神、原则时,或是涉及运用宪法制度时,政治主体就有了空间,因为宪法精神、原则通常是高度不确定的,制度的边界通常也是不清晰的。所以,多元政治主体需要在宪法的边缘部分发挥主动性,引入政治资源充实宪法内涵。

互动宪法观是从政治主体角度观察到的宪法实施现象、法治建设现象。在美国,不仅法院可以在宪法解释中注入法官的理性,运用宪法之外的政治和社会资源发展宪法,实现司法积极主义、能动主义的主张,其他政治主体如国会、总统甚至政党等可以进行更为宽泛、激进的宪法建构,形成美国的"民主宪法"(democratic constitution)现象。[①] 这也成为美

---

① 民主宪法理论也有多种表现,直接阐述这一概念的成果可参见 Neal Devins and Louis Fisher, *The Democratic Constitution*, New York: Oxford University Press, 2004, pp. 17 - 18。此外,为中国学者熟悉的布鲁斯·阿克曼、凯斯·桑斯坦等学者也都有系统论述,可参见 Cass Sunstein, *Designing Democracy: What Constitutions Do*, Oxford: Oxford University Press, 2001, p. 239。

国宪法学反司法中心主义传统的一种表现。[①] 这些多元政治主体虽然尊重宪法，但也试图反作用于宪法，它们在宪法实践（constitutional practice）中向宪法输入自己的政治意图，不仅解决了具体问题、实现了自己的意志，而且推动宪法发展。

总之，宪法实施过程存在着不同的观察视角。司法宪法观通常意味着离开法官就没有宪法。这就容易忽视宪法之下的政治。将宪法视作一种动态存在，视作一个"框架秩序"，且国家或政党不仅是简单的法秩序假设、法人假设，而是有意志的存在——这就是国家意志、政治意志、机关意志的假定，近似于卢梭所说的政府篡权下的政治体，就可以发现政治主体反作用于宪法的能力和需要。互动宪法观也据此生成。不同于司法宪法观，互动宪法观着重于从政治过程中理解宪法功能和宪法秩序。宪法就不仅仅是德沃金所说的连环小说，还是一幅工程图、路线图。互动宪法观的另一对立面是静态宪法观，或者称为纯粹宪法观。在政治主体视角下，宪法必然是动态的宪法，是可发展的宪法，是一套可以活动的"紧身衣"。这种动态来源于宪法实施主体的主动性。总之，宪法事业是一项互动性工程（interactive engineering），是动态的政治过程，对应于法律事业仅仅是一项解释性工程（interpretive engineering）。

互动宪法观也在本研究中体现。这是因为，中国共产党是最重要的政治主体，有着强烈的历史使命和非常明确的执政目标，所开展的政治活动当然要作用于宪法秩序。这是中国的现实政治活动，忽视它们，自然无法理解中国宪法效力和宪法秩序。全面从严治党作为引人注目的政治活动，具有宪制意义，一方面影响党政关系，一方面作用于内部治理，既具有内部效果，也产生外部宪制效应，体现了中国特色国家制

---

① 这当然有美国宪法的特殊背景，那就是它重视法官视角的宪法，法官的解释在宪法内涵阐明机制中处于主导地位。然而，宪法的司法审查制度存在一定争议，即司法审查的反民主难题。既然它不是绝对正当、正确的，那么，在法官中心主义结构之下，针对法官是否可以"造法"即法官有多大的权力也必然存在着很多争议。这些都是美国宪法学的主要理论问题。

度和法律制度的独特性。全面从严治党反映了中国共产党的自身建设与宪法秩序之间的互动关系,体现了我国宪法发展的独特形态与显著优势。

四、结构安排

本书分析全面从严治党推进新时代中国宪法发展,除导论外,共分为九章。

第一章是"全面从严治党的宪法工程学"。全面从严治党是新时代中国特色社会主义的基本方略,是中国共产党通过强化"打铁必须自身硬"所推动的国家的重要政治活动。在西方,政党治理有美国通过宪制结构抑制政党的麦迪逊主义和德国的政党内部民主规范化法治化两种不同方案。中国共产党推进党的建设新的伟大工程,通过管党治党始终保持先进性和纯洁性,具有宪法功能和社会主义民主政治发展的价值,这对于政党与宪法发展、与民主政治建设的关系来说是一项全新的事业,在上述两种模式外提出了新方案。全面从严治党的理论基础、逻辑框架和制度建构能够从宪法中获取资源,亦受到宪法激励。党的自身建设有利于加强和完善党的领导,实现宪法目标,推动宪法发展。中国共产党推进全面从严治党,与宪法和宪法秩序之间形成一种互动结构,它们是理解中国宪法秩序和宪法发展的基础,也是中国特色社会主义民主政治的重要形式。运用宪法工程理论分析全面从严治党,有利于打通党建理论与宪法和法治理论,以党建工程带动社会主义国家宪法工程。

第二章是"全面从严治党促进法治中国建设"。党的十八大以来,全面依法治国与全面从严治党相互影响。全面从严治党贯彻法治逻辑,在加强党的领导和坚持管党治党方面采取一些法治化措施,形成了法治中国建设的新进路。从实践路径上看,一方面,全面从严治党增强党领导法治建设的权威,影响全面依法治国的深度和广度,从而提升其治理效能,并在推动党的领导制度化、法治化等方面与全面依法治国有共同要求。另一方面，全面从严治党完善党内法规体系，坚持依规治党，实现党内法治，并发挥外溢法治功能。此外，全面从严治党与全面依法治国实现了衔接协调，表现为全面从严治党遵循法治标准，以宪法法律作为依据，在维护政党权威时确立了法制权威。全面从严治党构成法治中国建设的新进路，这是中国特色社会主义法治体系和法治道路的鲜明特征，是习近平法治思想的突出特色和原创性贡献。

第三章是“全面从严治党推动政党治理法治化”。全面从严治党首先作用于政党治理体系，促进政党治理法治化。在此趋势下，中国共产党坚持依规治党，加强制度建设，实现党的建设的逻辑变革。党内法规不仅作用于政党治理，也作用于国家治理，表现为塑造政治制度、约束政党组织、保障政党主治等。全面从严治党具有外溢效应，既可以将对党内的影响溢出到外部，也直接影响外部治理体系。全面从严治党重塑国家治理体系，这是新时代中国特色社会主义事业的显著特征。

第四章是“全面从严治党的权力监督内涵”。如何让权力始终为人民服务，而不转变为执政者私利、走向腐化堕落，是历史周期率之问所揭示的治理关键任务。党的十八大以来坚持全面从严治党，直接影响权力行使，表现在通过党风廉政建设和反腐败斗争，建设廉洁政治；通过强调党和人民赋予的权力始终用来为人民谋幸福，推动权力运行规范化；通过加强制度建设，完善党和国家监督体系，把权力关进制度的笼子里。在全面从严治党背景下，中国形成了权力监督的有效方案，主要内容是强调在中国共产党领导下，加强自我监督，健全完善党和国家监督体系，形成专门监督环境下的权力运行新常态。它具有权威、专责、全面、高效等特征。

第五章是“全面从严治党的制度创新：国家监察体制改革”。在深入推进全面从严治党，开展反腐败斗争过程中，党和国家决定推进国家监察体制改革。这是重要的制度创新。从 2016 年北京、山西、浙江 3 省市试点以来，国家监察体制改革取得了许多成绩，突出表现在现行宪法作出修改，监察法颁布施行，国家和各级监察委员会组建，派驻监察机构和人员逐步到位，配套立法渐次展开等，监察权力有了明确的法律依据,监察组织体系逐渐完备,监察程序相对完整科学合理。特别是,党的纪律检查机关和国家监察机关合署办公,实现了党内监督和国家监察的一体化运行,加强了党的集中统一领导。国家监察体制改革推进反腐败工作规范化法治化。这是全面从严治党和全面依法治国的共同要求,是新时代政治体制改革的显著成绩,是坚持和完善中国特色社会主义制度、推进国家治理体系和治理能力现代化的重大进展。

第六章是“国家监察体制改革的修宪工程”。国家从 2016 年开始推行监察体制改革。对于这一改革,理论界普遍未曾预料,对相关内容、逻辑也感到陌生,学术研究滞后于政治过程。这属于一种宪制性变革,它推动宪法发展,自身亦受到宪法的控制。增设国家监察机关是重大的宪制性变革,是党所推动的进一步丰富和完善社会主义民主形式尤其是坚持党的领导的重要举措,是中国共产党的宪法工程。重塑监督权的逻辑并非民主,而是来自主权者在场逻辑和公民自由保障。国家监察制度将党内外的监督权力体系化,进一步增强了监督权,形成“行政——监察”二分的国家政治结构。修宪存在显性与隐性两种路径。试点对制度设计的合法性与改革空间产生影响,成为推动政治过程发展的动力。修宪需要达成政治共识,亦需要民意的积累。改革的诸多举措都是围绕着积累民意和凝聚共识展开,其方式是通过政党政治和政府过程。我国宪法属于较为典型的柔性宪法,需要重建对宪制性变革的控制机制。形成完备的修宪工程理论,使宪制性变革受宪法和宪制约束,是中国共产党推进宪法工程所需要的理论框架。

第七章是“国家监察体制改革的宪法控制”。国家监察体制改革直接针对宪法结构,需要贯彻宪法某种程度的控制力。这种控制源于宪法保留原理和宪法的本质功能,也是“重大改革于法有据”这一党的执政思想的贯彻落实。我国监察体制改革具有鲜明的宪法特征,新建立的监察制度输入了立宪价值并重塑了国家机构和权力运行体系。宪法对此进行结构性控制,既为改革提供约束机制,又受制于改革塑造的新秩序。监察体制改革过程展现了宪法保留的控制力,同时改革自身也具有一定的正当化功能。在这种控制模式之下,宪法呈现了一定程度的收缩特征。对政治体制改革中的宪法收缩需要客观评判，适度收缩对于革新和重塑宪法秩序具有积极意义，但过度收缩亦非社会主义民主政治的目标。必要的宪法控制能够维护一系列改革底线，包括宪法权威、宪法原则和立宪价值，特别是有助于坚持党的领导、人民当家作主、依法治国有机统一。

第八章是"监察法规的性质、入法方案与监督机制"。面对监察法规的规范基础问题，建立在立法权与行政权二元区分基础上的传统法治理论难以做出有效回应。遵循一般法治原理，监察机关立法权属于法律保留事项，因此 2023 年修改《中华人民共和国立法法》(以下简称《立法法》)增加关于监察法规的规定，具有必要性。此次《立法法》修改，选择参考军事法规而比照非行政法规的入法方案，充分考虑到监察法规的特殊性以及《立法法》基本属性。一方面，监察权具有实在性，但行使这一权力的监察委员会同党的纪律检查机关合署办公，是否具备实体性存在争议。另一方面，纪检监察机关施行党政合署办公、一体化运作，监察法规整体上隶属于党和国家监督体系。《立法法》不具有超出宪法配置立法权的功能，不必对党政关系进行明确规定，而是可以将空间留给《中华人民共和国监察法》(以下简称《监察法》)。目前，监察法规在规范基础和实践运作仍然面临若干挑战，这要求在深化国家监察体制改革中加强对监察法规的监督。未来可以考虑修改《监察法》，对监察法规的权限、程序以及监督机制等作出进一步规定。

第九章是"新时代政治体制改革的基本规律：以国家监察体制改革为例"。国家监察体制改革体现了中国特色社会主义民主政治发展的基本规律，即坚持党的领导、人民当家作主、依法治国有机统一。改革实践中的三者有机统一首先是三者共同体现。改革为人民行使权力提供新渠道，丰富和发展了人民代表大会制度，进一步深化了权力分工和权力监督的国家权力配置体系。改革促进反腐败工作的制度化、规范化和法治化，是全面依法治国的具体实践。不过，改革最根本的动力和任务是加强党的全面领导，实质是党的建设的展开，进一步强化了党和人民的同一性。这也表明改革中党的领导、人民民主、法治三项元素存在不同权重。改革开放 40 多年进程中,党的领导、人民当家作主、依法治国是动态平衡的有机统一。在一个时期里,加强党的全面领导是改革主题,但也不能忽视人民当家作主的制度建设和全面依法治国进程。它反映了改革的整体性特征。这三项元素皆是宪法原则,重视宪法的政治发展方案能够有效坚持三者有机统一。这是坚持和完善中国特色社会主义制度的基本要求。

第一章

全面从严治党的宪法工程学[①]

本章内容摘要

全面从严治党是新时代中国特色社会主义的基本方略，是中国共产党通过强化“打铁必须自身硬”所推动的国家的重要政治活动。在西方，政党治理有美国通过宪制结构抑制政党的麦迪逊主义和德国政党法治化两种不同方案。中国共产党推进党的建设新的伟大工程，通过管党治党始终保持先进性和纯洁性，具有宪法功能和社会主义民主政治发展的价值，这对于政党与宪法发展、政党与民主政治建设的关系来说是一项全新的事业，在上述两种模式外提出了新方案。全面从严治党的理论基础、逻辑框架和制度建构能够从宪法中获取资源，亦受到宪法激励。党的自身建设有利于加强和完善党的领导，实现宪法目标，推动宪法发展。中国共产党推进全面从严治党，与宪法和宪法秩序之间形成一种互动结构，它们是理解中国宪法秩序和宪法发展的基础，也是中国特色社会主义民主政治的重要形式。

① 本章内容曾以《全面从严治党的宪法工程学》为题，发表于《开放时代》2018 年第 3 期。收入本书时对发表内容和文字表述做了部分调整。

引言

全面从严治党是新时代坚持和发展中国特色社会主义的基本方略。在伟大斗争、伟大工程、伟大事业、伟大梦想这紧密联系的“四个伟大”之中，党的建设新的伟大工程起着决定性作用。作为中国特色社会主义事业的领导核心，中国共产党的自身建设以及自我净化、自我完善、自我革新与自我提高，对于国家政治发展、宪法秩序建设来说有何意义？全面从严治党带来何种变化？这需要从中国特色社会主义民主政治发展的角度进行回答。现行宪法确立了坚持中国共产党的领导、人民当家作主和依法治国的有机统一，这是社会主义政治发展的必然要求，是中国特色社会主义民主的主要元素。对于如何坚持党的领导，以及党的领导与民主、法治之间的关系，可以从不同层次、不同方面进行思考。从党要管党、全面从严治党角度分析，正是试图发现党的领导与宪法和法律、与政治过程以及与其他政治主体的相互作用关系。而回答这个问题，是理解中国共产党如何通过自身建设实现民主政治发展和法治建设的基础，因为它体现了我们“拓展了发展中国家走向现代化的途径”，“为解决人类问题贡献了中国智慧、提供了中国方案”。①

全面从严治党如何从宪法中汲取资源？它对于实施宪法、落实宪法精神以及推动宪法发展有何意义？中国共产党的自身建设与宪法和宪法秩序之间如何相互影响，又形成何种结构？这些正是理解中国宪法与宪法秩序的关键性问题。尽管我国宪法并未涉及政党治理，但中国共产党及其自身建设却是理解中国宪法和宪法秩序绕不开的问题。“八二宪法”在制定时，针对党与宪法的关系曾进行过详细的讨论，对于宪法是否需要明确中国共产党的地位以及是否需要介入党内事务有不

① 习近平：《决胜全面建成小康社会　夺取新时代中国特色社会主义伟大胜利——在中国共产党第十九次全国代表大会上的报告（2017 年 10 月 18 日）》，人民出版社 2017 年版，第 10 页。

同观点。[①] 这种分歧在后来的权力配置和权力运行中亦有不同表现，主要体现为有关党政分开与党政合一的争论。[②] 然而，这些不同观点并没有全面揭示宪法与党的自身建设的关系，尤其是未能说明中国共产党管党治党所立足的政治结构基础及其推动宪法发展的意义。政党现象、政党地位和政党功能是一个普遍性问题，政党与宪法的关系呈现了不同的形态，也有不同的制度表达形式。宪法是国家的组织法，它要完成设计民主、组织政府的任务。[③] 政党如何嵌入民主体制，实际上也包括了宪法如何治理政党。宪法能否深入到政党内部，如何作用于党政关系，它与制宪者对待政党的观念、政党政治发展的程度以及政党民主运行的模式有很大关系，也是一个逐步演进的历程。在中国，这个问题尤为独特，因为作为中国特色社会主义事业领导核心的中国共产党具有严明的组织体系和纪律，一直强调管党治党，自身建设是党的生机与活力的重要保证。政党治理与政党的自我建设是一个问题的两个方面，或者说是不同的观察视角。问题于是就转变为，在中国宪法结构、秩序和框架之下如何看待中国共产党自身建设的逻辑与功能？在全面从严治党的条件下，党与宪法的关系呈现为何种面貌？

通过梳理和分析党的文件和领导人讲话，我们可以发现全面从严治党的内容、目标和任务都十分宽泛，宪法能够作为其理路与经验来源。党的自身建设又能够推动宪法发展，它是宪法秩序演变的动力。从理论上看，中国共产党推进全面从严治党，与宪法和宪法秩序之间形成一种互动结构。本章任务正是分析全面从严治党的宪法资源及其宪法意义，总结中国共产党与宪法之间的互动结构，说明全面从严治党推

---

① 参见许崇德：《中华人民共和国宪法史》，福建人民出版社 2003 年版，第 587、632、633、635 页。

② 相关讨论很多，可参见丁邦开：《党政分开的法学思考》，载《法学研究》1988 年第 3 期；蔡定剑：《党政分开与加强社会主义民主建设》，载《当代法学》1988 年第 1 期；赵晖、梁剑：《“政治与行政二分”及“党政分开”思想的政治智慧与实践》，载《理论探讨》2014 年第 5 期。

③ Giovanni Satoria, *Comparative Constitutional Engineering: An Inquiry into Structures, Incentives and Outcomes*, New York: New York University, 1997, pp. 200 - 201.

动的中国特色社会主义民主政治发展和宪法秩序演进，揭示实践形成政党和宪法关系的中国方案。这种研究是在宪法工程学的视角下展开的。所谓宪法工程，正是中国共产党所推动的与宪法和宪法秩序密切相融的政治活动，实现“依据宪法治国理政”。这种相融不是党与政的合一，而是党通过自身建设来体现宪法效力，实现宪法目标。它是理解中国宪法秩序和宪法发展的重要基础，也是社会主义民主政治建设的重要形式。

要实现这个目标，首先要说明中国共产党管党治党的制度选择既具有政党治理的普遍性特点，又具有独特的制度逻辑。全面从严治党的理论基础、逻辑框架和制度建构均能够从宪法中获取资源。同时，它也是中国共产党实现宪法目标的举措，是我国宪法秩序演进的重要动因。在中国的政党制度和宪法秩序之下，全面从严治党与宪法之间是一种互动关系，是中国共产党主动推动的一种适应宪法秩序和宪法发展要求的政党治理模式，说明了党的建设新的伟大工程的重大意义，体现了实现现代化的中国智慧与中国方案。全面从严治党的宪法工程学为讲好中国的实践故事提供了基础。

一、政党治理的宪法任务与模式

政党具有强烈的民主属性，①政党政治已是现代民主的必要条件。② 政党何以成为民主的关键元素，又在何种意义上发挥民主功能？这在不同理论体系、不同历史时期和不同国家有不同的答案。事实上，政党真正进入宪法并取得宪法地位的历史却并不久远。③ 作为国家组织法的宪法要涉入政党内部，始终面对着法治与自由的张力，在美国和德国就演化出不同的治理模式。宪法治理政党与政党的发展紧密联系

---

① [美]萨托利：《政党与政党体制》，王明进译，商务印书馆 2006 年版，第 82—97 页。

② 周淑真：《政党政治学》，人民出版社 2011 年版，第 195 页。

③ 程迈：《欧美国家宪法中政党定位的变迁——以英美法德四国为例》，载《环球法律评论》2012 年第 3 期。

在一起，既包括政党政治体系的成熟，也是政党自身的“成熟”。可以说，政党发展的历史就是民主进化的历史；政党在宪法中的地位的演变历史就是民主逐渐精致化、成熟化的历史。这在中国也有同样的表现，那就是中国共产党的自身建设既具有政党治理的意义，它也是中国特色社会主义民主政治的重要组成部分和鲜明特征。

（一）美国抑制政党的麦迪逊主义

尽管现下政党变得不可或缺，但在民主发展的早期历史中，政党往往被有意忽视。作为最早形成全国性政党的国家，美国甫一建立，政党就开始发挥重要作用，但美国法律对政党的规制还是相当少的，联邦宪法始终没有提到“政党”。在制宪之时，政党尚未成型，却已招致防范乃至排斥。麦迪逊曾给政党下过一个影响深远的定义：“我理解，党争（政党）就是一些公民，不论是全体公民中的多数或少数，团结在一起，被某种共同情感或利益所驱使，反对其他公民的权利，或者反对社会的永久的和集体利益。”[①]政党被视为利益的代表，党争就是利益的冲突，这种冲突导致了麦迪逊所描述的“公共管理的不稳定和不公正”，所以美国宪法设计了一系列机制来预防党争。

美国“国父们”（Founders）为联邦设计的宪法体制，是一种反对大众民主的“共和政体”。他们希望建立确保自由的稳定的政治结构，就必须有效防范党争。麦迪逊说：“消除党争危害有两种方法：一种是消除其原因，另一种是控制其影响。”[②]这是两种截然不同的思路，其中，“消除党争原因有两种方法，一种是消除其存在所必不可少的自由；另一种是给予每个公民同样的主张、同样的热情和同样的利益。关于第一种纠正方法，……它比这种弊病本身更坏。”[③]这种论述直接而有力，

---

① ［美］汉密尔顿、杰伊、麦迪逊：《联邦党人文集》，程逢如等译，商务印书馆 1980 年版，第 45 页。

② ［美］汉密尔顿、杰伊、麦迪逊：《联邦党人文集》，程逢如等译，商务印书馆 1980 年版，第 46 页。

③ ［美］汉密尔顿、杰伊、麦迪逊：《联邦党人文集》，程逢如等译，商务印书馆 1980 年版，第 46 页。

在麦迪逊看来,政党的不可避免导致人类只能通过抑制它来减小其“危害”。

在这种原则的指导下,美国联邦宪法利用分权原则和联邦主义在限制政党上做出了大量制度安排。[①] 麦迪逊意识到:“共和政体,我是指采用代议制的政体而言,情形就不同了,它能保证我们正在寻求的矫正工作。”[②]共和国的代议制原则与分权体制可以控制党争,因为“通过某个选定的公民团体,使公众意见得到提炼和扩大,因为公民的智慧最能辨别国家的真正利益,而他们的爱国心和对正义的热爱似乎不会为暂时的或局部的考虑而牺牲国家。”[③]同时,联邦主义也是抑制党争的重要制度设计,“共和政府能比民主政府管辖更为众多的公民和更为辽阔的国土;主要就是这种情况,使前者的派别联合没有后者那么可怕。”[④]辽阔广大的联邦能够选拔出更多优秀代表,能够产生更多类型的党派并且防止党争,能够给“不讲正义和图谋私利的多数人以更大的障碍,反对他们协调一致”。[⑤] 对此,托克维尔也敏锐地观察到了,他说:“美国的幅员辽阔和居民分散,使政党间之冲突不像在其他国家那样明显和具有破坏性。”[⑥]

麦迪逊的观念和逻辑成为美国政党发展挥之不去的“阴影”。尽管政党在美国政治中发挥着重要作用,但宪法始终没有正视过政党的地位。抑制政党并逐渐形成松散的政党结构,正是美国政党发展的特点,也是美国两大党自身“建设”的主要思路。尽管美国政党政治成型甚

---

① 程迈:《欧美国家宪法中政党定位的变迁——以英美法德四国为例》,载《环球法律评论》2012 年第 3 期。

② [美]汉密尔顿、杰伊、麦迪逊:《联邦党人文集》,程逢如等译,商务印书馆 1980 年版,第 49 页。

③ [美]汉密尔顿、杰伊、麦迪逊:《联邦党人文集》,程逢如等译,商务印书馆 1980 年版,第 49 页。

④ [美]汉密尔顿、杰伊、麦迪逊:《联邦党人文集》,程逢如等译,商务印书馆 1980 年版,第 50 页。

⑤ [美]汉密尔顿、杰伊、麦迪逊:《联邦党人文集》,程逢如等译,商务印书馆 1980 年版,第 50—51 页。

⑥ [法]托克维尔:《论美国的民主》,董果良译,商务印书馆 1988 年版,第 150 页。

早，早在1800年左右就已经建立起了全国性政党组织，并开展全国性的政党活动，但主要政党从未达到过"强政党结构"的程度，相反是不断松散化、柔性化。尤其是19世纪末20世纪初的"进步主义运动"要求政党建立公开透明的直接初选机制，将提名候选人的权力交给普通党员甚至一般民众来决定，进一步促使两大党下放核心权力，组织结构趋向于地方而非中央。[①] 以直接初选为中心的政党权力配置机制，也成为塑造美国政党内部结构及其治理的核心逻辑。[②]

美国两大政党的直接初选造就了分权型政党，既表现在政党中央和领导层对提名候选人几乎没有权力和影响力，也表现在地方党组织因此而承担了更重要的任务。[③] 它在最大程度上体现了去中央化的特点。可以说，初选是党内民主的最深程度，它充分利用了大众民意制约政党精英体制，[④]从而迫使两党走向全民型政党和中间型政党。[⑤] 从理论上说，党内的民主可以表现在多个层面，但直接初选机制意味着由全体选民或党员以投票方式参与本党最核心的政治活动，因而就具有最高的也是不可替代的民主正当性。如今两党都是典型的选举型政党，它们的主要目标和任务都是承担选举功能。这种政党的组织结构较为涣散，在运作模式上也倾向于以政治人物尤其是候选人为中心，导致政党的组织性、政策性乃至意识形态属性都急剧减弱。

（二）德国政党法治化模式

通过宪制结构约束政党并抑制党争，却未能阻止政党的"危害"。德国魏玛时期的乱象和纳粹时代的惨痛教训，让人们开始反思如何有

---

① A. Ware, *The American Direct Primary: Party Institutionalization and Transformation in the North*, London: Cambridge University Press, 2002, pp. 57 - 93.

② 李少文：《西方政党初选机制比较研究》，上海三联书店2018年版，第108页。

③ K. Lundell, Determinants of Candidate Selection: The Degree of Centralization in Comparative Perspective, *Party Politics: The International Journal for the Study of Political Parties and Political Organizations*, Vol. 10, No. 1(2004), pp. 25 - 47.

④ K. Kaufmann, J. Gimpel and A. Hoffman, A Promise Fulfilled? Open Primaries and Representation, *The Journal of Politics*, Vol. 65, No. 2(2003), pp. 457 - 476.

⑤ 李少文：《西方政党初选机制比较研究》，上海三联书店2018年版，第108—113页。

效地约束政党。人们开始将政党宪法化——政党被纳入宪法并被赋予宪法位阶，宪法开始直接介入政党内部结构和活动。二战之后制定的《德意志联邦共和国基本法》（即“波恩宪法”，以下简称为德国基本法）第二十一条规定：“一、政党应参与人民政见之形成。政党得自由组成。其内部组织须符合民主原则。政党应公开说明其经费与财产之来源与使用。二、政党依其目的及其党员之行为，意图损害或废除自由、民主之基本秩序或意图危害德意志联邦共和国之存在者，为违宪。至是否违宪，由联邦宪法法院决定之。三、其细则由联邦立法规定之。”德国基本法明确规定政党的主要特征、地位以及党内民主的要求，希望实现政党的良性发展和政党政治的规范运作。其第二十一条第三款还进行了明示的宪法委托，这为后来制定政党法提供了宪法依据，而德国《政党法》又成为全世界政党立法的先河与范本。不仅如此，联邦宪法法院还通过一系列的判决和宪法解释为政党的宪法位阶提供更多的依据。可以说，政党和政党制度是德国民主制度与宪法秩序中颇具特色的一部分，理论上也逐步形成了“政党法治国原则”或“政党国原则”，它是德国宪法理论体系的基础，也是德国宪法的基本原则。[①]

德国基本法完成了政党“从宪法之敌到宪法之友”的转变。[②] 宪法确立的政党国具有内外双重意义，首要表现是政党在国家宪法中有明确的地位。关于政党的宪法地位问题，德国学界曾有长久的争议。政党进入宪法并取得宪法位阶，意味着宪法可以对政党做出细致的规定，就如同国家机构一样承担义务并享有权利（权力）。但更为重要的是，政党国原则也意味着政党内部结构及其行为必须符合宪法规定。其中，德国基本法第二十一条第一款的第 2 句“其内部组织须符合民主原则”，是对政党内部治理的明确要求。德国在此基础上发展出一系列的制度形式，让政党的宗旨、组织体系、结构特征以及行为方式走向规

---

① ［德］康拉德·黑塞：《联邦德国宪法纲要》，李辉译，商务印书馆 2006 年版，第 131 页。

② 程迈：《欧美国家宪法中政党定位的变迁——以英美法德四国为例》，载《环球法律评论》2012 年第 3 期。

范化。[①]

可以说，德国基本法和《政党法》是德国政党内部民主的规范载体，具体表现为公民享有组成、加入和退出政党的自由；政党内部必须形成民主秩序，并受制于宪法；候选人挑选制度必须符合民主的原则和民主的程序；政党须遵守自由民主的宪法秩序而不得试图去破坏该秩序，否则将被宣布为违宪。[②] 而且，政党必须履行一定的宪法义务，比如公布政党财产并接受广泛的监督和审查，政党的政治纲领必须公开等。

其中，德国基本法规定的政党违宪制度以及以此为基础建立的"防御性民主"模式，[③]是由宪法规范政党内部事务的极端情形，实质是政党内部组织、行为和运行规则受宪法严格约束的一种形式。作为民主形式和载体的政党，亦不能通过民主方式破坏民主制度和民主秩序。[④] 在著名的"社会主义帝国党违宪案"中，联邦宪法法院认为该党的目标、组织、结构、纲领以及行动，都旨在破坏"自由民主的宪法秩序"，违反了德国基本法第二十一条对政党内部民主原则的规定。[⑤] 此案件具有划时代的意义，不仅是因为它捍卫了德国的"政治体制安全"，也是因为它给政党内部行为划出了边界，明确政党受宪法规范约束的治理模式。这对我们现下树立总体国家安全观也有一定的启示性意义。

---

① 陈新民：《德国公法学基础理论》(上册)，山东人民出版社 2001 年版，第 262—274 页。

② [德]康拉德·黑塞：《联邦德国宪法纲要》，李辉译，商务印书馆 2006 年版，第 136—146 页；陈慈阳：《宪法规范性与宪政现实性》，翰卢图书出版有限公司 2007 年版，第 137—139 页；D. Grimm: Political Parties, in E. Benda, W. Maihofer, H.-J. Vogel, K. Hesse, W. Heyde (eds), *Handbuch des Verfassungsrechts*, Berlin, 1994。

③ 防御性民主，又译为战斗性民主，是罗文斯坦在 1937 年提出的概念，该理念在二战后得到进一步制度化，其主要内容正是政党可以被宣布违宪。Karl Loewenstein, Militant Democracy and Fundamental Rights(I), *The American Political Science Review*, 1937, Vol. 31, No. 3; and Militant Democracy and Fundamental Rights(II), *The American Political Science Review*, 1937, Vol. 31, No. 4。

④ [德]康拉德·黑塞：《联邦德国宪法纲要》，李辉译，商务印书馆 2007 年版，第 540 页。

⑤ 张翔主编：《德国宪法案例选释(第一辑)：基本权利总论》，法律出版社 2012 年版，第 264—284 页。

（三）中国共产党管党治党的制度选择

可见，政党所受到的宪法约束并非一蹴而就的。无论是在美国，还是在德国，政党（党争）都被理解为某种“威胁”，或是与民主的实质相背，或是可能侵害民主体制。随着民主进一步复杂化、细致化，政党政治也日益发达，政党治理的宪法化也变得日益迫切。防范政党的意识早就有了，美国的制宪者希望通过宪制结构来控制党争，政党初选机制改革也让政党权力不断下沉，这就促使美国政党松散化、形式化；德国基本法所确立的政党国原则，把政党定位为宪法位阶的机构，将宪法原则渗透到内部治理之中，让政党内部民主规范化法治化。美国的理论与实践、德国的模式与经验，为我们理解和认识宪法治理政党的任务与选择提供了清晰图景。尽管这两种宪法设计存在着一定差异，但它们却具有比较接近的政治逻辑，那就是融入宪法的民主和法治逻辑。这就是通过宪法进行的政党治理，它揭示了宪法作为国家组织法的功能，在指引、激励和约束政党治理特别是内部治理的过程中体现着宪法效力。

中国正在创造一种不同于西方的新型民主形式和政治结构，我们所面对的政党问题也完全不同于西方国家。在我们的理论逻辑之下，中国共产党并非西方的宗派性、利益性政党，它与我们的社会主义制度是紧密结合在一起而非相斥的，更不是要被抑制的对象。中国特色社会主义制度具有独特性，中国共产党是中国特色社会主义事业的坚强领导核心。习近平指出：“中国特色社会主义最本质的特征是中国共产党领导。”[①]这一论断深刻揭示了中国共产党的执政规律和中国特色社会主义的发展规律。

建设中国特色的社会主义，坚持中国共产党的领导是最根本的保证。具有严明的组织纪律性正是作为马克思主义政党的中国共产党的

---

① 习近平：《在庆祝中国共产党成立 95 周年大会上的讲话（2016 年 7 月 1 日）》，载《人民日报》2016 年 7 月 2 日 002 版。

重要特征,中国共产党也通过组织和纪律凝聚人民的意志和力量,形成无穷的战斗力。对马克思主义政党来说,政治、思想、组织、作风、纪律和制度的建设具有超越政党内部建设的意义,实际上也表达了对党如何领导——党政关系的治理。坚持党要管党、全面从严治党,不仅是中国共产党自身建设的中心思想,也是中国特色社会主义事业的重要组成部分,是中国特色社会主义民主的重要保障。

中国共产党选择党要管党、全面从严治党,是一种政党治理的模式。党的十八大以来,中国共产党推进党的建设新的伟大工程,在"四个伟大"的理论架构之中起着决定性作用,它契合了中国宪法的结构、原则和精神,形成运用宪法治理政党的一种独特形式,这也为世界贡献中国智慧、提供中国方案。文章开头就提到,"八二宪法"在制定过程中就出现了是否规定中国共产党领导、党的内部事务以及管党治党措施的争论。它是宪法是否有必要涉入党的内部治理的重要讨论,更是党与宪法的关系的直接映射。众所周知,"八二宪法"是在改革开放的大背景下所制定的,它充分吸取了"文革"的教训,反思了"七五宪法""七八宪法"存在的问题。它又是在"五四宪法"的基础上进行的修改,吸收了"五四宪法"的许多内容。"八二宪法"与中国共产党,在宪法制定以及后来的宪法施行过程中,形成了一种良性关系。

关于如何处理党与宪法的关系,如何在宪法中体现党的地位,是中国共产党自身也认真思考的问题。邓小平在《解放思想,实事求是,团结一致向前看》(1978 年 12 月 13 日)的讲话中,批评过去"加强党的领导,变成了党去包办一切、干预一切;实行一元化领导,变成了党政不分、以党代政;坚持中央的统一领导,变成了'一切统一口径'。"[①]针对党与政府的关系,他在《党和国家领导制度的改革》(1980 年 8 月 18 日)的讲话中说:"今后凡属政府职权范围内的工作,都由国务院和地方各级政府讨论、决定和发布文件,不再由党中央和地方各级党委发指示、作决定。政府工作当然是在党的政治领导下进行的,政府工作加强

① 《邓小平文选》(第二卷),人民出版社 1994 年版,第 142 页。

了,党的领导也加强了。"[①]1982 年中国共产党第十二次全国代表大会通过的《中国共产党章程》就明确规定:"党必须在宪法和法律的范围内活动。党必须保证国家的立法、司法、行政机关,经济、文化组织和人民团体积极主动地、独立负责地、协调一致地工作。"

尽管邓小平确立了处理党与宪法的关系的基调,起草"八二宪法"仍然面对着是否写明以及如何写明中国共产党的领导的问题。对此曾产生了一定争议,尽管有人不赞成,但彭真坚决主张把中国共产党的领导写入宪法,并且指出应当在"序言"中进行阐释。1981 年 11 月 12 日,他在玉泉山与胡绳、王汉斌、顾明等研究起草"序言"时,集中地讲了他的意见。他说:"党的领导、指导思想在条文中不好写。如果写在条文里,有人信仰宗教、唯心主义,不就违反宪法了吗?在'序言'中不是写主张,而是写历史事实。历史证明,没有共产党的领导,没有马列主义、毛泽东思想做指导,就不能取得新民主主义革命和社会主义革命的胜利。用事实说话,寓理于实。"[②]

时任宪法修改委员会秘书处副秘书长的张友渔在 1982 年撰文写道:"在修改宪法时,有的同志提出,可以参照 1954 年宪法的做法,把党的领导写进序言中;也有的提出,可以在条文中规定党的领导,同时规定要在宪法和法律范围内实行党的领导。修改草案采用了前一种形式,把党的领导写进序言中,而不是写在具体条文里,这样做,可以避免把党写成一个国家机构,避免前两个宪法出现过的毛病。"[③]

"八二宪法"的此种设计,决定了政党治理的路径,中国共产党必须承担起管党治党的责任和义务。"八二宪法"正文并没有关于中国共产党的地位和作用的规定,也没有对党政关系设定原则或划定界限,而是在序言中确认了"中国共产党领导中国人民"的事实。2018 年修改宪法在第一条明确规定了中国共产党领导是中国特色社会主义最本质的

---

① 《邓小平文选》(第二卷),人民出版社 1994 年版,第 339 页。
② 《彭真传》编写组:《彭真主持起草一九八二年宪法》,载《党的文献》2013 年第 1 期。
③ 张友渔:《宪法修改和坚持四项基本原则》,载《青海社会科学》1982 年第 3 期。

特征,虽属重大变化,但仍未划定具体的政党治理方案。这种规定既是在党和政之间设计了一定的隔离带,也为党实现其领导地位和作用留下了较大空间,方式就包括了党的自身建设。如果宪法载入党的领导地位、党的组织结构和行为方式及其具体行使的权力,那么社会主义民主就会呈现另一种形式,党的自身建设就具有直接的宪法意义,自然也是宪法的任务;党与国家机构的关系也有所不同,宪法针对国家机构的权责义务和原则的规定,有很大部分也将适用于党的内部治理和自身建设。

概言之,我国既没有通过宪法民主制度和宪制结构来抑制中国共产党的发展,也没有在宪法中明确规定中国共产党的组织、结构和行为标准,更无必要制定"政党法"来约束政党行为,而是试图通过管党治党尤其是全面从严治党,形成政党治理的中国方案。这种方案符合宪法的根本属性,也契合中国宪法的精神和结构性特点。

宪法作为国家的根本法,是民主制度化的产物;在功能意义上,制度化和规范化的民主安置作为国家主权者的人民,让他们进入到宪法之内实现其意志,同时又保证他们集合表达意志的弹性。① 政党制度是重要的民主制度。在现代政党理论中,政党是代表人民至少是代表一部分分散人民的集体行为的重要载体,是意志形成、传递和表达的中介,它们以参与政治、取得政治职位为目标,是政治活动的重要参与者。② 中国共产党同样具备这种属性与特点,并且将代表性提升到一个新的层次。③ 这就决定着中国共产党的内部治理与自身建设,同样以充分发挥政党民主的功能为使命,实现宪法设计的目标。我国宪法确立了党的领导、人民当家作主、依法治国有机统一,这是中国特色社会主义的民主形式,它让人民作为国家主人的地位得到有力实现——党的领导是保障,人民当家作主是本质,依法治国是基本方式。中国共产党的自身建设是加强和改进党的领导的一部分,它具有很强的民主

---

① 李少文:《宪法工程:一种宪法学方法论》,载《法学评论》2017 年第 1 期。
② [美]萨托利:《政党与政党体制》,王明进译,商务印书馆 2006 年版,第 82—101 页。
③ 陈端洪:《论宪法作为国家的根本法和高级法》,载《中外法学》2008 年第 4 期。

意义，而且作用于人民当家作主的目标本质和依法治国的基本方式。中国共产党通过自身建设实现宪法的目标和政党的意义，是宪法确立的民主形式的自然结果。

现下的发展是中国共产党党内法规与宪法法律的关系蕴含着一个新的理论命题。党内法规作为党的自我规范体系，它不能违反宪法法律的规定，并且要同宪法法律相协调和衔接。[①] 这在某种程度上就体现了宪法法律对党内法规体系的控制，而此种控制结构反映了中国共产党内部治理模式的新发展。它需要一套更清晰、更明确的党内规范体系，这个体系又是与宪法的精神、原则和内容保持一致的。所以党的自我建设同样开始注重明确的外在约束。这也符合宪法第五条的规定和法治的具体要求。

二、全面从严治党的宪法逻辑

全面从严治党是中国共产党在新的历史方位上管党治党的新要求和新举措。从宪法的角度看，它是在中国特色社会主义法治体系之下，中国共产党运用民主逻辑和法治逻辑共同作用于政党治理，形成一整套符合宪法精神和原则的管党治党制度、规范和秩序。在内容上，它吸收宪法资源和理论，涵盖了党内政治生活和党内监督的全部领域，凸显了民主和法治的思维在党的自身建设中所发挥的积极作用。这个视角有助于理解全面从严治党的整体意义，也体现了党的自身建设的“外部性”——将宪制性资源引入其中，从而使其发挥宪制性作用。具体来说，开展党内政治生活体现了民主逻辑，加强党内监督具有两重宪法功能，它们是全面从严治党的两大内容；依规治党贯彻法治逻辑，是全面从严治党的基本形式。

① 秦前红、苏绍龙：《党内法规与国家法律衔接和协调的基准与路径——兼论备案审查衔接联动机制》，载《法律科学》2016 年第 5 期。

（一）开展党内政治生活的民主逻辑

开展严肃认真的党内政治生活，保持和提升中国共产党的内部活力，防止党的蜕化、蜕变，是全面从严治党的重要目标，也是党的自身建设的主要内容。中国共产党反复强调"不断增强自我净化、自我完善、自我革新、自我提高的能力"，只有这样才能永葆党的生机活力。它背后的制度逻辑是政治活力依赖民主，依赖广大党员的支持，依赖人民群众的智慧。因此，开展党内政治生活需要充分调动党的内部政治运作机制尤其是民主机制，它体现了民主的逻辑。

第一，党内政治生活体现中国共产党的马克思主义政党性质，明确并强化了党的统一性、团结性。它表现为要求中国共产党人坚定理想信念，坚持党的基本路线，坚决维护党中央权威，严明党的纪律。具体来说：(1)新形势下开展党内政治生活，推进全面从严治党，是把坚定理想信念作为开展党内政治生活的首要任务，要求中国共产党人要有共产主义远大理想和中国特色社会主义共同理想。它也衍生出加强政治学习、建立党内学习培训制度的具体要求。(2)坚持党的基本路线是对党的领导和执政所提出的要求。(3)坚决维护党中央权威、保证全党令行禁止，则是捍卫党的集中统一领导的关键性问题。(4)严明党的政治纪律是全党统一意志、统一行动、步调一致前进的重要保障。

强化党的性质与路线、方针和政策的统一性、一致性符合宪法的民主逻辑。或许有观点认为，强化党的集中统一性会影响党内民主。这种观点不理解政党的本质属性和一般结构，也不了解马克思主义政党的属性及其承担的政治任务。从本质上看，政党是相同利益群体之集合，是群体利益之代表。[①] 为了表达其利益，对政党进行一定程度的约束也是自然选择。这就意味着政党会呈现出一种统一形态，被称为政党统一性(party unity)或一体化(party cohesion)，甚至是政党团结性

① Richard Gunther and Larry Diamond, Types and Functions of Parties, in Larry Diamond and Richard Gunther (eds), *Political Parties and Democracy*, Baltimore and London: The Johns Hopkins University Press, 2001, pp. 3 - 39.

(party solidarity)。① 政党统一意味着它在组织结构、纪律规范、政策主张、意识形态等方面具有一定的一致性,政党的团结意味着政党的成员尤其是核心成员必须服从政党决议,使之对外形成一致的意志。② 马克思主义政党是组织严密、纪律严明的政党。它在理念、阶级性以及代表性方面具有独特性,一个重要特点就是进一步强化了党的统一性。这种统一性甚至演化成为某种同一性,即党的成员思想行动一致,党的路线、方针和政策一致。强化党的统一性,既能够塑造政党的有力结构和有力行动,也能够体现马克思主义政党的"战斗性",它正是在这种意义上体现宪法所要求的民主性,是按照宪法的民主逻辑展开的治党举措。

第二,党内政治生活贯彻中国共产党的人民立场和群众路线,体现了党的群众性、民主性和参与性。它突出表现为要求保持党同人民群众的血肉联系,坚持民主集中制原则,发扬党内民主和保障党员权利,严格党的组织生活制度,开展批评与自我批评。具体来说:(1)人民立场是党的根本政治立场,人民群众是党的力量源泉。中国共产党把坚持全心全意为人民服务作为根本宗旨,保持党同人民群众的血肉联系。这是确保党的人民性的基础,也决定了中国共产党必须反对形式主义、官僚主义、享乐主义和奢靡之风。(2)民主集中制是党的根本组织原则,它要求我们各级党组织坚持集体领导,领导干部要发扬民主作风,并且坚决执行组织意见,这是党内政治生活正常开展的重要制度保障。(3)党内民主是党的生命,要求建立健全党内民主各项制度,保障党员权利。(4)党的组织生活是党内政治生活的重要内容和载体,全面从严治党必须坚持党的组织生活的各项制度,创新方式方法,增强党的组织生活活力。(5)批评与自我批评是我们党强身治病、保持肌体健康的锐利武器,开展批评与自我批评也就成为中国共产党维持民主性的重要方式。

---

① Reuven Y. Hazan, Does Cohesion Equal Discipline? Towards a Conceptual Delineation, in Reuven Y. Hazan (ed.), *Cohesion & Discipline in Legislatures*, Routledge, 2013, pp. 1 - 11.

② Richard Forgette, *Congress, Parties, & Puzzles: Politics as a Team Sport*, Peter Lang, 2004, pp. 53 - 56.

体现并强化党的群众性、民主性和参与性是落实民主逻辑的具体形式，党的这些理念、主张和举措都有利于回归民主，并且是党内民主走向制度化和规范化的结果。党内政治生活所体现的民主，不仅涵盖了选举民主，也是协商民主原则之体现，更是人民民主的直接映射；不仅体现了代表制民主的结构特点，也是直接民主的表达与反映。党内民主的开展需要一系列制度平台和通道，这种民主性是中国共产党内部结构的一种特点，也是党能够保持其性质、承担其任务、实现其使命的重要基础。

（二）加强党内监督的宪法功能

中国共产党第十八届中央委员会第六次全体会议提出，“监督是权力正确运行的根本保证，是加强和规范党内政治生活的重要举措。”权力监督遵循着特殊的逻辑，具有明确的目标和使命。从理论上看，政党监督的内涵是广泛的，既有西方意义的政党之间相互竞争所形成的制约乃至斗争，也有政党自我约束和党内竞争机制所产生的监督效应。党内监督是中国共产党自身建设与管党治党的重要内容和途径，也是中国共产党的鲜明属性。习近平明确指出：“对我们党来说，外部监督是必要的，但从根本上讲，还在于强化自身监督。”[①]强化党内监督，对执政党来说具有影响全局的意义，几乎可以辐射到所有权力的运行，涵盖所有国家机关与国家工作人员。中国共产党居于领导地位，承担执政责任，这也决定了中国共产党的党内监督具有更为宽泛意义的宪法功能。

加强党内监督至少有两重宪法意义：其一，它是政党内部民主和集中统一的重要制度基础，所实现的是民主过程之功能，具有权力配置的意义；其二，它是权力监督的一种重要类型，让党内监督嵌入到权力监督体系之中，因为政党总是与政权结合在一起，政党内部的监督实际上

① 习近平：《在第十八届中央纪律检查委员会第六次全体会议上的讲话（2016 年 1 月 12 日）》，载《人民日报》2016 年 5 月 3 日 002 版。

是一种权力监督类型。这在国家监察制度建立之后体现得更为显著。

根据《中国共产党党内监督条例》，党内监督的任务是确保党章党规党纪在全党有效执行，维护党的团结统一；它的重点内容是解决党的领导弱化、党的建设缺失、全面从严治党不力，党的观念淡漠、组织涣散、纪律松弛，管党治党宽松软问题；它的重要功能是保证党的组织充分履行职能、发挥核心作用，保证全体党员发挥先锋模范作用，保证党的领导干部忠诚干净担当。这表明党内监督对于塑造中国共产党的品格来说具有重要作用，它全面作用于党的政治、思想、组织、作风、纪律和制度建设，形成一个强有力的、能够经受严峻考验的、实现历史使命的执政党。中国共产党的领导地位和作用，还要落实到强而有力的党组织和广大党员。确保党组织和党员的权责义务，强化党组织和党员的使命与责任，有利于巩固党的长期执政地位。不难得出结论，党内监督作用于行使或影响权力的党组织和党员领导干部，从而发挥宪制性功能。

党内监督的制度形态十分多样，构成了具有强烈实效性的权力监督体系，并且通过国家监察制度呈现新面貌。从内容上看，就是要充分发挥党规党纪的作用和效力；从形式上看，包括民主监督、巡视监督和公开原则。其中，民主监督包括来自党员、党的代表大会以及党组织的监督，以及民主生活会、党内谈话制度等组织内部监督。公开原则亦是民主的具体表现，引入的是社会性监督。巡视监督是一种自上而下的监督形式，它借鉴了君主制下主权者延伸监督的逻辑。党纪并非只用于监督，也是政党结构、政党政治的重要组成部分，①在中国共产党的内部治理中，党纪具有类似于党内“刑法”的作用，②发挥着独特的监督功能。在议会民主制度之下，党纪的政治效果依附于政党政治的逻辑，借助政党力量发挥民主功效。而中国共产党的党纪不仅承担政治过程

---

① Christopher. Kam, *Party Discipline and Parliamentary Politics*, Cambridge University Press, 2009, pp 21 - 37.

② 石伟:《党内法规中的“刑法”——新修订版〈中国共产党纪律处分条例〉解读》，载《马克思主义与现实》2016 年第 4 期。

的聚合功能，更直接作用于权力行使，突出表现为党纪监督能够有效约束行使权力的党组织和党员领导干部，从而确保各级党组织和党员领导干部在宪法和法律范围内活动。

可见，党内监督的目标十分明确，内容非常宽泛。它既是中国共产党自我完善与提高的表现，也能够严格约束党组织和党员领导干部正确行使权力。概言之，党内监督发挥了内部治理与外溢的双重效果。一方面是因为它实现了中国共产党的内部治理，是思想建党、制度建党的体现和保证，另一方面则是因为它的外溢效果凸显了人民出场的民主逻辑，将党纪作为约束权力的依据，凸显了监督制度的逻辑与功能。

（三）坚持依规治党的法治逻辑

依规治党是全面从严治党的重要方式，也是全面从严治党的内容之体现。党规党纪，或者说党内法规，是党组织和党员的行为标准。党内制度和规矩为党组织和党员提供思想引导和行为规范，为全面从严治党提供治理依据和评价标准。它所实现的正是党内事务和党内活动的规范化、标准化。中国共产党业已形成一套完善的党内法规体系，它们是管党治党的规范性依据。其中，党章是“管党治党的总章程”，是“全面从严治党的总遵循”。尽管对党内法规的关注源自中国共产党自身建设的需要，但理论界很快也做出了回应。现下党内法规制度建设成效显著，为全面从严治党提供了重要依据。

依规治党与全面推进依法治国、建设社会主义法治国家有着密不可分的关系。依规治党是法治精神在党的建设中的贯彻和体现，也是全面依法治国对管党治党的必然要求。[①] 邓小平说：“国要有国法，党要有党规党法。……没有党规党法，国法就很难保障。”[②]在新的形势

① 依规治党以及党内法规所体现的法治精神，突出表现在我们对中国特色社会主义法治体系的全新认识之上。可参见中国共产党第十八届中央委员会第四次全体会议通过的《中共中央关于全面推进依法治国若干重大问题的决定》中的表述。

② 邓小平：《解放思想，实事求是，团结一致向前看（一九七八年十二月十三日）》，载《邓小平文选》（第二卷），人民出版社 1994 年版，第 147 页。

下,“我们党要履行好执政兴国的重大职责,必须依据党章从严治党,依据宪法治国理政。”[①]可以说,依据党内法规管党治党,正是全面依法治国的重要内容。党的十八届四中全会指出我国的社会主义法治体系包括五大体系,分别是完备的法律规范体系、高效的法治实施体系、严密的法治监督体系、有力的法治保障体系和完善的党内法规体系。这表明,党内法规与国家法律体系具有很强的一致性,它们共同构成社会主义法治的规范内涵,成为全面推进依法治国的一个部分,而且是关键的部分。[②]

依规治党是依法治国的关键,这是因为“党要守法”是依法治国的关键,而依规治党又是“党要守法”的关键。[③] 事实上,从现实角度来看,依规治党与依法治国具有统一性。一方面,全面推进依法治国,建设社会主义法治国家,要求政党在宪法和法律的范围内活动,这就要求各级党组织和党员领导干部严格依法活动,它就包含了严格依照党法党规党纪活动;另一方面,党的十八届四中全会通过的决定指出,依法执政“既要求党依据宪法法律治国理政,也要求党依据党内法规管党治党”。从逻辑上看,依法执政包括了“党的建设”和“治国理政”两个层次,也就是治理的两个层次,这是党的现实任务,也是理论上争议最多的问题。执政需要有主体,党作为执政主体,管党治党本身就有完善执政主体、加强执政地位的内涵和功能。执政要依法,就包括了党要在宪法和法律之内活动。依规治党是中国共产党自身建设的宏大命题之体现,它反映了依法执政的重要内容和方面,也是依法执政的具体结果之体现。

三、全面从严治党推动的宪法发展

中国共产党是中国特色社会主义事业的领导核心,通过政党自身

---

① 习近平:《在首都各界纪念现行宪法公布施行 30 周年大会上的讲话(2012 年 12 月 4 日)》,载《人民日报》2012 年 12 月 5 日第 002 版。

② 陆宇峰:《依规治党与依法治国相统一的原理和要求》,载《当代世界与社会主义》2017 年第 1 期。

③ 王若磊:《依规治党与依法治国的关系》,载《法学研究》2016 年第 6 期。

的建设、提升与完善，宪法也因此得以发展。这是中国共产党作为政治活动参与者的作用之体现。宪法发展是一个内容十分宽泛的概念，它既包括了宪法内涵的变迁，也指涉宪法秩序的完善。① 政党民主制度是宪法秩序的重要组成部分，政党是政治活动的重要参与者，通过政党维持民主政治的运作正是现代民主的要义。在中国，这个问题既有同样的内涵，也有独特的逻辑，突出表现为中国共产党的自身建设是我们党直接作用于宪法秩序的形式。政党内部治理成为宪法发展的动力，正是宪法激励作用的外化。中国共产党所推进的全面从严治党影响党的集中统一性、党的代表结构、党的执纪监督以及党的群众性特点，它们有助于完善我国的宪法秩序。

第一，全面从严治党增强中国共产党的集中统一性，形成更为突出的意识形态主线和政治纲领，凸显了中国共产党在新时代领导国家、执掌政权的责任和任务。这是中国共产党治国理政、开创中国特色社会主义事业发展新局面的战略思想和战略部署。政党何以为政党？一个重要特征就在于其具有组织性，②而组织又依赖于一定形式的约束，最后形成政党统一性的结构特点。然而，这种统一性很难实现，在实践中就需要强化政党在政治过程中的聚合性。而聚合程度主要表现为在国家机构（立法、行政）中的党员（通常也被认为是政党的核心成员）对党中央或党团决议的尊重程度。③ 在民主过程中，政党如何确保其成员行为一致、齐心协力，是政党政治有效实现的基本要求，这在当下中国也具有现实意义。实现全面建成小康社会的战略目标以及全面深化改革和全面依法治国，都要靠中国共产党来把握方向、引领前进，全面从

① Michael Besso, A Study in Constitutional Development: The Effect of Political and Social Institutions on the Campaign for a Written Constitution in Connecticut, *Studies in American Political Development*, Vol. 17(2003), pp. 117 - 148.

② [意]安格鲁·帕尼比昂科：《政党：组织与权力》，周建勇译，上海人民出版社 2013 年版，第 1 页。

③ 它类似于西方政治学中发展出来的“政党统一性指标”理论。See Larry J. Sabato and Howard R. Ernst, *Encyclopedia of American Political Parties and Elections*, Infobase Publishing, 2009, p. 268。

严治党正是确保中国共产党始终成为坚强领导核心的必要选择。

第二，全面从严治党涵盖党的组织建设和制度建设，意味着中国共产党发挥代表作用、吸纳代表范畴、容忍代表行为范围的变迁，厚植党的政治基础。这是我国政党制度的发展，影响中国共产党的代表性。前面曾提到，政党是利益的代表者，中国共产党是中国人民最根本利益的代表。“中国共产党领导中国人民”被陈端洪教授称为是制宪权主体（主权者）的“双重代表结构”，是中国宪法的“第一根本法”。[①] 且不争论中国共产党是否是主权者的“常在代表”[②]，但中国共产党具有独特的代表制意义，而这种代表性又关系着中国共产党的性质与使命。落实党的代表性，需要通过业已建立的党组织和制度。党内政治生活是教育管理党员和党员进行党性锻炼的主要平台，党的政治纪律是党中央的权威性、意识形态的战斗性、组织的严密性的重要保证，而党内监督覆盖党内的法与德、党员的言与行。严肃党内政治生活要求党员严守政治纪律，加强党内监督促进党的自我提高，这就在一定程度上改变了中国共产党形成、引导、传递和表达民意的方式，从而影响乃至改变党所代表和影响的利益范畴和利益关系。简言之，全面从严治党将进一步完善中国共产党的组织结构，进一步凸显党的马克思主义政党性质，进一步强化党的意识形态、党中央和党的领袖的权威性，进一步保证党员的先进性和纯洁性。这对于塑造我国的宪制结构和宪法秩序有着直接影响，既表现为增强了党的领导地位，又表现为提升了党的执政能力和领导水平。

第三，全面从严治党意味着中国共产党进一步严格党纪约束，并且使执纪监督成为党在政治活动中保持活力的重要动因。这是中国共产党领导的政治过程的重要保障。党纪不仅用于制裁，也可以作为行为规范发挥指引和制度激励的效果。全面从严治党要求严明党的纪律，进一步完善党内法规，坚持依规治党，这就促使党纪成为中国共产党内

---

① 陈端洪：《论宪法作为国家的根本法和高级法》，载《中外法学》2008 年第 4 期。

② 这里其实涉及到两个问题，其一是主权者代表是否成立，其二是常在代表是否成立。从某种意义上说，后者比前者更难解释。这两个问题是陈端洪教授的理论的最大难题之所在。

部以及国家政治过程中的重要行为规范。严格执纪监督亦是全面从严治党的重要特点。在西方,党鞭制度和党纪制度天然上是一体的,因为在政治过程中贯彻党纪必然要通过执行党纪的机构,党鞭制度应运而生。在西方政党政治的实践中,“党鞭—党纪”制度是政党民主的核心环节,党员(尤其是政党干部)遵守党团和党中央决议,党纪约束党员行为,党鞭执行党纪,从而在政治过程中形成了比较明显的聚合效应。① 中国共产党进一步加强党纪约束,并且通过一系列执行党纪、确保党纪效力的方式,尤其是强化各级纪律检查委员会的功能、发挥巡视监督的作用,让党纪贯彻到政党政治的过程之中,它所具有的程序控制、行为指引、动力激励等作用也逐步凸显。

第四,全面从严治党意味着通过内部机制增强党的群众基础,尤其是来自人民的监督,从而体现党丰富的实质的人民代表性。这是从党的自身属性和结构上确保人民当家作主,形成民主参与的新形式。具体来说,全面从严治党涵盖改变党内政治生态、增强自下而上的民主活力,让中国共产党更加重视发挥人民群众的监督作用。这就将进一步改变党与人民群众的关系,在密切联系群众的路线基础上,丰富党的群众基础,加强其动员群众的能力。《党章》规定,群众路线是中国共产党的根本工作路线,“一切为了群众,一切依靠群众,从群众中来,到群众中去。”人民群众的监督是全面从严治党的一大动力,引入人民监督作为党的治理的外部力量,就是引入人民的智慧,也是引入人民的经验和理性。全面从严治党带来的回归群众,依靠人民,既影响着党执政的方式,也关系着党的执政根基和民主基础。

四、中国共产党与宪法的互动结构

全面从严治党从宪法中汲取理论和经验资源,也通过作用于党的

---

① Christopher J. Kam, *Party Discipline and Parliamentary Politics*, Cambridge University Press, 2009, pp. 103 - 129.

政治、思想、组织、作风、纪律和制度而产生宪法效用，这形成了中国共产党与宪法之间一种全新的关系形态。宪法第五条规定："一切国家机关和武装力量、各政党和各社会团体、各企业事业组织都必须遵守宪法和法律。一切违反宪法和法律的行为，必须予以追究。任何组织或者个人都不得有超越宪法和法律的特权。"关于此条此款，理论界展开了很多讨论，[①]它成为理解中国共产党与宪法的关系的重要依据，当然也是探究中国政治权力配置的重要原则。[②] 然而，对于中国共产党的领导，依然存在着解释学上的困境。党的领导如何获得宪法结构上的空间和位置，又如何与宪法和谐相处，甚至构成宪法结构的一部分，不仅是我们理解中国现下的宪法与宪法秩序的核心问题，也是建立一个稳定且有活力的宪法结构的关键难题。这正是全面从严治党所辐射出来的宏大研究意义。

前面提到，政党是人民意志形成、传递和表达的中介，[③]而宪法记载着人民的根本意志。政党与宪法的关系形成不同模式，不同国家和地区的宪法对政党亦承担不同治理任务。转换一种表达，那就是在现代政治结构之中，宪法在不同程度上约束着政党，这里的约束既包括了外在的束缚，也包括了对政党内部的治理。政党的代表性、政党实现代表制功能的结构、政党内部民主机制、政党政治运行方式等，既是政党内部治理的对象，也是政党宪法地位乃至宪法秩序的核心问题。我国宪法规定政党必须遵守宪法和法律，明确了政党所需要受到的外在束缚；但这并不意味着政党内部治理可以被忽视，后者与加强中国共产党的领导有直接关系。问题于是就转变为，加强中国共产党的领导，如何通过自身建设实现其与宪法的一致，从而推进宪法发展？更进一步的

① 张恒山：《论坚持党的领导与依法治国》，载《安徽师范大学学报（人文社会科学版）》2015年第2期；莫纪宏：《坚持党的领导与依法治国》，载《法学研究》2014年第6期。

② 陈志刚：《正确理解党的领导与依法治国、依宪执政》，载《马克思主义研究》2016年第6期；白钢、潘迎春：《论坚持党的领导、人民当家作主和依法治国的有机统一》，载《政治学研究》2010年第1期；李龙、周雪峰：《论"党的领导、人民当家作主和依法治国的有机统一"》，载《湘潭大学学报（哲学社会科学版）》2009年第3期。

③ [美]萨托利：《政党与政党体制》，王明进译，商务印书馆2006年版，第82—101页。

问题是，中国共产党的自身建设与宪法和宪法秩序之间有何关系？形成何种模式，有何特点？这是理解中国实践的关键问题，也是形成理论创新、提供中国方案的重要前提。

在政治实践中，政治活动参与者与宪法之间的关系从来都不是静态的，而恰恰是一种互动结构，在这个过程中实现长治久安。所谓互动，自然就意味着宪法渗入政治过程，充分发挥宪法的规范意义，并且政治主体能够反作用于宪法，在宪法规范不足、模糊、空白乃至不适应社会发展要求的情况下，通过政策制定、解释、建造、创造乃至革命，维护政治运作，补充宪法内容，从而实现宪法发展。[1]

宪法规范、宪法制度与政治活动参与者之间的互动是宪法发挥效力的重要形式，它将政治活动参与者纳入到宪法秩序的建构过程之中。已经设计出来的宪法要充分实现设计民主的目标，就要作用于政治活动参与者，作为规则和程序指引政治活动参与者，作为动机机制激励政治活动参与者。宪法与政治活动参与者的互动结构，反映了宪法如何设计民主、如何控制民主，揭示了保证政治活力与政治稳定之道，这就是宪法工程(constitutional engineering)的研究路径和分析框架。[2] 将宪法秩序视作一项经由设计的工程，意味着我们要转变对待宪法的态度和观察宪法的视角。宪法不再只是一套规范体系，也是一个可以自己进行驱动和调适的机器。[3] 宪法控制民主，包括制度控制、过程控制和后果控制，通过发挥宪制结构的民主功能、控制政治过程以及校正违宪行为，实现民主和法治的目标。

毫无疑问，政党是最重要的政治活动参与者之一。政党与宪法之间的关系，是真实的政治实践，也是体现宪法效力、发挥宪法功能的主要方面。政党受到的宪法约束，以及政党对宪法秩序的反作用，既要立

---

① Keith E. Whittington, *Constitutional Construction: Divided Powers and Constitutional Meaning*, Cambridge: Harvard University Press, 1999, pp. 4 - 5.

② 李少文:《宪法工程:一种宪法学方法论》,载《法学评论》2017 年第 1 期。

③ Giovanni Satoria, *Comparative Constitutional Engineering: An Inquiry into Structures, Incentives and Outcomes*, New York: New York University, 1997, pp. 200 - 201.

足于分析宪法制度设计的功效逻辑，也包括了宪法如何作为规则、程序、动力机制引导和激励政党实现其目标。政党内部治理是宪法治理政党的主要方面，也是宪法工程的重要组成部分。政党内部治理如何从宪法中获得依据和资源——如何将宪法精神、原则和规则贯彻其中，政党又如何通过参与政治活动体现宪法功能、发挥宪法效力——如何在宪法之下拟定政策、解释、建造乃至改革宪法，这些正是宪法工程的作用领域。

全面从严治党反映了中国共产党的自身建设与宪法秩序之间的互动关系，体现了中国宪法发展的独特形态，是中国特色社会主义民主政治建设的重要组成部分。运用宪法工程的理论进行分析，内容就是建设党与宪法之间的良性互动结构，既包括党通过宪法控制民主，也包括党在宪法和法律的范围内活动；既包括党通过自身建设来实现宪法的目标和效力，也包括将党的活动纳入到宪法秩序之中。简单来说，全面从严治党表明党的自身建设是我国宪法发展的动力，党与宪法的互动关系是宪法发挥效力的重要形式。在中国共产党的领导之下，由党推动中国特色社会主义发展，是建设宪法工程的重要任务，它将管党治党与宪制结构和宪法秩序进行融合，从而清楚阐释党与宪法、党与民主的关系。这是理解中国宪法秩序之特点及其演进方式的重要理论框架，是中国宪法实践的基础，也是中国宪法理论的来源。

首先，中国共产党的自身建设具有宪法意义，这是党的地位所决定的。中国共产党的领导地位早在宪法制定之前就已确立，回溯到主权者行使制宪权的伦理，正是中国共产党领导人民制宪。[①] 所以，中国共产党的领导地位写进宪法序言，并且成为宪法秩序不可或缺的组成部分。如何正视并且解释这种宪制结构和宪法秩序，需要引入新的话语。

其次，全面从严治党是中国共产党的重要任务，也是我们讨论政制改革和宪法发展时的必要课题。管党治党是一个内涵极其广泛的概念，在当代中国民主政治发展中一直占据着重要且独特的位置。全面

① 陈端洪：《论宪法作为国家的根本法和高级法》，载《中外法学》2008 年第 4 期。

从严治党不仅是政治运动，也要建立起制度化的民主路径，让政党核心和重要的权力、利益和任务实现规范化、程序化运作。将宪法工程的理路运用于理解全面从严治党，首要任务就是厘清民主（包括政党民主）的内在逻辑和运行规律，并发掘民主制度所能产生的外在效果和影响。它涵盖了全面从严治党所获得的宪法的激励、指引和约束，以及它对宪法秩序的反作用。突出全面从严治党之于中国共产党以及围绕着中国共产党展开的全面改革的意义，是改革的突破口和路径选择，也是改革的必要理路。

最后，宪法配置政党权力，亦要求中国共产党在宪法和法律的范围内活动，实现管党治党与宪法法律的协调一致。党的自身建设是党融入民主和法治的过程，也是将政党政治宪法化的过程。“宪法是政治和法律的结构性耦合，通过它的规范作用，政治意志获得法律形式，而法律形式也服务特定的政治内容。”①可以发现，宪法有一种机制能够使得承载政治行为、表达政治利益的政党，与规范秩序的宪法进行融合。“党法融合论”正是立足于党与宪法之间的交互影响关系，而关键在于宪法如何配置政党权力以及如何限制政党权力。现代宪法既赋予权力，也要限制权力。② 其中，人民主权是宪法的原则和目标，它不仅揭示了权力的来源，也同时限定了权力运行的范围和方式。围绕着人民主权建构宪制结构和民主形式，是制度设计的基本前提和主要逻辑。政党也是重要的权力配置方式，本身也受到宪法约束。质言之，政党权力及其边界是宪法的规制范围，是民主的重要内涵。我国宪法规定坚持党的领导、人民当家作主、依法治国有机统一，这是处理权力关系的重要的基础性原则。发现全面从严治党与宪法的互动结构，就是试图正确处理党的领导与民主和法治的关系，最终真正实现三者的有机

---

① D. Grimm, The Achievement of Constitutionalism and its Prospects in a Changed World, in Martin Loughlin and Petra Dobner(eds), *The Twilight of Constitutionalism*? Oxford: Oxford University Press, 2010, pp. 328 - 349.

② ［德］迪特儿·格林：《现代宪法的诞生、运作和前景》，刘刚译，法律出版社 2010 年版，第 18、21 页。

统一。

总的来说，引入宪法工程的概念和话语体系，不仅是为了更好地理解中国宪法的内涵和宪法秩序，也启示我们通过中国共产党的自身建设来推动宪法秩序的发展，它更好地表达了全面从严治党的理论基础和现实意义。这是由中国共产党推动的国家治理体系和治理能力现代化，亦是全面深化改革和全面依法治国的理论进步，反映了中国共产党的时代性和现代化。

本章小结

新时代中国共产党推进党的建设新的伟大工程，坚定不移全面从严治党，它事关党的生死存亡，也直接影响着国家政治生活的稳定与活力。宪法是国家的根本法，发挥宪法效力、建立宪法秩序是政治发展的目标。政党是政治活动的主要参与者之一，自其诞生就进入到宪法视野中，政党政治更是直接在宪法的控制之下。从单向的角度看，政党与宪法的关系形成了美国抑制政党发展的麦迪逊主义和德国的政党内部民主规范化法治化两种模式。政党治理成为宪法秩序和现代民主的重要组成部分。中国共产党是中国特色社会主义事业的领导核心，党与宪法的关系直接影响着中国特色社会主义事业的成败。我国宪法规定坚持党的领导、人民当家作主和依法治国的有机统一。如何处理党的领导与民主和法治的关系，如何将党与宪法相融合，这是中国共产党面对的重大和艰难的理论任务，也是实践的挑战。党与宪法的融合并非是指党政合一，而是将党的组织、结构和行为方式与宪法的精神、原则、规则、程序和动力机制相融合，通过政党治理发挥宪法效力，实现宪法目标。中国共产党推进全面从严治党，将宪法精神、原则和规则贯彻到党的自身建设之中，又通过党的建设推动宪法发展，从而有利于中国特色社会主义民主政治建设。它面向中国的实践，发现中国的理论，体现了中国共产党的时代性，反映了全面从严治党的强大而深远的话语力量。

第二章

全面从严治党促进法治中国建设①

本章内容摘要

党的十八大以来，全面依法治国与全面从严治党相互影响。全面从严治党贯彻法治逻辑，在加强党的领导和坚持管党治党方面采取一些法治化措施，形成了法治中国建设的新进路。从实践路径上看，一方面，全面从严治党增强党领导法治建设的权威，影响全面依法治国的深度和广度，从而提升其治理效能，并在推动党的领导制度化、法治化等方面与全面依法治国有共同要求。另一方面，全面从严治党完善党内法规体系，坚持依规治党，实现党内法治，并发挥外溢法治功能。此外，全面从严治党与全面依法治国实现了衔接协调，表现为全面从严治党遵循法治标准，以宪法法律作为依据，在维护政党权威时确立了法制权威。全面从严治党构成法治中国建设的新进路，这是中国特色社会主义法治体系和法治道路的鲜明特征，是习近平法治思想的突出特色和原创性贡献。

---

① 本章主要内容曾以《全面从严治党促进法治中国建设的理论逻辑与实践路径》为题，发表于《武汉大学学报(哲学社会科学版)》2021年第6期。收入本书时对发表内容与文字表述做了一定调整。

中国共产党十八大以来提出“建设中国特色社会主义法治体系”这一全新命题，将完善党内法规体系以及依规治党纳入到全面依法治国进程中，也将法治逻辑明确引入政党治理范畴。这是习近平法治思想的突出特色，也是习近平关于加强党的全面领导和党的建设重要论述的鲜明特征。习近平指出：“加强党内法规制度建设是全面从严治党的长远之策、根本之策。”“必须坚持依法治国与制度治党、依规治党统筹推进、一体建设。”[①]这一方面表明了十八大以来推进全面从严治党的新部署、新谋划，另一方面说明了全面从严治党与全面依法治国之间存在密切联系，凸显了新时代法治中国建设的新方略、新实践。[②] 这体现了以习近平同志为核心的党中央在全面依法治国、全面从严治党伟大实践中的创造性方案、原创性贡献，发展了马克思主义政党理论和法治理论。[③] 本章分析全面从严治党贯彻的法治逻辑及其形成的法治中国建设新进路，揭示这一政党活动促进法治建设的原理与方式。

一、全面从严治党是法治中国建设的新进路

全面从严治党是中国共产党自十八大以来的重要主张，是国家政治生活的鲜明主题。2014 年 10 月 8 日，习近平在党的群众路线教育实践活动总结大会讲话中首次提出“全面推进从严治党”。[④] 党的十九大报告从多个角度强调全面从严治党，并明确了新时代党的建设总要求，特别是提出了坚定不移全面从严治党，“必须毫不动摇坚持和完善

---

① 习近平：《坚持依法治国与制度治党、依规治党统筹推进、一体建设（二〇一六年十二月二十三日）》，载习近平：《论坚持全面依法治国》，中央文献出版社 2020 年版，第 169 页。

② 张文显：《新时代全面依法治国的思想、方略和实践》，载《中国法学》2017 年第 6 期。

③ 张文显：《坚持依法治国和依规治党有机统一》，载《政治与法律》2021 年第 5 期。

④ 习近平：《在党的群众路线教育实践活动总结大会上的讲话（2014 年 10 月 8 日）》，载《人民日报》2014 年 10 月 8 日第 002 版。

党的领导，毫不动摇把党建设得更加坚强有力。”[①]它的内涵大于反腐败工作，一方面要求加强党的全面领导，确保党能够而且必须总揽全局、协调各方，一方面强调党要管党，主张管党治党“基础在全面，关键在严，要害在治”。[②]

实践中，全面从严治党在加强党的全面领导和从严管党治党两个方面都引入了法治逻辑。这里所说的法治逻辑是广义的、复合的，主要是指具有明确目标的规则之治，既包括国家法发挥的作用，也包括党内法规的作用。严格来说，只有国家法才符合法治的全部标准，但大多数党内法规在规范结构和功能上十分接近国家法，也具有规则之治的特点。[③] 特别是，中国共产党要求党自身在宪法法律范围内活动，实现党内法规与国家法律的内在一致性和工作上的衔接协调，进一步促成了党内法规的规则之治的功能。

传统法治建设命题主要围绕推进科学立法、严格执法、公正司法、全民守法展开。全面从严治党贯彻以规则之治为基础的法治逻辑，并据此采取一系列法治化新措施，这不仅是管党治党的重大创新，也是法治建设的重大创新。受此影响，我国法治建设呈现出新进路，笔者称之为法治中国建设的全面从严治党进路。这一新进路反映了党的活动可以促进法治建设的理论逻辑，体现了全面从严治党的这些创造性安排对法治中国建设的积极影响。

从实践看，此新进路的内容同时呈现在全面依法治国和全面从严治党过程中。从法治建设角度看，面对繁重的国家治理任务和国内外风险挑战，必须坚持党对全面依法治国的领导，并将党的领导制度化、法治化。党领导中国特色社会主义事业遵循法治要求，运用法治思维和法治方式，特别是坚持依宪执政、依法执政，不断提高领导水平和执

---

① 习近平：《决胜全面建成小康社会　夺取新时代中国特色社会主义伟大胜利——在中国共产党第十九次全国代表大会上的报告(2017 年 10 月 18 日)》，人民出版社 2017 年版，第 61—62 页。

② 习近平：《在第十八届中央纪律检查委员会第六次全体会议上的讲话(2016 年 1 月 12 日)》，载《人民日报》2016 年 5 月 3 日第 002 版。

③ 宋功德、张文显主编：《党内法规学》，高等教育出版社 2020 年版，第 26—27 页。

政能力。此外，建设中国特色社会主义法治体系包含形成完善的党内法规体系，坚持依规治党、制度治党。从党的角度看，全面从严治党加强和改善党对法治中国建设的领导，党主张法治、推动法治建设，提升法治治理效能。全面从严治党在管党治党层面要求依规治党，形成党内法治，并促进其功能外溢。全面从严治党与全面依法治国还要加强衔接协调，包括全面从严治党遵循法治标准，以宪法法律为依据，维护政党权威并确立法制权威。

不同视角下的实践任务揭示了全面依法治国与全面从严治党之间的密切关系，这正是全面从严治党促进法治中国建设的理论逻辑的表现。把握其实践路径是全面理解习近平法治思想理论体系的要求，是系统理解推进国家治理现代化的法治逻辑的要求。[①]

二、全面从严治党为法治中国建设提供坚强领导力量

全面从严治党首先是针对党政关系的治理活动，特别是要求坚持党的全面领导，加强和改善党对政权机关的领导。在法治建设过程中，全面从严治党显著增强党领导法治建设的权威。而且，在全面从严治党推动下，法治建设的深度和广度得到有效扩展，从而提升了全面依法治国的效能。此外，全面依法治国在坚持党的领导，推进党的领导制度化、法治化以及以法律约束党组织及其行为等方面，与全面从严治党是相同的，这体现了两者的内容重叠性。

（一）全面从严治党增强党对全面依法治国的领导权威

权威对于国家治理来说十分重要。恩格斯在《论权威》中说："一方面是一定的权威，不管它怎样造成的，另一方面是一定的服从，这两者，不管社会组织怎样，在产品的生产和流通赖以进行的物质条件下，都是

① 周佑勇：《推进国家治理现代化的法治逻辑思维方法》，载《法商研究》2020年第4期。

我们所必须的。”[①]在马克思主义国家理论中，塑造政治权威特别是无产阶级政党的权威极为重要。全面从严治党显著增强了党的政治权威，并且将这种权威进一步输入到全面依法治国实践中，有利于各项工作开展。

首先，党在全面依法治国各项工作中的影响力与党的整体权威有直接关系。权威是一种可以让人不令而行的影响力。不同于权力的强迫支配关系，权威具有自觉自愿服从、行动的内涵，从而表现出更高正当性、更高效率的治理效能。[②] 在马克斯·韦伯的社会行动理论中，无论是处于负责具体事务的行政班子，还是广大民众，都会受到政治权威的指引而行动。[③] 借助权威，执政者的政策主张可以得到有效落实。正是因此，塑造、增强执政者的政治权威始终是国家治理的重要内容。中国共产党的权威与党的性质、宗旨、目标以及组织、活动等密切相关。“全面从严治党是一场伟大的自我革命”，这一政治活动要求同一切影响党的先进性、弱化党的纯洁性的问题作斗争，以重塑党的形象、信任为重要目标，当然有利于增强党的权威。党的领导所呈现出来的权威是一种政治权威，即人们对党的认同以及在党的领导下自觉服从和行动。中国共产党的领导权威强于西方多党体系下执政党对国家机构的权威，后者也有政党权威的问题，但通常不构成政治的主要面向。全面从严治党一方面从整体上增强了党的领导权威，并借由党的权威促进法治发展，[④]一方面在各级国家机构及各类组织的运行中有效发挥党的影响力，从而有利于在具体工作中贯彻党的法治主张。

其次，党的法治主张可以借助党的权威得到有效实现。对法治中国建设而言，党的法治主张以及党施行法治的决心是最重要的动力。中国共产党“历来重视法治建设”。[⑤] 1997 年，党的十五大正式提出“依

① 《马克思恩格斯选集》(第 3 卷)，人民出版社 2012 年版，第 276 页。

② 俞可平：《权力与权威：新的解释》，载《中国人民大学学报》2016 年第 3 期。

③ [德]马克斯·韦伯：《经济与社会》(第一卷)，阎克文译，上海人民出版社 2020 年版，第 322 页。

④ 王若磊：《依规治党与依法治国的关系》，载《法学研究》2016 年第 6 期。

⑤ 习近平：《坚定不移走中国特色社会主义法治道路　为全面建设社会主义现代化国家提供有力法治保障》，载《求是》2021 年第 5 期，第 4 页。

法治国，建设社会主义法治国家”，这是我国法治建设的里程碑事件。党在十八大以来推进全面依法治国，坚持法治是治国理政的基本方式。党的十九大指出法治是社会主义现代化强国的基本特征，是社会主义现代化建设的重要目标。这些都充分体现了党的法治主张。党在法治建设中的领导权威具有党领导人民建设社会主义民主政治和法治的内涵，这种领导关系是一种政治方向、政治目标和具体政策上的引导。所以，在理想意义上，当党主张法治时，加强党的领导就有助于法治建设；党的领导权威越强，党推动法治建设的过程就越顺利。如果党不重视法制，甚至一些政策主张破坏了法制，那么社会主义法制就很难推进，“教训十分惨痛”。这正是习近平在回顾我国法治建设历程时作出的重要判断。①

（二）全面从严治党提升全面依法治国的效能

“只有在党的领导下依法治国、厉行法治，人民当家作主才能充分实现，国家和社会生活法治化才能有序推进。”②这个命题一方面指党是否主张法治将影响国家法治建设，另一方面指党推行法治的方式，特别是党推进全面依法治国的力度、程度将影响法治建设的成效。后者受到全面从严治党的直接影响。

其一，全面从严治党加大了法治建设的力度，促使全面依法治国深入到更深层次的问题。法治发展具有层次性，这也体现在改革开放以来我国法治建设的具体过程之中。例如，早期特别注意立法问题，完善中国特色社会主义法律体系在很长一段时间里是重点工作。这是因为我国法律体系还不够完善，立法的体制机制以及立法能力还不够完备，立法供给不足是国家治理的短板。在法律体系日益完善之后，法治建设的重点必然转移到法律实施上。党的十八大以后推进全面依法治国，意味着法治进入到领域、内容、问题的“全面”建设阶段。“全面”既

---

① 习近平：《在党的十八届四中全会第二次全体会议上的讲话（2014 年 10 月 23 日）》，载《习近平关于协调推进“四个全面”战略布局论述摘编》，中央文献出版社 2015 年版，第 97 页。

② 习近平：《加快建设社会主义法治国家（二〇一四年十月二十三日）》，载习近平：《论坚持全面依法治国》，中央文献出版社 2020 年版，第 106 页。

是指法治建设有更大的力度，也是指它要解决一些关键性问题。例如，习近平明确指出："党大"还是"法大"是一个伪命题，"权大"还是"法大"是一个真命题；[①]坚持依宪治国、依宪执政，加强宪法实施，推进合宪性审查工作，维护宪法权威；[②]要健全党领导全面依法治国的制度和工作机制，推进党的领导制度化、法治化；[③]深化国家监察体制改革，推进反腐败工作法治化、规范化，[④]等等。这些问题皆关系着法治国家的基础，其中一些问题长期得不到厘清或者解决，影响法治建设的成效。全面从严治党增强了党的领导权威，凸显了党厉行法治的决心，直接回答了法治与党的领导之间的关系问题，明确了宪法在治国理政中的重要地位，提升了党运用法治思维和法治方式的能力，形成了重要法律制度，等等。

其二，全面从严治党加深了法治建设的程度，有助于全面依法治国落实到具体的组织和个人，从而拓宽广度。权力服从于法律是法治的基本要求。管住权力，关键是管住行使权力的组织和个人，"坚持抓住领导干部这个'关键少数'"。[⑤] 这是十八大以来治国理政的突出特点，也是法治建设的现实任务。习近平明确指出："每个党政组织、每个领导干部必须服从和遵守宪法法律，不能把党的领导作为个人以言代法、以权压法、徇私枉法的挡箭牌。"[⑥]这就确立了宪法法律与公共权力的基本关系。一方面，只有在法治轨道上运行的权力才能为人民谋幸福，依法设定、规范、制约和监督权力才能把权力关进制度的笼子里。另一

---

① 习近平：《在省部级主要领导干部学习贯彻十八届四中全会精神全面推进依法治国专题研讨班上的讲话（2015 年 2 月 2 日）》，载《习近平关于协调推进"四个全面"战略布局论述摘编》，中央文献出版社 2015 年版，第 117 页。

② 习近平：《切实尊崇宪法　严格实施宪法（二〇一八年一月十九日）》，载习近平：《论全面依法治国》，中央文献出版社 2020 年版，第 200—208 页。

③ 习近平：《坚定不移走中国特色社会主义法治道路　为全面建设社会主义现代化国家提供有力法治保障》，载《求是》2021 年第 5 期，第 6 页。

④ 习近平：《在新的起点上深化国家监察体制改革（二〇一八年十二月十三日）》，载习近平：《论全面依法治国》，中央文献出版社 2020 年版，第 240 页。

⑤ 习近平：《坚定不移走中国特色社会主义法治道路　为全面建设社会主义现代化国家提供有力法治保障》，载《求是》2021 年第 5 期，第 14 页。

⑥ 习近平：《在省部级主要领导干部学习贯彻十八届四中全会精神全面推进依法治国专题研讨班上的讲话（2015 年 2 月 2 日）》，载《习近平关于协调推进"四个全面"战略布局论述摘编》，中央文献出版社 2015 年版，第 117 页。

方面，全面依法治国还要“坚持以人民为中心”，“围绕保障和促进社会公平正义来进行”，实现法治的价值目标。[①] 这既是习近平法治思想的重要内容，也是习近平关于权力如何行使的重要论述，属于全面从严治党的范畴。对每个党组织和党员干部来说，全面从严治党既加大、加重他们在法治建设中的责任，提升了他们在法治建设中的境界，也有效防止权力的滥用、任性以及权力腐败。特别是，党纪严于国法，坚持纪律在前实际上意味着一种更严格的法治实践要求。例如，针对党组织和党员个人，全面从严治党首先就是要求依据党内法规管住自身、管住权力。而且，全面从严治党促使各级党组织和党员干部在法治建设中“敢啃硬骨头”，敢于打破自身格局、触动个别利益，这就是政党治理所体现的“刀刃向内”“自我革命”的意义。全面从严治党还要求党组织和党员干部“不忘初心、牢记使命”，始终坚持为人民服务，坚持以人民为中心的发展思想，这就促使法治建设回归人民中心立场，保护人民权利和利益。

（三）全面从严治党为全面依法治国提供保障

全面从严治党对全面依法治国具有保障功能，是法治保障体系的内容。这主要指政治领导力的保障以及组织、队伍和人才方面的保障。

第一，中国共产党领导法治中国建设具有必要性。一方面，党是中国特色社会主义事业领导核心，全面依法治国需要党的领导。只有在党的领导下，法治中国建设才能保持正确航向，也才能顺利开展和平稳推进。另一方面，从党的角度看，全面依法治国是党改进执政方式、提高执政能力的重要表现。改革开放特别是党的十八大以来，党在领导和执政活动中坚持运用法治思维和法治方式，取得了很好的治理成效，这进一步说明了全面依法治国有利于党的领导。

第二，全面从严治党加强党的全面领导，包括巩固党的领导地位，

---

① 习近平：《在省部级主要领导干部学习贯彻十八届四中全会精神全面推进依法治国专题研讨班上的讲话（2015 年 2 月 2 日）》，载《习近平关于协调推进“四个全面”战略布局论述摘编》，中央文献出版社 2015 年版，第 118 页。

提升党的政治领导力。党的十九届四中全会决定要求把党的领导落实到国家治理各领域、各方面、各环节。领导力支撑着党的领导。在全面依法治国中，党的政治领导力突出表现在党中央整体谋划推进法治中国建设。通过加强党中央集中统一领导，党中央关于全面依法治国的主张得到有力贯彻。党的十九大以来，中央成立了全面依法治国委员会，出台了《法治中国建设规划（2020—2025年）》《法治政府建设实施纲要（2021—2025年）》《法治社会建设实施纲要（2020—2025年）》，它们是“十四五”时期法治建设的蓝图。此外，中央全面依法治国委员会具有强烈的问题导向，还提出了一系列具体措施安排。

第三，全面从严治党进一步明确法治建设的价值立场。习近平指出：“要把体现人民利益、反映人民愿望、维护人民权益、增进人民福祉落实到全面依法治国各领域全过程。”①这确立了法治建设的人民立场。全面从严治党突出这一立场，表现在它要求党组织和党员干部不忘初心、牢记使命，始终坚持为人民服务，切实保护人民权益，形成符合时代要求的法治人才队伍。

（四）全面从严治党与全面依法治国具有共同要求

从范畴上看，全面从严治党既指向巩固党的领导地位，也指向党的领导与自治活动规范化、制度化。这就与全面依法治国所要求的党的领导地位法律化，党的领导制度化、法治化，以及党在宪法法律范围活动，党组织行使公权力接受法律约束等内容重叠在一起。这种内容重叠意味着推进全面从严治党直接有利于全面依法治国。

其一，党的领导是宪法法律确认的中国特色社会主义制度内涵，全面依法治国包括了坚持和加强党的领导的内容。处理好党政关系的基本要求就是坚持和加强党的全面领导，而推行法治对于加强党的全面领导来说是有利的、正面的，因为法治是党治国理政的基本方式，它有

---

① 习近平：《坚定不移走中国特色社会主义法治道路　为全面建设社会主义现代化国家提供有力法治保障》，载《求是》2021年第5期，第6页。

利于巩固党的领导地位。从法治建设角度看，坚持全面依法治国，首先就包括了“坚持宪法确定的中国共产党领导地位不动摇”。[①] 法治具有固根本、稳预期、利长远的保障作用，其中的“固根本”就包括了巩固根本制度——社会主义制度和党的领导制度的内容。2018 年第五次修改现行宪法，在宪法第一条增加“中国共产党领导是中国特色社会主义最本质特征”，进一步明确了宪法确认的国体内涵和中国共产党地位。将党的领导地位写入宪法，是党的十八大以来法治中国建设的一个鲜明特征，它既完善了中国特色社会主义制度和我国宪法，又加强和巩固了党的全面领导。

其二，全面从严治党和全面依法治国都要求党的领导制度化、法治化。全面依法治国的“全面”覆盖到党的领导这一党政关系的根本性问题上，属于法治中国建设的深层次问题。为此，“要健全党领导全面依法治国的制度和工作机制，推进党的领导制度化、法治化”，在党的治国理政实践中也要“通过法治保障党的路线方针政策有效实施”。这是习近平提出的明确要求，是习近平法治思想的重要内容。[②] 从党的角度看，主张法治是党在治国理政的历史过程中不断自我提升的具体表现，通过全面依法治国可以巩固执政地位、改善执政方式、提高执政能力。1980 年，邓小平在回答意大利记者法拉奇关于“如何避免类似“文化大革命”那样的错误”问题时说：“这要从制度方面解决问题……要认真建立社会主义民主制度和社会主义法制。只有这样，才能解决问题。”[③]十八大以来，党中央治国理政把制度建设摆到更加突出的位置，十九届四中全会就是以“坚持和完善中国特色社会主义制度”为主题。全面从严治党在加强党的领导以及内部治理方面都采用推行制度化、规范化和法治化的思路，前者包括坚持党的全面领导，加强政治建设，

---

① 习近平：《坚定不移走中国特色社会主义法治道路　为全面建设社会主义现代化国家提供有力法治保障》，载《求是》2021 年第 5 期，第 9 页。

② 习近平：《坚定不移走中国特色社会主义法治道路　为全面建设社会主义现代化国家提供有力法治保障》，载《求是》2021 年第 5 期，第 6 页。

③ 邓小平：《答意大利记者奥琳埃娜·法拉奇问（一九八〇年八月二十一日、二十二日）》，载《邓小平文选》（第二卷），人民出版社 1994 年版，第 348 页。

推进党的制度建设，健全党和国家监督体系。总之，法治建设与党政关系治理具有共同目标，内容也有重叠，促进党的领导在政权结构中实现制度化，在法治体系中实现法治化，正是它们的基础性内涵。

其三，党在宪法法律范围内活动是法治的要求，也是党自身对于其所处的领导关系和自治关系的一种具体要求。习近平指出："党领导人民制定宪法法律，领导人民实施宪法法律，党自身要在宪法法律范围内活动。"[①]这一论断具有理想性和规范性，揭示了党的领导与人民、与宪法法律之间的一致性关系。实现其规范要求必须落实到法治建设和管党治党的具体过程之中，既要在党的领导关系和自治关系中贯彻法治逻辑，也要在法治运行中确立党的领导方式和相关体制机制。一方面，坚持依宪执政、依法执政，党的执政通过国家机构展开，依法才能落实党的主张、路线和方针政策，这就必然要求各级党组织和党员干部遵守宪法法律。另一方面，各级党组织的意志表达和政策形成过程，也要符合宪法法律，贯彻法治逻辑。

其四，在党政合署办公时，全面从严治党的活动和全面依法治国的活动高度重合。党的机构与国家机构合署办公，施行"一个机构、两块牌子"，这是党和国家机构改革的重要方案。在此方案下，不仅党对国家机构的领导呈现了新形式，而且法律对党的组织和行为的影响也更加直接。这就导致适用于国家机构的法律直接约束党组织，适用于党组织的党内法规直接约束国家机构。在这种情况下，针对党组织的全面从严治党制度性安排同样也针对国家机构，针对国家机构的全面依法治国制度性安排同样也针对党组织。例如，反腐败机构采取合署办公体制，党的纪律检查机关和国家监察机关施行"一个机构、两块牌子"，这就导致《中华人民共和国监察法》（下文简称《监察法》）约束了党的纪律检查机关，从而使党内监督实现更深层次的法治化。合署办公具有组织效率优势，原因之一就是它实现了党的活动和国家机构活动

① 习近平：《坚定不移走中国特色社会主义法治道路　为全面建设社会主义现代化国家提供有力法治保障》，载《求是》2021 年第 5 期，第 9 页。

的重合。在这种制度设计下，党的建设直接发挥法治建设的作用，法治建设也直接发挥党的建设的作用。

三、全面从严治党通过依规治党扩展法治中国建设领域

全面从严治党在针对党的肌体的管党治党活动中贯彻法治逻辑，表现为加强党内制度建设，完善党内法规体系，坚持依规治党。党内法规并非国家法律，但同样是规范，[①]具有使党组织和党员服从规则之治的基本特征。党内法规的约束力在依规治党中得到体现。坚持依规治党，一方面可以提升管党治党水平，实现党内法治，有利于推动法治覆盖国家所有政治活动的领域，一方面体现党的政治地位，发挥外溢法治功能，实现依规治党与依法治国相统一。

（一）全面从严治党要求坚持依规治党

从内部看，全面从严治党突出了党内法规这一规则在管党治党中的地位，通过完善党内法规体系和有效执行党内法规塑造党内的良法善治。依规治党是全面从严治党的长远之策和根本之策。[②]

首先，依规治党是中国共产党作为马克思主义政党所具有的法治基因的具体诉求和最新发展。如前所述，一定程度的制度化是现代政党发展的普遍结果。对于马克思主义政党来说，纪律严明、组织严密是基本特征，其制度化更为明显。这也体现在中国共产党历史中，重视党内法规是党的传统。[③] 一方面，中国共产党从一开始就形成了明确的纲领、组织和行动准则，二大就制定了党章。另一方面，在领导革命的过程中，党和党的领导人逐渐意识到党内法规是维护党的统一、解决内部纠纷、促进党的团结的重要手段。1938 年 9 月，毛泽东在党的六届

---

① 刘作翔：《当代中国的规范体系：理论与制度结构》，载《中国社会科学》2019 年第 7 期。
② 宋功德、张文显主编：《党内法规学》，高等教育出版社 2020 年版，第 47 页，第 54 页。
③ 叶海波：《中国共产党依规治党的法治基因及其百年历史演进》，载《武汉大学学报（哲学社会科学版）》2021 年第 1 期。

六中全会上首次提出了“党内法规”的概念，他强调党的纪律时指出：“还须制定一种较详细的党规，以统一各级领导机关的行动。”[①]这次会议通过了三项关于党的纪律的决定，刘少奇作了《党规党法的报告》。[②] 改革开放以后，邓小平说：“国要有国法，党要有党规党法。……没有党规党法，国法就很难保障。”[③]这将党内法规与国家治理联系起来。1990年，中共中央印发《中国共产党党内法规制定程序暂行条例》。1992年，维护党内法规的要求被载入十四大党章。在新时代，“我们党要履行好执政兴国的重大职责，必须依据党章从严治党，依据宪法治国理政。”[④]中国共产党业已形成一套完善的党内法规体系，它们是管党治党的规范性依据。依规治党“对整个党内法规建设和从严治党都具有十分重要的统领作用”[⑤]，坚持依规治党是十八大以来全面从严治党的创造性要求。这一管党治党的选择贯彻了法治逻辑，体现了中国共产党自身的法治基因，让党内法规体系建设成为中国特色社会主义法治体系建设的一部分。

其次，坚持制度治党的关键是完善党内法规体系和依规治党。全面从严治党要求制度治党，将制度建设贯穿在党的各项建设之中，完善政党制度和政党治理体系。早在改革开放之初，邓小平就指出了制度对于党和国家事业的重要意义，他说：“我们过去发生的各种错误，固然与某些领导人的思想、作风有关，但是组织制度、工作制度方面的问题更重要。”[⑥]党的十六大以后，制度建设开始成为与思想、组织、作风建

---

① 毛泽东：《中国共产党在民族战争中的地位（一九三八年十月十四日）》，载《毛泽东选集》（第二卷），人民出版社1991年版，第528页。很多人都注意到毛泽东当时的表述是“党规”，但后来他亲自主持修订这篇讲话时将其改为“党内法规”。

② 宋功德、张文显主编：《党内法规学》，高等教育出版社2020年版，第14页。

③ 邓小平：《解放思想，实事求是，团结一致向前看（一九七八年十二月十三日）》，《邓小平文选》（第二卷），人民出版社1994年版，第147页。

④ 习近平：《在首都各界纪念现行宪法公布施行30周年大会上的讲话（2012年12月4日）》，载《人民日报》2012年12月5日第002版。

⑤ 张文显：《坚持依法治国和依规治党有机统一》，载《政治与法律》2021年第5期。

⑥ 邓小平：《党和国家领导制度的改革（一九八〇年八月十八日）》，《邓小平文选》（第二卷），人民出版社1994年版，第333页。

设地位并重的政党内部治理内容。新时代，我们特别强调制度在国家治理和政党治理中的作用，制度治党成为全面从严治党的突出特色，党内建立了从严管党治党的制度体系，例如要求党的集中统一领导、加强党内监督、开展政治巡视等。十九大报告明确提出新时代党的建设总要求包括“全面推进党的政治建设、思想建设、组织建设、作风建设、纪律建设，把制度建设贯穿其中”。① 制度治党在三个方面与依规治党紧密相关。其一，党内制度主要体现在党章和党内法规之中。经由党内法规形成的制度具有稳定性、规范性和可预期性等基本特点，符合制度之治的要求。其二，制度治党主要通过健全完善党内法规体系和依规治党展开，形成完备的制度体系，实现“有规可依、有规必依、执规必严、违规必究”。② 其三，只有依规治党才能塑造制度权威。党内法规具有权威性，经过党内程序制定的党章党规是政党运行的基本依据。依规治党是从根本上要求各级党组织和党员干部形成规则权威意识、制度权威意识，破除人治的思维和观念。

再次，加强党的纪律建设与依规治党具有内在一致性。政党纪律(party discipline)是政党的党派性、团结性和统一性的重要保证，这是现代政党的普遍特征。③ 纪律的内涵十分宽泛，不仅包括一般的组织行为规范，还包括政党对其组织成员提出的政治性、伦理性要求。一些西方政党的党纪不限于成文形式，但随着政党逐渐制度化，党纪越来越明确，党纪适用也注重正当程序，与宪法法律保持一致。党内法规“依

---

① 习近平:《决胜全面建成小康社会　夺取新时代中国特色社会主义伟大胜利——在中国共产党第十九次全国代表大会上的报告(2017 年 10 月 18 日)》，人民出版社 2017 年版，第 61—62 页。

② 宋功德、张文显主编:《党内法规学》，高等教育出版社 2020 年版，第 50 页。

③ 有关政党纪律的研究在国内外都非常丰富，但内容所指有很大不同。在西方代议政治结构中，政党纪律突出表现在主要政治人物如议员或者政党推荐的行政官员是否遵守党的纲领、党的决议以及集体行动要求，实际上主要属于我们常说的政治纪律、组织纪律等内容，对于维护政党的团结统一来说极为重要。在我国，党纪的内涵更为宽泛，包括政治纪律、组织纪律、廉洁纪律、群众纪律、工作纪律、生活纪律，它们指向了所有党组织和党员。其中，政治纪律、组织纪律等也指向了党的团结统一要求。

靠党的纪律保证实施"[①]，反映了它作为一种规范所具有的约束力特别是强制力。这也是依规治党得以落实的效力保证。纪律主导型政党成为中国共产党十八大以来呈现出来的一个显著特征。全面从严治党突出了纪律建设的重要性，发挥党纪在政党治理中的关键性作用。党的十九大正式将党的纪律建设纳入党的建设总体布局。党纪主要体现在党章和一些党内法规之中，具有成文化、明确性、稳定性等特点，覆盖了管党治党的多数内容。这也形成了管党治党的规范化、法治化特征。具体来说：其一，以纪律维护党的集中统一领导和党中央权威，形成严密的政党组织体系、政党治理体系，进一步实现政党内部治理制度化。其二，以纪律维护党组织的高标准运行。党纪严于国法，这是我国政党治理的鲜明特色，而且具有正当性。[②] 在涉及到政党属性的行为中，党纪对党员提出特别要求，特别是政治性、组织性、廉洁性、伦理性等方面的要求，从而更好地约束党员，尤其是针对那些行使公权力的党员领导干部。这有利于实现政党主治的目标，[③]形成了政党治理的特殊逻辑。其三，进一步提升纪律的规范性，党纪适用呈现一定的司法特征。例如，《纪律处分条例》被称为"党内刑法"[④]，明确了党员行为标准与违纪处罚的条件，程序上要求在审理后作出处置问责的决定，发挥了管党治党的重要作用。纪律主导型政党形成了依规治党的具体要求，这也是以党纪为"准绳"治理政党的附随性特征。

（二）依规治党发挥外溢法治功能

从政党外部看，依规治党丰富了法治中国内涵，为国家整体法治实现增量式发展，而且基于党的政治性，依规治党有利于党依法执政，确保公共权力依法定程序运行，以及客观上实现对公共权力的有效监督。

---

① 宋功德、张文显主编：《党内法规学》，高等教育出版社 2020 年版，第 18 页。

② 姚国建：《论"党规严于国法"的正当性及其界域》，载《理论视野》2020 年第 6 期。

③ 例如它有利于更好地反腐败，有利于将权力关进制度的笼子里。参见虞崇胜：《国法与党纪："双笼关虎"的制度逻辑》，载《探索》2015 年第 2 期。

④ 石伟：《党内法规中的"刑法"——新修订版〈中国共产党纪律处分条例〉解读》，载《马克思主义与现实》2016 年第 4 期。

首先，依规治党赋予全面依法治国新内涵，实现“增量型法治”建设。依规治党实现全面依法治国的“增量型”法治建设。有学者从改造法治概念的思路入手，将中国特色社会主义法治理解为党法体系和国法体系共存并立且相互交融的结构，从而说明“党法”也是一种“法”，具有独特的法治功能，可以突破传统的西方法律帝国思维、律法（国家法）中心主义、司法中心主义。[①] 以党法为中心，发挥党在国家治理和法治建设中的作用，构成了法治发展的方向，可以实现不同于西方法治模式的中国特色“政党法治国”。[②] 这一主张招致了很多批评，包括认为其破坏法治共识，不利于实现控制权力的法治基本功能，也不利于维护宪法法律权威，同时不利于进一步说明党政关系。实际上，依规治党对法治内涵的改造，一方面是基于党的领导核心地位和治理结构，通过内部法治保证党作为一个政治组织符合法治要求，补齐了全面依法治国的领域。另一方面，党内法规成为治国理政规范体系之一，因为党内法规与国家法律的内在一致性以及工作上的协调衔接，所以依规治党实质上也是依据宪法法律的要求治党，从而保证政党与宪法法律始终一致。党内法规首先实现政党内部规则之治，看起来具有封闭性，但党内法规与国家法律并不是割裂的。早期欧陆政党保留了较大的自主权，形成一种独特的团体结构，国家法律不干涉党内规范，但党内规范甚至可以违反宪法法律，从而导致政党内部治理脱离法治秩序。政党于是成为危害国家政体的主体。正是基于这一教训，以德国基本法为代表的当代宪法开始直接规范政党内部事务。在我国，党的十八大以来，建设党内法规体系及其与宪法法律的关系蕴含着一个新的理论命题，那就是党内法规虽然是政党规范，但与国家法律在内在上是统一的，更不能违反宪法法律，并且要同宪法法律相协调衔接。这在某种程度上体现了宪法法律对党内法规体系的控制，而此种控制结构反映了政党内部治理模式的新发展，即它需要一套更清晰、更明确、更稳定的党内法规体

---

① 强世功：《从行政法治国到政党法治国——党法和国法关系的法理学思考》，载《中国法律评论》2016 年第 3 期。

② 强世功：《党章与宪法：多元一体法治共和国的建构》，载《文化纵横》2015 年第 4 期。

系,这个体系又是与宪法法律一致的。换言之,中国特色社会主义法治不是创设了一个新的法治标准,而是做了加法,实现了“增量型法治”内涵改造。

其次,依规治党有利于党的依法执政。执政有不同的方式。依法执政是中国共产党在执政方式上的历史性变革。依法执政有哪些要求?十八届四中全会公报明确提出“依法执政,既要求党依据宪法法律治国理政,也要求党依据党内法规管党治党”。[①] 从党的角度来看,前者表达了党在国家治理中处理重要事务时的法治要求,后者既表达了党在政党治理中处理各项事务时的法治要求,也表达了党在将其意志凝聚、形成、表达以及上升为国家意志的过程中的法治要求。依法执政体现在政党主治由内而外的过程中,在内部就是要遵守党内程序,在外部就是要遵守宪法法律程序。对此,依规治党的积极作用表现在三个方面。其一,它要求党的执政活动和治国理政的具体措施在内部严格遵守党内法规和党的制度设定的程序、标准,从而保证这些活动和措施的内容正确性,提升执政水平。其二,它增强了党的执政本领。十九大报告指出:“增强依法执政本领,加快形成覆盖党的领导和党的建设各方面的党内法规制度体系,加强和改善对国家政权机关的领导。”[②]通过党内法规将党的执政活动加以规范,形成具有明确性、稳定性和可预期性的制度,实际上就是完善了党的执政过程。这些党内法规符合宪法法律的要求,进一步促成了执政活动的规范化、程序化和制度化。其三,它确保党作为执政主体遵循宪法法律规定的政治过程进行执政。我国宪法法律确认了党的领导这一根本政治内容,但如何领导的具体要求主要体现在党内法规和制度之中,特别是党的领导法规之中。这些要求与宪法法律确认的政治原则是一致的。坚持依规治

① 新华社:《中国共产党第十八届中央委员会第四次全体会议公报(2014 年 10 月 23 日中国共产党第十八届中央委员会第四次全体会议通过)》,载《人民日报》2014 年 10 月 24 日第 001 版。

② 习近平:《决胜全面建成小康社会　夺取新时代中国特色社会主义伟大胜利——在中国共产党第十九次全国代表大会上的报告(2017 年 10 月 18 日)》,人民出版社 2017 年版,第 68—69 页。

党，既是落实党的领导法规，也是落实宪法法律，当然有利于确保依法执政。

再次，依规治党有利于有效监督权力。这里所说的权力指向党内的管理活动以及党的执政活动。一方面，作为一个组织，政党需要开展内部管理。这种管理活动遵循着公共权力运行的一般规律，所以一定程度的制度化、规范化、程序化是必要的。坚持依规治党可以实现内部管理活动的法治化，防范管理过程中的恣意性、专断性。例如，党章明确规定了民主集中制的活动原则以及党组织决策程序，在具体的决策过程中，就必须执行党内法规的规定。另一方面，党的执政活动体现出党对公共事务的直接影响力，特别是党组织和党员干部在实践中对公共事务具有直接影响力。坚持依规治党，意味着这些党组织和党员干部在执政活动中接受规则、程序和制度约束。此外，党内监督是党和国家监督体系中的首要环节，党内法规中有监督保障法规，其功能就是监督制约党组织、监督党员干部，行使好人民赋予的权力。① 依规治党有利于监督制约权力，实际上也意味着党内制度和治理体系成为国家制度和国家治理体系的一部分。

四、全面从严治党通过贯彻法治逻辑与全面依法治国实现衔接

全面从严治党通过贯彻法治逻辑实现了与全面依法治国的衔接协调，其方式包括全面从严治党遵循法治标准，宪法法律作为全面从严治党的规范依据，在维护政党权威的过程中确立法制权威。

（一）政党治理贯彻法治标准

法治存在一系列标准，它约束着政治实践活动。富勒指出，从内部看，法律具有八个内在标准，分别是普遍性、公开性、非溯及既往、明确

① 宋功德、张文显主编：《党内法规学》，高等教育出版社 2020 年版，第 233—234 页。

性、不矛盾、可为人遵守、稳定性以及官方行为与法律的一致性。[①] 这些是法律的“恒定结构”。[②] 对法治建设来说，这些程序性自然法特征不可或缺。除此之外，法治还包括了实质性自然法标准，如追求公平正义。从整体上看，如前所述，法治是一种人们持续努力追求以规则之治为基础的良好秩序的目的性事业。十八大以来，法治被确定为党治国理政的基本方式，这就蕴含着在推进国家治理现代化中坚持法治标准的基本内涵，“法治是国家治理体系和治理能力的重要依托。”[③]习近平明确指出要“坚持在法治轨道上推进国家治理体系和治理能力现代化”。[④] 在全面从严治党进程中，管党治党贯彻的法治逻辑是否符合一般法治标准，特别是从严管党治党的“从严”是否具有法律上的特殊性，需要进一步审视。实现全面从严治党与法治的协调衔接，就要在政党治理中贯彻法治标准。具体来说：

第一，管党治党的方式方法要遵循法治标准，特别是要建立管党治党的正当程序。全面从严治党在党政关系、内部治理两个方面贯彻严格的政党党派性要求和党纪标准，这是“全面”和“从严”的特征。从法治建设的角度来看，它们还需要从法治标准上进行检视。一方面，全面从严治党在宪法法律之下展开，以宪法法律作为框架性依据。另一方面，全面从严治党所依据的党章和其他党内法规以及一些具体政策、行为参照遵循法治标准。从党的角度展开的政党治理活动，无论是针对党政关系，还是内部治理，都具有过程性特征。以宪法法律作为框架，在其中进一步以党章和党内法规加以规范，使之符合正当程序的要求，将构成全面从严治党的活动与法治标准相协调的重要基础。这也说明了以法治标准控制管党治党的活动本身就是全面从严治党的重要内容。

---

① ［美］富勒：《法律的道德性》，郑戈译，商务印书馆 2005 年版，第 55—107 页。

② ［美］富勒：《法律的道德性》，郑戈译，商务印书馆 2005 年版，第 175 页。

③ 习近平：《坚定不移走中国特色社会主义法治道路　为全面建设社会主义现代化国家提供有力法治保障》，载《求是》2021 年第 5 期，第 10 页。

④ 习近平：《坚定不移走中国特色社会主义法治道路　为全面建设社会主义现代化国家提供有力法治保障》，载《求是》2021 年第 5 期，第 10 页。

第二,党的制度和党内法规要在宪法法律框架范围内设定和运行。如前所述,在我国,宪法法律为中国共产党留出了极大的自主权。目前,主要是宪法对政党作出了原则性、框架性规定,包括明确了党的领导地位,要求党必须以宪法为根本的活动准则,负有维护宪法尊严、保证宪法实施的职责,党以及党员干部必须遵守宪法和法律,不得有超越宪法和法律的特权。政党在宪法法律范围活动,自然意味着政党治理活动必须在宪法法律范围内展开,相关制度以及党内法规不能违反、抵触宪法法律。实际上,在党内法规与宪法法律协调衔接的问题上,一方面要坚持两者各司其职,党内法规主要指向党的领导法规以及党的组织法规、自身建设法规、监督保障法规等。其中,领导法规直接针对党政关系,涉及到党的地位的制度性安排,与宪法规定的党的地位等内容相关,其他法规主要是在宪法法律范围进行自主安排的内容。另一方面,两者必须保持协调一致,立法涉及党的问题时必须遵守宪法,坚持党的领导,而党内法规也不能违反宪法法律。为此,可以考虑建立一定的党内法规审查机制,确保它们的合宪性、合法性。

第三,党员权利义务保障与公民权利义务保障需要衔接协调。全面从严治党的重要对象是党员,这就涉及到党员权利义务保障的问题,它与法治标准直接相关。在各类组织的治理中,成员的权利义务都是重点问题。如前所述,在一些政党治理经验中,奉行特别权力关系将会造成党员权利义务保障呈现出不同于法治的标准,例如要求党员放弃一些公民基本权利,承受超出法律规定的政治义务等。[①] 随着法治发展和政治进步,特别权力关系理论逐渐衰落,在党员权利义务保障方面,贯彻基本法治标准越来越引起重视。[②] 这种情况下,党员在政党中享有的基本权利必须得到保证,包括加入或退出的自由权利,选举、罢免等民主权利,以及参加党内活动的自由以及尊严等;在政党中承担的

---

① 江国华:《正当性、权限与边界——特别权力关系理论与党内法规之证成》,载《法律科学》2019 年第 1 期。

② 周叶中、邓书琴:《论中国共产党党内法规的价值取向——以党员义务和党员权利为视角》,载《中共中央党校学报》2018 年第 4 期。

义务不能违反法律规定，包括不得要求党员放弃宪法权利以及其他重要权利，不能要求党员从事违法犯罪以及损害自我尊严等活动。保障党员权利义务是中国共产党政党治理历来重视的问题。由于“党纪严于国法”，一些党纪的内容或许存在克减公民权利、增加公民负担的情形，需要进一步在全面从严治党实践中进行甄别处置。确保党纪适用符合保护公民基本权利的要求，特别是做好党员权利义务与公民法定权利义务协调衔接，将是工作重点。

（二）全面从严治党以宪法法律作为规范依据

虽然全面从严治党是中国共产党推进的政治活动，但在其规范依据中，宪法法律是重要组成部分。以宪法法律作为规范依据，凸显了全面从严治党与全面依法治国之间的衔接协调关系。特别是，在全面从严治党过程中发布的政策文件和党内法规也要符合宪法法律，这就实现了宪法法律对党内法规以及党内政策文件的保障和监督。具体来说包括以下内容：

首先，在宪法法律中明确规定坚持党的领导是党的十八大以来坚持党对法治中国建设集中统一领导和坚持科学立法的要求。一方面，2018 年修改宪法时明确在第一条写入党的领导条款，这改变了新中国成立以来的宪法传统，我国宪法所确认的根本制度的内涵实现了发展，具有深远的影响。另一方面，《法治中国建设规划（2020—2025 年）》明确提出推进党的领导入法入规，着力实现党的领导制度化、法治化，以及将坚持党的全面领导的要求载入国家机构组织法，载入政协、民主党派、工商联、人民团体、国有企业、高等学校、有关社会组织等的章程。新制定或修改的一些重要法律如《中华人民共和国全国人民代表大会组织法》《监察法》《中华人民共和国公职人员政务处分法》以及《中华人民共和国公务员法》等明确写入了坚持党的领导。这既有利于健全党的全面领导制度，实现党的领导制度化、法治化，也有利于进一步完善中国特色社会主义法律规范体系。在宪法法律进一步明确规定党的领导后，全面从严治党的规范依据更加充分。

其次，党内法规与国家法律实现衔接协调。完善的党内法规体系是中国特色社会主义法治体系的一部分，实际上意味着党内法规与国家法律具有内在一致性，也具有共同的体系性。为了达到党内法规与国家法律保持一致性和体系化的理想形态，《党章》《中国共产党党内法规制定条例》以及《中国共产党党内法规和规范性文件备案规定》初步建立了党内法规与国家法律的衔接协调机制，也形成了冲突处置办法。例如，《党内法规制定条例》第 7 条规定“坚持党必须在宪法和法律的范围内活动，注重党内法规同国家法律衔接和协调”，第 32 条规定“同宪法、法律和行政法规相抵触”作为党内法规责令改正或者撤销的具体条件。在实践中，党内法规与国家法律一定程度上实现了“体系共存的相容性、价值追求的同向性、具体规范的无矛盾性和行为指引的连贯性”。①

再次，国家监察体制改革化解了一些管党治党举措存在的法治争议。从 2016 年开始的国家监察体制改革，其初衷就包括了加强党对反腐败工作的集中统一领导，推进全面从严治党。通过组建新的国家机构，行使新形成的国家监察权，国家监察体制改革有力促进了国家反腐败工作。特别是，《监察法》规定监察机关在调查过程中可以对涉嫌严重职务违法和职务犯罪的被调查人采取留置措施，这就将长期以来在反腐败工作中采取的由党内文件所规定的“两规”措施进行了法治化改造。通过纪委和监委合署办公，并且党的监督类法规与国家法律实现纪法贯通、纪法衔接，留置也成为党的纪律检查机关在办案时针对涉嫌严重职务违法和职务犯罪的审查措施。2019 年《中国共产党纪律检查机关监督执纪工作规则》就明确规定执纪审查时可以采取留置措施，这实际上适用了《监察法》的规定。用留置取代“两规”是国家监察体制改革的重要成就，它解决了长期想解决但没有解决的法治难题。可见，在纪检监察领域，全面从严治党的一些活动受到了国家法律的规范，全面

① 秦前红、苏绍龙：《党内法规与国家法律衔接和协调的基准与路径——兼论备案审查衔接联动机制》，载《法律科学(西北政法大学学报)》2016 年第 5 期。

依法治国成效日益显著。

（三）在维护政党权威中确立法制权威

全面从严治党成功塑造且不断增强党的权威，这既体现在坚持和加强党的全面领导的具体要求之中，也体现在加强党的自身建设、完善政党内部治理过程之中。权威对于国家治理现代化来说极为重要。全面从严治党的重要任务就包括维护和增强党的权威。与之同时，在走向现代化的进程中，法制权威越来越突出。[①] 全面依法治国负有塑造宪法法律权威的任务。这就会产生如何理解宪法法律权威与政党权威的关系问题，反映在实践中，全面从严治党就面临着如何协调全面依法治国塑造法制权威的问题。全面从严治党与法治之间保持一致性，关键在于政党权威与法制权威保持一致性。具体来说：

首先，政党权威和法制权威对于推进国家治理现代化来说都非常重要。权威不依赖于强制力就可以得到人们的自愿自觉服从，所以从治理的角度来说，法制权威既具有正当性，又具有有效性，极大地改善了治理过程。特别是，“从人的权威到法制的权威，特别是强调法制权威对政府权力以及各种社会性权力的制约，这就是现代守法精神的本质所在。”[②]概言之，国家治理现代化追求确立法制权威。这也是中国共产党推进全面依法治国的重要内容，包括坚持宪法至上的法制地位，维护宪法权威，推动依法行政，建设法治政府，增强司法公信力，从而提升人民群众对党和政府的信任、对法治的信心。特别是，全面依法治国特别注意法治社会建设和实现全民守法，在提升公民法治意识以及法治素养的同时，促使法治最终成为社会共识和基本准则。[③] 这就是法制权威的一种表现。习近平明确指出：“法律要发挥作用，需要全社会

① 季卫东：《论法制的权威》，载《中国法学》2013 年第 1 期。

② 季卫东：《论法制的权威》，载《中国法学》2013 年第 1 期。

③ 新华社：《习近平在中央全面依法治国工作会议上强调坚定不移走中国特色社会主义法治道路　为全面建设社会主义现代化国家提供有力法治保障》，载《人民日报》2020 年 11 月 18 日第 001 版。

信仰法律。”他还引用卢梭的名言“一切法律中最重要的法律，既不是刻在大理石上，也不是刻在铜表上，而是铭刻在公民的内心里”，进一步表明法制权威的意义。[①] 政党权威是我国根本性的政治制度特征。在国家治理普遍确立法制权威的前提下，通过政党治理，进一步营造和加强政党权威，具有特殊的国家治理功能。政党权威是指政党具有引导人们不令而行的影响力，人们内心普遍信服政党及其组织、领袖。当政党成为权威的载体，党提出的政策、主张、路线、方针就具有国家治理的功能，政党内部治理也具有外溢的国家治理功能。甚至可以说，赋予政党权威，这成为保持国家政治生活稳定的关键。

其次，全面从严治党有利于确保政党权威与法制权威的内在一致性。从根本上说，政党权威与法制权威是一致的，这是党的性质和宗旨所决定的。作为无产阶级政党，中国共产党必须保证其与人民的一致。正是因为党是人民的党，所以党的权威也植根于这一人民性。在实践中，两种权威可能存在着偏差。全面从严治党就是缓解以及解决两种权威潜在冲突可能性的最有力措施。这是因为，坚持党要管党、全面从严治党，加强党的长期执政能力建设、先进性和纯洁性建设，构成了新时代党的建设总要求的内容。这就确保了中国共产党始终和人民“保持血肉联系”，反“四风”、反腐败，从而真正体现党和人民的“同一性”。

再次，在推进国家治理现代化进程中，充分发挥全面从严治党的政治保障功能和全面依法治国的法治保障功能。实际上，政党权威与法制权威处理不同的问题，但相互产生作用。一方面，“党的领导是推进全面依法治国的根本保证。”只有坚持党对全面依法治国的领导，才能“更好把 14 亿人民组织起来、动员起来全面建设社会主义现代化国家”。[②] 维护中国共产党的政党权威对于社会主义现代化建设来说是

---

① 习近平：《严格执法，公正司法（二〇一四年一月七日）》，载习近平：《论全面依法治国》，中央文献出版社 2020 年版，第 50 页。

② 习近平：《坚定不移走中国特色社会主义法治道路　为全面建设社会主义现代化国家提供有力法治保障》，载《求是》2021 年第 5 期，第 6 页。

根本性的、全面性的，对于全面依法治国来说是根本政治保障。另一方面，在我国，尽管政治系统与法律系统无法割裂，但法律具有独特的功能，法治建设具有相对独立的领域，这些都表明树立法制权威对于国家治理的影响力。充分发挥宪法法律规范政治社会生活、塑造一致行为秩序、稳定人们预期的功能是法治建设的先期任务，在此基础上，再进一步发挥法制权威对于国家治理现代化的整体影响力，以法治“固根本、利长远、稳预期”，从而推进社会主义现代化建设。

本章小结

中国共产党自十八大以来推进全面依法治国，坚持建设中国特色社会主义法治体系，为全面从严治党提供了丰富的法治资源。全面从严治党重视制度之治和规则之治，贯彻法治逻辑并采取一系列法治化新措施。法治中国建设呈现出以全面从严治党为中心的新进路，这是法治中国建设的重大创新。全面从严治党是党的十八大以来国家政治生活的重大主题，在加强党的领导、坚持管党治党以及协调党与法治的关系三方面形成推动法治建设的路径。在加强党的领导层面，全面从严治党可以增强党领导全面依法治国的权威；在党的领导制度化等议题上，全面从严治党和全面依法治国具有共同内容；全面从严治党影响全面依法治国的深度、广度，并为其提供保障。在管党治党层面，全面从严治党完善党内法规体系，坚持依规治党，促进党内法治，并发挥溢出法治功能。尽管全面从严治党具有促进全面依法治国的作用，但实践中仍需要实现两者的衔接协调，包括从严管党治党贯彻法治标准，以宪法法律作为规范依据，在国家政治生活中塑造政党权威的同时确立法制权威。坚持建设中国特色社会主义法治体系，进一步发挥全面从严治党对法治中国建设的促进作用，是贯彻落实习近平法治思想的具体体现。

第三章

全面从严治党推动政党治理法治化[①]

本章内容摘要

全面从严治党首先作用于政党治理体系，在从严管党治党的同时，也促进了政党治理法治化。中国共产党坚持依规治党，加强制度建设，实现了党的建设的逻辑变革。党内法规不仅作用于政党治理，也作用于国家治理，表现为塑造政治制度、约束政党组织、保障政党主治。全面从严治党具有外溢效应，既可以将对党内的影响溢出到外部，也直接影响外部治理体系。全面从严治党直接推动政党治理法治化，重塑国家治理体系，这是新时代中国特色社会主义事业发展的显著特征。

① 本章内容未公开发表。

全面从严治党是中国共产党十八大以来开展政党治理的主要活动，也是国家政治生活的重要主题。作为新时代的一项重要政治活动，全面从严治党对国家治理体系产生了重塑性影响，显著表现之一就是推进了政党治理法治化。在全面从严治党中贯彻法治逻辑、采取新措施，一方面形成了法治中国建设的政党进路，推进了全面依法治国，是建设中国特色社会主义法治体系的生动实践，一方面开辟了政党治理的新方略，在政党治理活动中运用法治基本原理，这一创新举动既是党的建设的新发展，也是国家治理现代化的新成就。

一、政党治理法治：全面从严治党的时代任务

全面从严治党具有政党治理内涵，包括了党政关系治理和政党内部治理，两者皆贯彻了法治逻辑，采取了一系列新措施。这不仅是管党治党的重大创新，也是法治建设的重大创新，推动我国政党治理法治化。

（一）政党治理的内涵

政党是重要的政治活动主体，它登上历史舞台就带着影响政权以及国家治理的使命。近代以来，国家治理呈现出政党主治的局面。[①] 这也推动现代政治逐步走向政党政治、现代政府最终形成政党政府。[②] 在西方，政党参与国家治理，但一般不直接行使公共权力。理论上，建制性政党是国家和市民社会之间的中介，[③]以介于国家和社会之间的政治组织面貌出现。即使那些国家或地区议会中的政党党团等法定组织，也不是正式的公权力组织，它们只能通过以党的决议和党纪控制议员行为来开展工作。在这种政党地位塑造的政党主治模式中，

---

① 秦前红：《政党主治的宪法之维——基于制度主义立场的研究》，载《岭南学刊》2007 年第 1 期。

② [意]萨托利：《政党与政党体制》，王明进译，商务印书馆 2006 年版，第 44 页。

③ [意]萨托利：《政党与政党体制》，王明进译，商务印书馆 2006 年版，第 2 页。

政党以间接主体身份参与国家治理，[①]它与政权机关直接进行国家治理是不同逻辑。

与西方相比，政党主治在中国的表现方式有根本不同。作为中国特色社会主义事业的领导核心，中国共产党在政治社会中的地位和作用方式皆不同于西方政党。我国的政党主治就是中国共产党主导国家治理，既要按照间接治理的逻辑参与国家治理，更要按照党领导政权机关的逻辑进行，具有直接治理的特点。这种特殊的政党主治现象意味着中国共产党的政党治理活动可以在国家治理中发挥作用。

政党治理是指在政党的主导下，"在党内由党同普通党员及党的各级组织、在党外由政党同国家政权机关和公民社会组织共同组成的多元治理主体通过协商、互动、对话、合作等方式形成的、以巩固执政为目标的整合过程与协调机制"。[②] 政党治理的主体、对象主要都是党本身，涉及到整体的党、各级各类党组织、党员以及国家政权机关、企业和单位、社会组织等，涵盖了党内事务以及党在政治过程中由内而外的执政活动等。[③] 这里要说明政党治理与党的建设的关系。这两个概念存在视角差异，后者主要从党的角度出发，前者则要从国家治理的全局角度出发。在我国，党的建设是官方以及理论界常用的话语，它主要是指中国共产党针对党的政治、思想、组织、作风、纪律和制度方面的维护、完善和加强等具体措施。这一概念具有很强的包容性，它的主要内容和政党治理十分接近，但后者的话语优势一方面在于它吸收了治理理论与治理话语，与国际通行说法、世界政党发展趋势可以接轨，另一方面也是更重要的方面在于，政党治理指向从国家治理视角展开的针对党的内部以及党由内而外过程的治理内容，比较清晰地揭示了从党的角度看待党政关系的基本思路，也更加清楚地将从党的角度观察的治

---

① [美]戴维·阿普特：《现代化的政治》，李剑、郑维伟译，中央编译出版社 2011 年版，第 115 页。

② 刘先春、柳宝军：《近年来国内学界政党治理研究述评》，载《当代世界与社会主义》2016 年第 3 期。

③ 有关政党治理概念的较近研究，可参见陈驰、陈亮：《政党治理现代化的制度路径》，载《四川师范大学学报（社会科学版）》2020 年第 6 期。

理与国家治理结合在一起。不过，本书并不放弃党的建设这一话语，而是试图将两者融合起来，党的建设是表述中国共产党政党治理的另一种方式。全面从严治党是党的建设活动，也是政党治理活动，它不限于党的自身建设，也包括党政关系治理。

中国共产党的政党治理较为复杂：从结构上看，涉及到党由内而外的领导关系和内部的自治关系；从内容上看，包括了从政党角度展开的党政关系治理和政党内部治理两个基本方面。这两者是相互对应的，即对领导关系的治理主要表现为党政关系治理，对自治关系的治理主要表现为政党内部治理。政党治理的国家治理功能也可以区分为治理活动在党的领导关系中表达出来的直接影响力和在自治关系中表达出来的外溢影响力，[①]它们分别是党政关系治理和内部治理所表达的功能。这既针对以领导关系为中心的党政关系治理，也针对以自治关系为中心的政党内部治理，并在这两个层次上提出具体要求，构成了我国政党治理的全新内涵。

（二）全面从严治党的政党法治使命

全面从严治党包括了指向领导关系的党政关系治理，和指向自治关系的政党内部治理。在党的十八大以来全面从严治党的实践中，党的领导关系和自治关系都引入了法治逻辑，从而在党政关系治理和政党内部治理中实现法治。这里所说的法治逻辑是广义的、复合的，主要表达一种具有目的的规则之治的内涵。关于法的本质以及法治如何展开，规则之治是基础性内容。这是自20世纪英国法学家哈特以后分析实证主义法学关于法的基本界定。[②] 新自然法学派代表人物、美国法学家富勒在规则之治基础上提出了“道德使法律成为可能”的论点，指出了法的内在道德标准，这是法能够成立的基本理由。他认为法治是

---

① 本章所采用的影响力标准，既具有一定程度上的权力支配性特征，也具有不同于支配逻辑的作用方式，如引领、引导、协商与沟通等；既包括人们的被动服从，也包括人们的自愿、自觉、自发遵循。

② [英]哈特：《法律的概念》，许家馨、李冠宜译，法律出版社2011年版，第73—74页。

规则之治，但同时具有目的性，表现为“法律是使人的行为服从规则之治的事业”。法律是一项活动，“一套法律体系是一种人类有目的持续努力的活动的产物”。[①] 富勒所说的“目的性事业”极具开创性，它将法律与人们所追求的愿望性道德结合在一起，以形成良好秩序作为法治的衡量标准。

法治是有目的的规则之治，一方面强调了规则之治的基础性地位，一方面表达了法治是人类在政治社会中持续努力实现其目的的过程，表明法治的政治社会属性和过程属性，特别是将良好秩序作为法治目的，人们需要不断去努力完善规则及其运行过程。严格来说，只有国家法才符合规则之治的全部标准，但大多数党内法规在规范结构和功能上都十分接近国家法，也具有规则之治的特点。[②] 特别是，中国共产党以实现国家治理法治化为任务，以长期执政为目标，要求党在宪法法律范围内活动，实现党内法规与国家法律的内在一致性和工作上的协调衔接，进一步促成了党内法规的规则之治功能。党内法规对传统理解的法治的挑战首先表现在它提供了一套新的规范体系，[③]公共权力具有了新的规则依据和约束，但这种规则依据并不是随意的，而是符合现代法治精神以及实证国家法律体系的。

在世界范围内，一定程度的法治化是政党治理的一种趋势，反映了近现代以来政治发展的理性化特征。除极少数极端政党外，主要政党都纳入了宪制体系之中。政党在宪法法律体系中凝聚民意、形成政策，发挥串联政治过程的功能，同时推动建设宪法秩序，而非对抗宪法秩序。政党的体制化要求建立稳定的政党制度，这是目前世界政党发展的突出特色。

中国共产党的政党治理贯彻法治逻辑，形成了政党治理法治的特征。《党章》第十条规定：“党是根据自己的纲领和章程，按照民主集中

---

① ［美］富勒：《法律的道德性》，郑戈译，商务印书馆 2005 年版，第 124—125 页。
② 宋功德、张文显主编：《党内法规学》，高等教育出版社 2020 年版，第 26—27 页。
③ 刘作翔：《当代中国的规范体系：理论与制度结构》，载《中国社会科学》2019 年第 7 期。

制组织起来的统一整体。”党内法规就是体现党的统一意志的基本形式。[①] 它以规则的面貌出现，是管党治党的基本依据。党的十八大以来，加强党内法规制度建设是全面从严治党的重要内容，反映了管党治党中贯彻的法治逻辑。对此，习近平作出了一系列重要论述，包括：“必须坚持以党章为根本遵循，尊崇党章、遵守党章、贯彻党章、维护党章。”“必须坚持民主集中制，把充分发扬党内民主和维护党的集中统一有机结合起来。”“必须坚持系统推进，有规可依，有规必依。”“必须坚持依法治国和依规治党有机统一，既依据宪法法律治国理政，又依据党内法规管党治党。”这些要求落实到实践中，具体表现为：(1)在党的领导关系中，从外部看，强调党的领导制度化、法治化，蕴含着处理党政关系的法治逻辑；从内部看，党坚持依宪执政、依法执政，将宪法法律作为执政的直接依据，同样蕴含着对待党政关系的法治逻辑。(2)在党的自治关系中，完善党内法规体系，坚持依规治党，可以实现党组织和党员服从的规则之治，追求符合人们愿望的良好秩序，促进内部治理法治；依规治党强调党内法规与国家法律的内在一致性和工作上的协调衔接，而非自我封闭，将法治标准引入政党内部治理；由于党的政治属性和特殊地位，政党内部治理法治将这个重要组织和政治行动主体有效嵌入国家法治体系之中，体现了内部治理的外溢法治功能。

（三）法治中国建设的政党治理法治化任务

从党的十一届三中全会以后的“有法可依、有法必依、执法必严、违法必究”的社会主义法制建设 16 字方针，到新时代的“科学立法、严格执法、公正司法、全民守法”新 16 字方针，是一脉相承的法治建设要求，指向了法治领域多个方面，覆盖了法治建设的许多矛盾和问题。从立法、执法、司法、守法四个方面展开实践是法治建设的传统进路。在习近平法治思想指引下，新时代全面依法治国要“坚持全面推进科学立

① 宋功德、张文显主编：《党内法规学》，高等教育出版社 2020 年版，第 16 页。

法、严格执法、公正司法、全民守法”。[①] 这当然要坚持和加强党的领导，但这个时候主要按照间接治理的逻辑。例如，在立法工作中，即便是党领导立法，也要协调人大主导立法的问题，而非党直接进行立法。“法是党和人民意愿的统一体现”，[②]这一方面表明法所表达的意志具有两重内涵，另一方面也说明法的制定需要借助政治过程，党的意志转化为法律也需要经过这个过程。这在中国特色社会主义实践中有体现，那就是政党主治需要坚持“四个善于”的要求。“四个善于”是指要不断加强和改善党的领导，善于使党的主张通过法定程序成为国家意志，善于使党组织推荐的人选通过法定程序成为国家政权机关的领导人员，善于通过国家政权机关实施党对国家和社会的领导，善于运用民主集中制原则维护党和国家权威、维护全党全国团结统一。[③] 它清楚表达了党按照间接治理的逻辑开展国家治理的过程特征。这既表现在推进全面依法治国的具体要求之中，也表现在坚持和完善中国特色社会主义制度、推进国家治理体系和治理能力现代化的具体要求之中。

不过，中国共产党对法治建设的影响超出一般间接治理的逻辑，因为党可以凭借直接治理的地位，通过政党治理活动发挥影响。所以，全面依法治国也要深入到政党领域，包括党的领导关系贯彻法治逻辑，对国家治理和法治建设产生直接影响力，党的自治关系贯彻法治逻辑，促进内部治理法治化并产生外溢影响力。这是全面从严治党的创造性内容，也是全面依法治国的重要安排。具体来说：首先，全面依法治国要求坚持党的领导，并将这种领导制度化、法治化。面对繁重的国家治理任务和国内外风险挑战，党的领导要遵循法治要求，运用法治思维和法治方式，特别是坚持依宪执政、依法执政，这是全面依法治国的组成部

① 习近平：《坚定不移走中国特色社会主义法治道路　为全面建设社会主义现代化国家提供有力法治保障》，载《求是》2021 年第 5 期，第 13 页。

② 习近平：《在省部级主要领导干部学习贯彻十八届四中全会精神全面推进依法治国专题研讨班开班式上的讲话（2015 年 2 月 2 日）》，载《习近平关于协调推进“四个全面”战略布局论述摘编》，中央文献出版社 2015 年版，第 116 页。

③ 习近平：《在庆祝全国人民代表大会成立 60 周年大会上的讲话（2014 年 9 月 5 日）》，载《人民日报》2014 年 9 月 6 日第 002 版。

分。其次，建设中国特色社会主义法治体系包含完善的党内法规体系，包括依规治党、制度治党，在党的自身建设过程中贯彻法治逻辑，这也是全面依法治国的组成部分。

二、依规治党：中国共产党自身建设的逻辑变革

政党内部治理法治化是现代政治发展的一种重要趋势。中国共产党十八大以来坚持全面从严治党，强调把制度建设贯穿在党的各项建设全过程，这是党的建设的新要求。加强制度建设，坚持依规治党，正是全面从严治党提出的政党治理新命题，推动了中国共产党内部治理的发展，是党的建设的逻辑变革。

（一）依规治党的理论逻辑

政党内部治理是巩固党的组织体系和完善党组织运行模式的活动，也是规范党组织和党员行为的一种方式。开展一定形式的内部治理是所有政党的共同任务，[①]而一定程度的内部治理法治是现代政党的普遍特征。

首先，政党存在党派性(partisan)，它是以派系为基础逐渐形成的政治性组织。[②] 这一属性决定了政党内部存在一定的忠诚型逻辑(party loyalty)，表现为自上而下的服从特征。换言之，政党在意识形态上具有明确的倾向性，在成员中具有共同的目标性，在组织体系上具有一定的纪律性。正是因此，存在自上而下的一定程度的集中是成熟政党的普遍特点。因为政党是集中性的政治组织，所以成熟政党的组成结构会逐渐制度化，这也有利于政党内部治理法治化。实际上，政治组织在其早期普遍具有未定型化特点。这是它们相较于固定国家机构的优势，以便应对现实政治的复杂性易变性，但制度化是政党发展的普

---

① [意]萨托利：《政党与政党体制》，王明进译，商务印书馆 2006 年版，第 102—108 页。
② [意]萨托利：《政党与政党体制》，王明进译，商务印书馆 2006 年版，第 11—29 页。

遍结果。

其次，作为集中化的政治组织，政党内部结构及其活动与宪法法律的关系就成为重要的政治法律问题。在内部治理中引入法律以及制定成文的党内法规，有利于政党运行、发展。这激励着政党内部治理的法治化。例如，在英美国家，虽然没有专门的政党立法，但宪法规定了结社自由，相关法律规范了政党参与选举、议会等国家政治生活的基本方式，也规范了政党成员一些基本的权利义务。它们虽然不存在严格意义的党内法规，但政党内部治理的法律较为明确。以德国为代表的一些国家或地区在宪法中规定了政党的特殊地位，也专门制定了政党法，政党内部事务包括内部治理结构、政策形成过程、重大政治活动、党员权利义务等具有明确法律依据，各政党党内法规主要是法律的细化以及延伸。

再次，政党不同于国家，政党内部贯彻的法治逻辑不完全等同于国家法治逻辑。反映制度特征的政党纲领、党章以及党内法规通常会维护一定的党派性内容和忠诚型结构。将这些政治道德、伦理要素通过党内法规输入到政党内部治理体系之中，既实现了“实质性法治”，也构成了政党内部治理的伦理型逻辑。在这个过程中，党内的成文规则如党章和其他党内法规发挥了重要作用，但它们并不等同于国家法律，但要受宪法法律的影响。

对中国共产党来说，上述特点共同存在。一方面，对于政党内部治理的基本原则、主要框架以及具体展开，党具有较大自主权，宪法法律没有直接规范和限制。这反映了“党要管党”的另一层内涵，即中国共产党的内部治理由党自己负责，推动党的建设是党的自身逻辑的要求。另一方面，中国共产党必须在宪法法律范围内活动。这既是宪法法律的规定，也是党章设定的基本原则和基本制度。不过，基于党的领导地位，政党内部治理自主性问题的议程实际上优先于相关立法议程设定。这意味着究竟如何推动宪法法律规范政党内部事务，主动权掌握在党的手中。此外，中国共产党内部治理法治化与党的政治属性是紧密相关的，并不意味着党失去政党组织的特性，蜕变为官僚化组织，而是确保政党内部治理有利于实现党的目标、宗旨和任务。政党内部治理法治最终有利于维护党的无产阶级先锋队属性，始终保持党的先进性纯洁性，实现的并非纯粹形式化的脱离政治伦理的内部法治。

（二）依规治党的政治性与规范性

一方面，依规治党具有政治性。党员领导干部严格遵守党内法规，这是全面从严治党的基本要求。因此，党内法规在社会主义国家的政治生活中发挥了具体作用。而且，党内法规通常比法律更为严厉，依规治党也规范了党员干部行使公权力的过程，所以这也有利于确保公权力始终在法治的轨道上运行。包括党内法规体系在内的中国特色社会主义法治体系对于社会主义法治国家建设，尤其是推进依法执政来说，意义重大。从党的建设角度看，依规治党对于推进党的建设新的伟大工程具有基础性、制度性的意义。将依规治党与依法治国有机统一起来，将推进党的建设新的伟大工程与建设社会主义法治国家有机统一起来，共同构成社会主义现代化国家新征程的基础与助力。

另一方面，依规治党具有规范性。中共中央《关于加强党内法规制度建设的意见》指出，完善以“1＋4”为基本框架的党内法规制度体系，即在党章之下分为党的组织法规制度、党的领导法规制度、党的自身建设法规制度、党的监督保障法规制度四大板块。这是党内法规体系及其实施的基本框架。依规治党以党章为根本，以民主集中制为核心，以准则、条例等中央党内法规为主干。全面从严治党必须以党章为根本遵循。《中国共产党廉洁自律准则》《中国共产党纪律处分条例》《中国共产党问责条例》《关于新形势下党内政治生活的若干准则》和《中国共产党党内监督条例》等多达80余部与管党治党相关的规范是党内法规的重要组成部分。党员领导干部严格遵守党内法规，表明了政治体自治的基本形式，这就可以发现党内法规体系作为社会主义法治体系的重要组成部分、依规治党作为全面依法治国的重要安排的现实意义。

（三）党的制度建设的依规治党路径

中国共产党十八大以来开展党的建设，呈现出内部治理法治化的特征，突出表现在依规治党的具体要求中。它的核心要义是“有规可依、有规必依、执规必严、违规必究”。[①] 这四个方面覆盖了政党内部治理各方面各领域各环节。党内法规是一种规范，与国家法律相似，表达为针对党内组织、事务以及人员的抽象规范，发挥基本的规范、保障、引导功能。[②] 一方面，从政党内部看，它表达了将规则之治引入内部治理的逻辑，以良好内部秩序作为全体党组织和党员的努力目标。另一方面，从整体看，依规治党将塑造一个制度完善、纪律严明、遵宪守法的政治组织，从而让法治覆盖国家治理的所有领域——特别是政党领域，从而有利于国家治理法治化。

坚持依法治国与依规治党有机统一，这是新时代坚持和发展中国特色社会主义的基本方略的重要内容，既作为全面依法治国的具体内容，也是增强党的长期执政本领尤其是执法执政本领、推进全面从严治党的具体要求。习近平指出：“党领导人民制定宪法法律，领导人民实施宪法法律，党自身要在宪法法律范围内活动。”[③]党在宪法法律范围内活动是法治的要求，依规治党是其具体表现。依规治党通过作用于党的自身建设，实现社会主义民主政治的目标和任务，发挥完善社会主义法治体系的作用，达到依规治党与依法治国的有机统一。理解依规治党的重大意义，要在坚持党的领导之下，厘清“依法治国——依规治党”和“依法执政——依法行政”之间关系所具有的复杂内涵。具体来说：

首先，依规治党具有政党自身建设和内部治理意义。依规治党是全面从严治党的重要方式，也是全面从严治党的内容体现。党规党纪，

① 宋功德、张文显主编：《党内法规学》，高等教育出版社 2020 年版，第 50 页。
② 宋功德、张文显主编：《党内法规学》，高等教育出版社 2020 年版，第 37—41 页。
③ 习近平：《坚定不移走中国特色社会主义法治道路　为全面建设社会主义现代化国家提供有力法治保障》，载《求是》2021 年第 5 期，第 9 页。

或者说党内法规,是党组织和党员的行为标准。党内制度和规矩为党组织和党员提供思想引导和行为规范,为全面从严治党提供治理依据和评价标准。它所实现的正是党内事务和党内活动的规范化、标准化。中国共产党业已形成一套完善的党内法规体系,它们是管党治党的规范性依据。其中,党章是"管党治党的总章程",是"全面从严治党的总遵循"。尽管对党内法规的关注源自中国共产党自身建设的需要,但理论界很快也做出了回应。现下党内法规制度建设成效显著,为全面从严治党提供了重要依据。

其次,依规治党表明可以通过党的自身建设实现社会主义民主政治的制度化、规范化和程序化。社会主义民主政治的发展必须符合中国特定的社会政治条件和历史文化传统,坚持党的领导、人民当家作主、依法治国有机统一,是社会主义民主政治发展的基本规律,三者统一于我国的政治实践之中。如何加强党的领导?如何实现党的领导与人民当家作主的统一?这就关系到在"政治——行政"二分结构下如何定位党的自身建设所具有的政治意义,突出表现为通过党内法规约束政治意志和利益的表达,严肃党内政治生活,完善党内政治建设的制度、规范和程序,从而实现国家政治的制度化、规范化和程序化。

第三,依规治党改造法治概念,充实社会主义法治的内容与途径,为党的建设赋予了法治内涵。依规治党与全面推进依法治国、建设社会主义法治国家有着密不可分的关系。依规治党是法治精神在党的建设中的贯彻和体现,也是全面依法治国对管党治党的必然要求。邓小平在 1978 年 12 月的中央工作会议闭幕会上说:"国要有国法,党要有党规党法。……没有党规党法,国法就很难保障。"进入新时代,我们党要履行好执政兴国的重大职责,必须依据党章从严治党,依据宪法治国理政。可以说,依据党内法规管党治党,正是全面依法治国的重要内容。党的十八届四中全会提出,中国特色社会主义法治体系包含了五个方面内容,分别是完备的法律规范体系、高效的法治实施体系、严密的法治监督体系、有力的法治保障体系和完善的党内法规体系。这表明，党内法规与国家体系具有很强的一致性，它们共同构成社会主义法治的规范内涵，成为全面推进依法治国的一个部分，而且是关键的部分。

第四，依规治党丰富了依法执政的内涵。如上所述，依规治党是依法治国的关键，这是因为“党要守法”是依法治国的关键，依规治党又是“党要守法”的关键。一方面，全面推进依法治国，建设社会主义法治国家，要求政党在宪法和法律的范围内活动，这就要求各级党组织和党员领导干部严格依法活动，它包含了严格依照党法党规党纪活动。另一方面，党的十八届四中全会通过的决定指出，依法执政“既要求党依据宪法法律治国理政，也要求党依据党内法规管党治党”。从逻辑上看，依法执政包括了“党的建设”和“治国理政”两个层次，也就是治理的两个层次，这是党的现实任务，也是理论上争议最多的问题。执政需要主体，党作为执政主体，管党治党本身就有完善执政主体、加强执政地位的内涵和功能。执政要依法，就包括了党要在宪法和法律之内活动。依规治党是中国共产党自身建设的宏大命题之体现，它反映了依法执政的重要内容和方面，也是依法执政的具体结果之体现，依法执政的逻辑可以得到丰富。概言之，具有代表性的人民政党，在国家法律体系的指引和激励下执掌权力，在党内法规之下开展自身建设、执政政权并作出具体决策，充分体现了党与宪法法律的融合关系。

第五，依规治党有利于党内法规与国家法律的协调衔接。目前，中国共产党党内法规与宪法法律的关系蕴含着一个新的理论命题。党内法规作为党的自我规范体系，它不能违反宪法法律的规定，并且要同宪法法律相协调和衔接。这在某种程度上就体现了宪法法律对党内法规体系的控制，而此种控制结构反映了中国共产党内部治理模式的新发展。它需要一套更清晰、更明确的党内规范体系，这个体系又是与宪法的精神、原则和内容保持一致的。所以党的自我建设同样开始注重明确的外在约束，这也符合宪法第五条关于“一切国家机关和武装力量、各政党和各社会团体、各企业事业组织都必须遵守宪法和法律”的规定和法治的具体要求。

三、党内法规的国家治理功能

中国共产党的党内法规具有制度规范、自治规则和行为规则三重属性。对多数党内法规来说,这三重属性通常是合一的,但也有例外。党内法规在国家治理中发挥了不可替代的作用,直接影响中国特色社会主义政治建设和法治建设,具体表现在:作为政治制度规范,通过政党制度化发挥国家治理功能;作为政党自治规范,通过党的自身建设发挥内部治理功能;作为政党主治结构的保障性规范,通过明确党政关系结构发挥国家治理功能。这三种功能分别体现在党内法规的制度性逻辑、自治性逻辑和保障性逻辑之中。

(一) 构成政治制度

政治制度是影响国家政治生活的一系列规范、程序、稳定惯例和组织结构的集合。制度包含规范,正是一系列规范构成了制度。党内法规是政治制度规范体系的组成部分。政治制度包括了政党制度,涉及到政党地位以及党政关系等具体问题。中国共产党十九届四中全会系统梳理中国特色社会主义制度的内容,指出要坚持和完善党的领导制度体系。在这些方面,党内法规发挥着不可替代的作用,是党的领导制度构成性内容。这是政治制度特征和党内法规的规范属性共同决定的。

首先,党的领导制度是由马克思主义政党性质和社会主义国家性质所决定的,是国家根本制度的组成部分,是我国政治制度、政党制度的最主要内容。在马克思主义建党学说和国家学说中,无产阶级政党对国家政权的领导是一项根本原则。在马克思和恩格斯建党理论基础上,列宁进一步提出了共产党是先锋队政党的理论。1913 年,列宁提出:“党是阶级的先进觉悟阶层,是阶级的先锋队。这个先锋队的力量比它的人数大10倍,100倍,甚至更多。”①在列宁看来,无产阶级先锋队政党具有先进性、纯洁性的本质特征,实行集中统一、纪律严明、组织严密的政党体制。无产阶级政党必须引导人民群众前进,成为革命阶级的领导力量。列宁指出:“党是阶级的先进部队,是阶级的领导者和组织者,是整个运动及其根本和主要目的的代表。”②先锋队政党的定位,一方面表明其组成特征,即由具有共产主义觉悟、发挥先锋模范作用的优秀分子组成,另一方面表明其使命特征,即肩负着领导革命、建立国家以及长期执政并最终实现共产主义的历史使命。没有作为工人阶级代表的、工农联盟为基础的无产阶级政党领导,就没有坚强的社会主义制度。在中国特色社会主义制度建设和国家治理现代化建设中,党的领导制度也必须得到重视,否则就可能丧失社会主义制度的基本属性。作为国家根本制度,党的领导制度首先表达了中国共产党与国家政权之间的关系。这种关系呈现在党章和党内法规之中。推进党的领导制度化、法治化,作为制度规范体系的党内法规是主要载体。一方面,对政党制度建设来说,要在宪法法律中明确中国共产党的领导地位以及党如何进行领导、如何推进政治过程。另一方面,在党章党规中,要阐明党的地位,明确规定党的领导制度。宪法法律和党章党规结合在一起,共同构成了党的领导制度。概言之,党的领导体现在国家性质、政党性质、政党制度所受到的党内法规规范和影响之上。

其次,我国的政党制度需要党内法规来填充和实现。对中国特色社会主义制度来说,基于中国共产党的领导地位,党的领导制度必然依赖党内法规,中国的国家制度和政党制度也必须包括党内法规。这就是作为政党制度的党内法规。从根本上看,政党制度有助于加强党的全面领导。这是因为,加强党的领导,一方面是指领导力、影响力的增强,包括影响范围和影响能力,一方面是指领导方式的改进和完善、领

---

① 列宁:《维·查苏利奇是怎样毁掉取消主义的》(1913年9月),载《列宁全集》(第24卷),人民出版社1990年版,第41—42页。

② 列宁:《社会民主党和临时革命政府(1905年3月23日和30日〔4月5日和12日〕)》,载《列宁全集》(第10卷),人民出版社1987年版,第1页。

导水平的提升、领导效率的增加。它们都需要制度支持，特别是改进和完善领导方式必然依赖制度治党、依规治党，依赖于政党制度的建立、健全和完善。

再次，党章和一部分党内法规集中表达党的性质、宗旨和使命，确认和保障无产阶级政党的领导。这些规范内容表明了中国共产党在中国特色社会主义事业中的领导核心地位。党章是集中体现，和一些党内法规一起，构成关于党的领导地位的制度规范。一般称为“党的领导法规”。这类法规实际上具有双重属性。它们是国家制度的组成部分，是党自身关于其领导制度的内容，在约束政党自身的同时产生外溢效应。从性质上看，这部分党内法规并不单独发挥效力，而是结合了我国社会主义国家性质和宪法法律规定，共同发挥作用。概言之，这些党内法规具有政治影响力。

此外，基于中国共产党的领导地位，以及党的机关和组织在国家治理中所发挥的作用，即便是用以自治的党内法规，也具有塑造政治制度的功能，构成了其他重要政治制度的内容。例如，党的组织法规、宣传法规，尽管是约束党的组织部门、宣传部门，但由于党的领导地位，这些法规就具有实际的政治影响力。由于我国存在较为多元的党政机构设置关系，特别是合署办公的普遍存在，这就决定着一些党内法规同时约束着具体的国家机关，从而形成了直接的法律约束力。例如，党的纪律处分条例以及相关的工作规则，实质上也构成了国家监察机关的行为规则。

（二）规范政党内部治理

政党可以通过制定有一定约束力的规范进行自治，推进内部治理。在近现代的政党制度体系中，除少数柔性政党外，多数政党都有相对严密的组织体系，并在不同组织结构及其行动中建立了一定的制度，其中就包括了大量的党内规范。这些规范首先指向政党内部治理，同时也构成国家整体的政党制度内容。作为独立的系统的组织体，政党具有开展内部治理的必要性和加强自身建设的可能性。在马克思主义学说中，无产阶级政党的自身建设是确保其先进性、纯洁性、革命性的基本方式。不过，它具有更广泛的治理功能，表现在既实现了政党自治，也可以发挥国家治理的外溢效果。政党治理的行动安排借助党内法规展开，凸显出党内法规的法治功能。

中国共产党是在组织体系、行动上严格自律的政党，特别重视党的自身建设。政党内部治理本身就具有国家治理的功能，既表现在党的治理就是国家治理的主要内容，也表现在党的治理推动政治建设和法治建设。这是我国政党自治所体现出来的全新政治逻辑。在党的十八届三中全会以后，中国共产党特别重视制度治党、依规治党，从政党治理体系的角度重述了党内法规的功能，这就是自治性党内法规。在党内法规体系中，自治性党内法规是主体。这些自治性法规主要用以规范中国共产党的组织、党员及其活动。一种是组织性法规，一种是权利义务性法规，包括那些处罚性法规，还有一种是程序性法规。作为自治性规范，党内法规在政党治理中主要发挥了两种功能，其一是促进政党内部治理，其二是推动社会主义国家政治建设和法治建设。

具体来说，全面从严治党在政党内部治理中贯彻法治，主要表现为加强党内制度建设，完善党内法规体系，坚持依规治党。党内法规并非国家法律，但同样是规范，具有使党组织和党员服从规则之治的基本特征。党内法规具有约束力，坚持依规治党，一方面可以提升政党治理水平，实现政党内部治理法治，有利于国家所有领域的法治，一方面体现政党的政治性和地位，促进内部治理发挥外溢法治功能。这就有利于将依规治党与依法治国相统一。依规治党丰富了法治中国内涵，为国家整体法治实现增量式发展，而且基于党的政治性，依规治党有利于党依法执政，确保公共权力依法定程序运行，以及客观上实现对公共权力的有效监督。这在某种程度上体现了宪法法律对党内法规体系的控制，而此种控制结构反映了依规治党的新发展，即它需要一套更清晰、更明确、更稳定的党内法规体系，这个体系又是与宪法法律一致的。

（三）保障政党主治

当今世界，国家治理依靠政党，政党可谓是最重要的治理主体。在中国，政党主治特征更为突出，模式也更加独特，表现为在党的领导下开展国家治理。在这个过程中，党内法规是政党主治的重要保障，这体现了它的治理功能。

政党在国家治理中扮演着主导型角色，但在不同国家，这种主导关系并不相同。这就是政党主治结构的不同类型。在总统制的美国，政党在国家治理中是“弱角色”，这一方面是因为总统制下，总统在国家治理中发挥主要作用，由单一选举方式产生的总统并不受制于议会，也不会受制于主要存在于议会的政党，而且政党的权威性低于总统。另一方面是因为美国政治传统下，政党较为松散，联邦政府并不受到全国性政党的影响。在议会制的英国、德国，政党在国家治理中是“强角色”。无论是英国，还是德国，政党在政府中都是主导性的。政府受到议会控制，但议会受到政党的直接控制，这是议会制的特点。甚至可以说，议会主要是由政党组织运行的。所以，党的政策可以传递到政府，当政府首脑无力控制政党时，政府就会失败，但这并非政党的失败。正是因此，英国、德国的政治体制都偏向支持政党，而非支持议员以及政府首脑个人。

在我国，中国共产党居于领导地位，政党主治呈现为一种最强的结构，即中国共产党领导一切。这种领导关系既包括直接影响，也包括间接影响。党内法规发挥了政党主治的保障性功能。政党主治一方面通过党的领导体系实现，例如党委进行决策，一方面可以通过政治过程的方式实现，例如在宪法修改时，中国共产党向全国人大常委会提出宪法修正案的建议草案；党在形成国家机构职位人选共识之后，向国家机关推荐人选。此外，党可以通过党政合署办公等方式，直接形成行政命令。在这些方面，党内法规主要发挥保障性功能，既表现在它约束党的决策活动，实现与政治过程的连接，也表现在它直接与法律对接，确保政党的治理行为与法律一致。按照全面从严治党的要求，党的领导活动必须坚持和贯彻法治逻辑，包括党的领导贯彻法治逻辑，对国家治理和法治建设产生直接影响力；管党治党贯彻法治逻辑，促进政党内部治理法治化，并产生外溢影响力。这是全面从严治党的创造性内容，也是全面依法治国的重要安排。

本章小结

党内法规具有国家治理功能，法治中国建设存在政党治理的新进路，它们将坚持党的集中统一领导、全面从严治党、全面依法治国结合在一起，体现了中国特色社会主义制度的鲜明特征和显著优势。中国共产党是中国特色社会主义事业领导核心，坚持党要管党、全面从严治党，对国家政治社会生活产生深刻影响，也表现在对国家治理体系的重塑中。全面从严治党作用于政党治理体系，促进政党治理法治化，要求坚持依规治党，加强制度建设，从而推动了党的建设逻辑变革。党内法规是国家治理的重要载体，发挥具体治理功能。全面从严治党不仅在党内产生影响，也具有外溢效应，影响外部治理体系。

第四章

全面从严治党的权力监督内涵[①]

本章内容摘要

如何让权力始终为人民服务，而不转变为执政者私利、走向腐化堕落，是历史周期率之问所揭示的治理关键任务。党的十八大以来坚持全面从严治党，对权力行使造成直接影响，表现在通过党风廉政建设和反腐败斗争，建设廉洁政治；通过强调党和人民赋予的权力始终用来为人民谋幸福，推动权力运行规范化；通过加强制度建设，完善党和国家监督体系，把权力关进制度的笼子里。在全面从严治党背景下，中国形成了权力监督的有效方案，主要内容是强调在中国共产党领导下，加强自我监督，健全完善党和国家监督体系，形成专门监督环境下的权力运行新常态。专责监督具有权威、专责、全面、高效等特征，是中国特色权力监督体系的重要创新，能够保证公权力正确行使。

① 本章整体上未公开发表，部分内容从作者已经公开发表的有关文章改编而来。

中国共产党是中国特色社会主义事业的领导核心，管党治党不仅是坚持和完善党的领导、坚持社会主义发展方向的重要保障，也是社会主义民主政治发展的表现形式。全面从严治党是对我国权力体系作出的新安排，表现为增设专门监督权，规范权力运行，保证了权力正确行使。这为人类政治文明过程中如何更好解决腐败问题、如何更好监督权力、如何更好保证权力正确行使贡献了中国智慧，提供了中国方案。

一、对权力进行监督：全面从严治党的迫切任务

党的二十大报告指出，腐败是危害党的生命力和战斗力的最大毒瘤，反腐败是最彻底的自我革命。只要存在腐败问题产生的土壤和条件，反腐败斗争就一刻不能停，必须永远吹冲锋号。[①] 只有以反腐败永远在路上的坚韧和执着，深化标本兼治，保证干部清正、政府清廉、政治清明，才能跳出历史周期率，确保党和国家长治久安。反腐败斗争是坚持党要管党、全面从严治党的内涵，是确保权力正确行使的具体工作。中国共产党要长期执政，就必须清醒地认识到，腐败侵蚀党的执政基础，反腐败事关人心向背，关乎着党和国家事业的成败。如何推进反腐败呢？重要任务就是“抓住关键少数”，对行使公权力的公职人员进行纪律和法律上的约束。

（一）权力的腐败危险

腐败是中国共产党面临的最大威胁，人民群众最痛恨腐败现象，所以党始终坚持把反腐败放在显著位置。“知屋漏者在宇下，知政失者在草野。”一个政党，一个政权，其前途命运取决于人心向背。人民群众反对什么、痛恨什么，我们就要坚决防范和纠正什么。

---

① 习近平：《高举中国特色社会主义伟大旗帜　为全面建设社会主义现代化国家而团结奋斗——在中国共产党第二十次全国代表大会上的报告（2022 年 10 月 16 日）》，人民出版社 2022 年版，第 69 页。

中国共产党没有自己特殊的利益，党在任何时候都把群众利益放在第一位。这是中国共产党作为马克思主义政党区别于其他政党的显著标志。腐败不仅损害了国家和人民的利益，而且侵蚀党的肌体。一段时间以来，党内出现利益集团，搞团团伙伙、帮帮派派，往往与腐败有着直接的关系。要通过反腐败来实现党内的上下关系、人际关系、工作氛围的团结和谐、纯洁健康、弘扬正气。党的十八大以来，党的建设的首要任务是政治建设，党的政治建设是党的根本性建设，决定党的建设方向和效果。政治建设是一项复杂的全面的任务。旗帜鲜明讲政治是马克思主义政党的根本要求。保证全党服从中央，坚持党中央权威和集中统一领导，是党的政治建设的首要任务。反腐败是政治建设的重要内容，它直指党内利益集团、团团伙伙、帮帮派派等不正常现象，有助于加强和规范党内政治生活，发展积极健康的党内政治文化，营造风清气正的良好政治生态。通过反腐败斗争，进一步强化管党治党的原则和标准，坚决防止党内形成利益集团。

反腐败是中国共产党面对风险挑战的基础性举措。进入新时代，党面临复杂执政环境和严峻执政挑战，具体表现在：影响党的先进性、弱化党的纯洁性的因素极为复杂；党内存在的思想不纯、组织不纯、作风不纯等突出问题尚未得到根本解决；党面临的执政考验、改革开放考验、市场经济考验、外部环境考验，存在长期性和复杂性；党面临的精神懈怠危险、能力不足危险、脱离群众危险、消极腐败危险，存在尖锐性和严峻性。

（二）反腐败与权力监督体系建设

健全完善党和国家监督体系，是全面从严治党的重要内容。权力监督体系的内容十分丰富，包括党的自我监督和群众监督，也包括国家机关监督、民主监督、司法监督、群众监督、舆论监督等多种形式。针对权力的监督体系建设是全面从严治党的重要抓手，也是反腐败工作的必然要求。

首先，完善党内监督体系，加大监督力度，紧抓权力运行机制建设的重点内容。党内监督是权力监督的重点，也是权力运行机制的关键部分。完善党内监督是一项复杂而艰巨的系统工程。习近平指出："对我们党来说，外部监督是必要的，但从根本上讲，还在于强化自身监督。我们要总结经验教训，创新管理制度，切实强化党内监督。"[①]党内监督有很多形式，包括党委全面监督、纪委专责监督、巡视监督以及上级对下级的监督等。第一位就是党委监督，党委不仅仅要选拔任用干部，更要教育监督干部。上级监督下级无疑是最管用、最有效的。纪委是党内监督的专责机关。党的十八大以来，巡视监督已成为一柄利剑，它具有独立性强、权威性高的特点，体现出"现场化""关口前移"的优势，不仅着眼于发现和消除苗头性隐患，也通过机动式巡视、"回头看"等割断利害关系，检验监督成效。党内监督强化了同级之间的相互监督，通过严肃党内政治生活，严格执行党的民主生活会制度，旗帜鲜明地讲政治，使得彼此熟悉了解的同级之间相互提醒、监督，使得同级监督成为最直接和最有效的方式。另一方面，监督上级尤其是对单位一把手的监督成为难点，由此导致对上级的监督乏力，所以要鼓励社会监督和公众参与，让权力在阳光下行使，使得下级监督上级取得了突出成效。它充分激活了党员监督的积极性，切实保障党员的民主权利，党内监督有了新的动力。总之，"强化党内监督，必须坚持、完善、落实民主集中制，把民主基础上的集中和集中指导下的民主有机结合起来，把上级对下级、同级之间以及下级对上级的监督充分调动起来，确保党内监督落到实处、见到实效。"[②]

其次，加强权力监督的制度建设，把权力关进制度的笼子里。把权力关进制度的笼子里是全面从严治党和加强权力监督的效果。制度建设为权力划定了边界，建立明确有效的权力运行制度机制，能够真正确保权力行使的目标是为人民谋利益。习近平指出："坚持依规治党和以

---

① 习近平：《在第十八届中央纪律检查委员会第六次全体会议上的讲话（2016 年 1 月 12 日）》，载《人民日报》2016 年 5 月 3 日第 002 版。

② 习近平：《在第十八届中央纪律检查委员会第六次全体会议上的讲话（2016 年 1 月 12 日）》，载《人民日报》2016 年 5 月 3 日第 002 版。

德治党相统一，坚持高标准和守底线相结合，把从严治党实践成果转化为道德规范和纪律要求，党内法规制度体系更加健全。”[①]“要通过加强纪律建设和纪检工作，管住纪律、看住权力，使干部向高标准努力，不犯或少犯错误特别是严重错误，这才是党组织对党员、干部最大的关心和爱护。”[②]把权力关进制度的笼子里，坚持用制度管权管事管人，是强化权力运行制约和监督体系的根本内容。党的十八大以来，持续在制度建设上下功夫，形成了科学有效的权力制约和协调机制。加大权力监督制度建设力度，系统完备的权力监督制度体系，正是十八大以来的基本经验。制度的生命力在于执行。我们一手抓制度体系的完善，一手抓制度的贯彻落实，尤其是建立起了严格的责任追究机制，权力运行机制的建设取得了突出成效，广大党员干部牢固树立制度意识，形成尊崇制度、遵守制度、捍卫制度的思想自觉和行动自觉。有权必有责、用权必担责、滥权必追责，成为新时代权力运行的基本原则。

再次，坚持反腐败的法治化规范化。对于国家治理来说，法律是重器，法治是依托；对于全面从严治党来说，规则、制度之于反腐败来说极为重要。习近平提出要“善于运用法治思维和法治方式反对腐败”，推进反腐败制度化、法治化、规范化和程序化。法律制度具有根本性、全局性、稳定性、长期性的特征，运用法治思维和方式进一步巩固权力监督的成效，是制度建设的一大特点。法治反腐强调立规矩、定程序，确立相对明确的规范和制度。通过反腐败制度化、法治化、规范化和程序化，进一步约束权力运行，加强对权力的监督，同时也让反腐败有了明确的规则、程序和方式。法治反腐要求反腐败国家立法。立法能够实现运用法治思维和法治方式推进反腐败的目标，能够实现习近平提出的“实现立法和改革决策相衔接”的指导思想。这也体现了深化依法治

① 习近平：《在第十八届中央纪律检查委员会第六次全体会议上的讲话（2016年1月12日）》，载《人民日报》2016年5月3日第002版。

② 习近平：《在第十八届中央纪律检查委员会第六次全体会议上的讲话（2016年1月12日）》，载《人民日报》2016年5月3日第002版。

国实践的特点，它是在法治轨道上深化反腐败斗争的迫切需要，是完善中国特色社会主义法律体系、建设中国特色社会主义法治体系的体现。反腐败的国际化任务也要求完善我国的反腐败法律和制度。我国积极推进反腐败的国际任务，在法治框架下展开的中国反腐败行动，正在与跨国刑事司法协助紧密合作，构成更加严密的全球腐败治理网络，实现我国的反腐败国家立法与《联合国反腐败公约》等我国政府批准的相关国际法规的衔接。

二、中国共产党推行的专门监督体制

在全面从严治党背景下，特别是在国家监察体制改革之后，社会主义国家的权力运行形成了新常态，那就是始终存在一个专门的外部监督力量。纪检监察机关是专责监督机关，也就是专门负责监督的机关。这是一种新型制度设计，可以有效监督国家治理中的决策权、执行权，从而确保权力正确运行；同时，监督权受到立法机关、司法机关的制约和监督，防止监督权力滥用。这是当代中国政治体制的一个显著特征，也是中国为权力正确行使提供的新方案。

（一）宪制结构中的监督权

国家是政治社会的主要载体，是暴力与合法性的结合体。按照韦伯的定义，国家就是合法垄断暴力的政治组织。[①] 权力是国家的核心表达方式，权力关系也是政治关系的主要内容。那么，当代社会主义国家的权力结构应当如何叙述？党的领导、人民代表大会制度和民主集中制是我们经常使用的概念。问题在于：它们如何在宪法至上的原理之中具体体现出来，形成一个理解中国宪法的融贯理论？

二十世纪九十年代，我国学者就提出了宪法至上之于法治国家的

---

① ［德］马克斯·韦伯：《经济与社会》（第一卷），阎克文译，上海世纪出版集团2010年版，第148页。

根本性意义。[①] 这并非原创性理论或者概念，[②]但它们揭示了现代国家结构的基本特征。如今，重述宪法至上的原理，关键仍在于社会主义国家的权力应当如何行使。自孟德斯鸠以降，如何防止形成专断的权力就成为立宪的一个根本目标。[③] 这正是孟德斯鸠改变世界政治学、宪法学历史的卓越贡献。一方面，寻求通过立宪并且确立宪法至上的结构，避免出现恣意权力。另一方面，宪法通过权力配置避免权力的专制可能性。这两个原理都在当代中国宪法实践之中体现出来了，那就是它将监督权作为了单独权力一端。监督是社会主义国家防止权力专制的重要途径，它超越了分权，甚至超越了民主，在当代中国也超越了法治的意义。换言之，对于防止权力专断、恣意来说，当前的重点任务就是推进国家监察体制改革，完善权力监督体系。

从实践表现来看，中国政府结构具有“三分制”的特点，即决策权、执行权、监督权三分。这并非笔者提出的新观点。古代中国就是如此，早有学者进行过这样的阐述。[④] 这也成为一段时间里政治体制改革的重点内容。[⑤] 古代中国历史上监察权的流变，表明了我国历来重视监督。[⑥] 不过，在古代中国，这三种权力之间的关系是复杂暧昧的，多数时候执行权和监督权共同臣服于决策权或者无上的皇权之下。从现代视角观察，监督权是在体系化的理性官僚之外发挥作用，但根本目标仍

---

① 周叶中：《宪法至上：中国法治之路的灵魂》，载《法学评论》1995 年第 6 期；秦前红：《依法治国和宪法至上论》，载《现代法学》1996 年第 4 期。

② 宪法的至上性可以追溯到英国法治史上的 1215 年大宪章以及“王在法下”的理念，但真正确立下来，笔者认为应该是在法国大革命（1789—1799 年）之中。激荡的革命历程反复说明宪法可能需要置于国家的至高地位，尽管大革命期间化身主权者的人民不断出场推翻他们的宪法。当然，与之同时代的美国“马伯里诉麦迪逊案”（1803 年）也会对法国的理论实践产生影响。

③ [法]孟德斯鸠：《论法的精神》，许明龙译，商务印书馆 2016 年版，第 140 页，第 221 页。

④ 陈顾远：《中国法制史概要》，商务印书馆 2011 年版，第 341—350 页。

⑤ 中国共产党十七大报告提出建立健全决策权、执行权、监督权既相互制约又相互协调的权力结构和运行机制。参见胡锦涛：《高举中国特色社会主义伟大旗帜　为夺取全面建设小康社会新胜利而奋斗——在中国共产党第十七次全国代表大会上的报告（2007 年 10 月 15 日）》，载《求是》2007 年第 21 期。

⑥ 秦前红：《监察改革中的法治工程》，译林出版社 2020 年版，第 3—4 页。

在于加强中国共产党的全面领导，笔者在相关文章中进行过论证。[①] 这种权力秩序结合了社会主义元素、现代化元素、古代中国政治传统元素，形成了“八二宪法”以来的中国特色社会主义国家权力结构。这一结构处在不断改革演变之中。2016 年开始的国家监察体制改革将监督权彻底外部化、专门化，进一步凸显出我国宪法秩序的特征。

首先，国家监察体制改革必须考虑如何从宪制整体结构之中展开。这就是改革的宪法设计问题。监察改革是建设宪法秩序的工程学表现，既是政治主体推动的一种政治行为，也是对社会主义国家宪制的重塑，导致制度性变革和宪法修改。有学者认为“宪制性改革”具有特殊政治意义，[②]实际上意味着宪法工程的属性随之产生。从 2016 年开始，中国特色社会主义政治建设和法治建设因为监察改革试点进入新阶段。这种宪制的重新塑造不仅压缩了司法体制改革的意义，对 2012 年以来如火如荼展开的司法改革的“熔断”，[③]甚至也重新定义了政治体制改革对于社会主义国家的新内涵。一方面，监察改革对司法改革是政治性熔断，而非简单的技术性熔断，即社会主义国家政治建设和法治建设的重心向监督权转移，司法权在这个时候起到了辅助与配合的作用。司法权的政治监督机能基本上被剥夺，它们转移到监督权上。另一方面，政治体制改革不再是受到西方制度模式影响甚至主导的格局，而是呈现出探求中国制度方案、融合现代化价值的趋势。

其次，国家监察体制改革必须从宪法原初权力价值之中考察权力配置的目标问题。从政治学原理上看，人类选择进入政治社会，建立国家，形成建制化权力，目的仍在于确保自然权利（霍布斯、洛克）或者秩序权利（卢梭）。然而，一旦形成政府，这种公共权力就有可能被行使权

---

① 李少文：《国家监察体制改革的修宪工程——宪制变革的一种控制方式》，载《开放时代》2018 年特刊。

② 沈岿：《论宪制改革试验的授权主体——以监察体制改革试点为分析样本》，载《当代法学》2017 年第 4 期。

③ 秦前红：《国家监察委员会制度试点改革中的两个问题》，载《四川师范大学学报（社会科学版）》2017 年第 3 期。

力的人篡夺。这就是政府篡权。[1] 在卢梭看来，它是对政治社会的根本性冲击，有可能导致国家的崩溃、政治社会的解体。[2] 防止政府篡权是确保人民主权、维护主权权威的根本性内容，也是政治立法必须考虑的问题。设计一个外部监督权，其原理正是在于防范政府的篡权，防止政府的失败。这是将监督与主权者联系起来的空间和意义。在中国，中国共产党领导中国人民建立人民当家作主的制度体系，国家的一切权力属于人民。无论是从中国共产党党内监督进行推导，还是从人民代表大会制度进行推导，都可以得出监督权对于实现一切权力属于人民的意义。它是监察改革正当性的重要来源。一方面，监察改革有着"特定客观环境下的政治考量"，另一方面，"改革的正当性和实效性需要根据政党治国理政的方式、中国民主政治的发展客观要求不断评估和调整。"[3]不过，改革内容存在着新的隐忧，那就是国家监察机关与主权机关之间的关系。例如，人大如何根据民主集中制原则"控制"监察机关，特别是如何监督监察机关，监察机关能否反过来监督人大代表。按照卢梭的说法，当政府分支取代人民的主权者地位时，政府就实现了篡权，国家将解体。可见，一个不受主权机关约束的监察机关对于现代国家来说是不可思议的。所以，对此问题的关注就显得意义重大。

再次，国家监察体制改革事实上对一个阶段内的"党政关系"产生了影响。中国共产党是中国特色社会主义事业的领导核心，广义上的党政（府）关系直接影响国家权力结构。除了新设国家监察权、建立监察机关以外，国家监察体制改革的另一根本性特征在于坚持党的纪律检查机关和国家监察机关的合署办公。在监察改革之后，我国实际上形成了以纪检监察机关为中心、结合党内监督和国家监察的集中监督、专门监督体制。宪法秩序和法治建设需要正确认识这种党政关系之下的集中监督和专门监督的优势、成本与危险。它的优势当然是突出的，

---

① ［法］卢梭：《社会契约论》，何兆武译，商务印书馆 2003 年版，第 127 页。
② ［法］卢梭：《社会契约论》，何兆武译，商务印书馆 2003 年版，第 112—113 页。
③ 秦前红：《监察改革中的法治工程》，译林出版社 2020 年版，第 426 页。

监察改革过程中也反复提到这部分内容。然而，监督成本如何控制？如果这种监督权设计在防止权力滥用、专断和堕落为专制体制的任务上成本最低，就足以体现中国制度的显著优势。所以，监察改革必须考虑减成本、降成本、控成本的问题。只有低成本的制度才得以维系，也才有优势可言。这里的成本，一方面是投入的政治资源，另一方面则是产出的治理效能。而且，还有监察风险的问题。所谓风险，就是指权力行使过程中造成的负外部性损害。风险一方面存在于权力行使造成的相对人权利损害，另一方面存在于错误地影响制约其他权力分支，导致降低整体的政府效率。例如，监察改革对于检察权行使的影响。可以说，监察改革不仅熔断了司法（法院）改革，更是直接冲击了检察制度体系，使得已经运行数十年的制度陷入焦虑之中，[①]以及派驻监察、法院监察、巡视监督等问题。监督权在我国的配置体现出的党政关系特点是一个极为复杂的问题，需要进一步展开叙述。

（二）改革的权力配置思路

关于为何要推动国家监察体制改革，有学者提出了一个非常深刻的框架，那就是从"三驾马车"到国家监察的制度变迁。[②] 改革前的国家监督权力配置的现实情况及其存在的问题，可以揭示改革的动因。如前所述，如何强化反腐败机构的正当性及其地位，不仅关系着反腐败的效果，同样也影响着国家权力的正常运作。当时，国家业已建立的反腐败制度体系属于"三驾马车"，却存在着各自的难题：党内纪委的纪律审查难以覆盖党外公务员；行政监察工作的"全覆盖"至多可达行政系统内部全体部门；检察院司法检察以党内纪检为前置，且限于现实因素难以发挥应有作用。[③] 在这种情况下，健全党和国家监督体系，强化反

---

① 秦前红：《监察改革中的法治工程》，译林出版社 2020 年版，第 92 页。
② 秦前红：《困境、改革与出路：从"三驾马车"到国家监察——我国监察体系的宪制思考》，载《中国法律评论》2017 年第 1 期。
③ 秦前红：《困境、改革与出路：从"三驾马车"到国家监察——我国监察体系的宪制思考》，载《中国法律评论》2017 年第 1 期。

腐败制度和机构建设，当然会生发出新的制度形式的思路，重塑反腐败的制度体系，为维护正常的秩序提供保障。从功能上看，设计一个专业的反腐败机构，形成一种独立的监督性权力，是相较于“三驾马车”结构的更优化选择。

然而，这还不是改革的根本动因。通过国家监察体制改革，将党的监督力量和国家机构的监督力量合一，既推动全面从严治党向前发展，又加强对公权力的监督，更加深入地实现了通过中国共产党管党治党实现社会主义民主政治发展的基本逻辑。这种一体两面的关系，意味着党的自身建设与国家政治发展之间存在着新的相互作用方式，以至于产生了“八二宪法”体制性变革的评论。①

首先，改革有利于深入推进反腐败工作，夺取反腐败斗争的压倒性胜利。我们党作为执政党，面临的最大威胁就是腐败。国家监察委员会是国家反腐败机构，制定国家监察法的实质是推进反腐败国家立法。国家监察体制改革有利于我们更有力地、更深入地反腐败。腐败侵蚀执政基石，与国家发展的目标、党执政的使命相悖。反腐败迫在眉睫，它是党的十八大以来管党治党的重要方式，是全面从严治党的重要内容。坚定反腐败的目标，整合反腐败工作力量，提升反腐败工作效率，对于深入推进反腐败来说意义重大。国家监督体制改革构建了集中统一、权威高效的监察体系，实现了对所有行使公权力的公职人员全覆盖。

其次，改革创新反腐败制度形式，有利于实现党内监督和国家监察有机统一。强化反腐败机构的法律地位，不仅直接影响着反腐败的成效，也关系到中国特色社会主义民主政治制度能否充分发挥优越性。在严峻的反腐败形势和艰巨的反腐败任务面前，分散的制度形式不能适应反腐败的目标和工作需要。党内监督难以覆盖所有行使公权力的公职人员，行政监察工作只局限于行政系统内部，检察部门的反贪反渎工作受制于现实因素，又以党内监督为前置，难以形成监督合力。党的监督和国家机关的监督如不能有效融合，将会增加监督成本，制约监督

① 翟志勇：《监察委员会与“八二宪法”体制的重塑》，载《环球法律评论》2017 年第 2 期。

成效。在党的统一领导下，实现反腐败权力、机构和力量的集中，健全党和国家监督体系，迫切需要重塑反腐败的制度体系。这既有利于推动全面从严治党向前发展，又能够加强对公权力的监督，体现了通过管党治党实现社会主义民主政治发展的基本逻辑。

再次，改革强化党对权力的监督，开辟社会主义国家权力运行新模式。作为中国特色社会主义事业的领导核心，中国共产党必须确保持续不断的、全覆盖的影响力。新时代，加强党的全面领导必须实现对行使权力的全过程进行全方位监督。全面深化国家监察体制改革，建立党统一领导下的国家反腐败工作机构，既有利于健全国家监督体系，也有利于党的自身建设，完善党内监督。一方面，通过党内监督和国家监督的一体化实现对政府的全面监督，形成党的领导的新形式。另一方面，党的纪律检查机关和监察委员会合署办公有利于提升党的自身建设的效果，深化了对各级党组织和党员领导干部行使权力的监督层次和力度，成为全面从严治党的新举措。

（三）国家监察体制改革的成效

一方面，修宪立法推动政治体制改革。党的十八大以来，为了适应管党治党、全面从严治党的新形势，推动形成新的国家监察制度，成为以习近平同志为核心的党中央谋划改革的重要内容。为了更好地发挥监察机关作用，强化国家监察，把公权力关进制度的笼子，在全面从严治党中贯彻法治思维和法治方式，党中央开始推动“事关全局的重大政治体制改革”。改革必须修改现行宪法。这一方面是要保证政治体制改革得到宪法授权，既维护宪法权威，又增强改革的合宪性、合法性；另一方面是要将监察权上升到宪法高度，获得根本法保障。这反映了“重大改革于法有据”的改革思路和法治要求。在宪法作出修改之后，制定和通过监察法的任务也顺利推进。

另一方面，中国特色国家监察体制已经形成。改革重要目标是构建集中统一、权威高效的国家监督体系。中国特色国家监察体制是法治化规范化的监察体制。国家监察立法实现对所有行使公权力的公职人员监察全覆盖，有效整合反腐败资源力量，并通过法律把党对反腐败工作集中统一领导的体制机制固定下来。这样的顶层设计将党的主张通过法定程序和法律方式上升为国家意志，转变为具体的法律制度，实现了组织创新、制度创新，也实现了中国特色社会主义法律体系的发展、完善。宪法和监察法确立中国特色国家监察体制，体现了全面从严治党和全面依法治国的有效结合。

三、监察权的定位与权力关系结构

作为一项国家基本制度，监察制度受到宪法规范和约束，应形成以法治为基础的制度定位。法治有其恒定标准，这对国家监察机关的权力关系结构设计提出了具体要求，核心内容是在国家权力体系中正确安放监察权，加强对监察权运行的制约和监督，确保监察权与其他权力分支之间的平衡。监察权与党的关系，与其他权力分支的关系，以及监察委员会内部组织原则等，都是关于监察权的权力关系设计，它们直接影响着法治原则的成效。

（一）监察权的宪法定位

监察权是国家权力，是一种针对其他权力分支的监督权。一个完整的权力划分体制，既要明确自身权责，又要正确处理不同机关之间的关系，这就包括国家监察机关与人大及其常委会、司法机关之间的关系，以及它与政党之间的关系。监察机关如何与其他机关“共存”和“相处”，就是其宪法定位问题。

首先，监察权在国家权力体系之中是较为特殊的权力类型。从理论上看，民主机制是相对封闭的体系，在民主机制之外重新建设单独行使的监督权，它有着特殊的逻辑。这一监督机关带有独立机构的某些色彩，[①]却

① 吴新平：《贯彻十九大精神，建设中国特色法治文明》，访问地址：http://www.calaw.cn/article/default.asp?id=12419，2018 年 2 月 7 日最后访问。

不能简单地定性为独立机构，因为它的作用对象是宪定国家机构及其权责。换句话说，监察权的对象包括了所有形式的权力，包括了民主机制本身。监督权作为一种新类型的权力，它是专门针对权力体系而重新架设的一种新权力。而且，监察权的作用方式不同于权力运行过程中的制约。[①] 它并非弱化权力的分支，[②]而是在权力之外进行考量，通过外在控制发挥监督效果。

其次，国家监察机关实行党政合署办公，纪委监委之间分享着同样权力，却出于不同的逻辑。通过以监察委员会名义进行的监督，党的监督也可以深入到每个层次、每个角度和每个方面，实现全面的约束，这是加强党的全面领导的具体体现。党内监督仍属于党的自我监督，但党内监督机关实质上行使国家监察权力，也要接受国家监察法律的约束。设计由党政合署办公的专门监督机关来行使监督权，意味着纪检监察机关既行使党的权力，也行使国家权力，这正是监察机关的特殊之处。目前，只有中华人民共和国中央军事委员会存在此种结构，它与中国共产党中央军事委员会是合体结构。它强化了中国共产党对权力的“穿透式控制”的意义，让党的领导力量更为强大，或许这也是为什么从一开始就将监察委员会定位为政治机关的考虑，尽管这一概念的泛化带来了某些消极影响。[③] 由合署办公可以生发出很多体制性联想，它打破了长期以来的国家机构和党的机构分立的局面。不过，在党政合署这种权力配置方案方面，“八二宪法”本身是讳莫如深的，究竟如何体现法治精神，仍有待进一步研究。有学者指出，“八二宪法”体制的核心

---

① 陈国权、周鲁耀：《制约与监督：两种不同的权力逻辑》，载《浙江大学学报（人文社会科学版）》2013 年第 6 期。

② 分权理论的一个重要逻辑正是在此，这在美国立宪中体现得尤为突出，麦迪逊在设计“三权分立”时就有所考虑。“国家本质上是一种危险的社会机构……如果对这一权力不加控制和限制，公民的自由就会受到威胁。”[美]戈登：《控制国家》，应奇等译，江苏人民出版社 2001 年版，第 301 页。

③ 理论界针对“政治机关”的讨论较多，较为全面系统的观点可参见翟志勇：《论监察权的宪法性质——兼论八二宪法的分权体系》，载《中国法律评论》2018 年第 1 期；莫继宏：《国家监察体制改革要注重对监察权性质的研究》，载《中州学刊》2017 年第 10 期；徐汉明：《国家监察权的属性探究》，载《法学评论》2018 年第 1 期。

是“党的领导、人民当家做主与依法治国的有机统一”,但此原则尚未法权化。[①] 然而,国家监察体制改革的本意并非给党与政的关系一个明确说法,而是出于功能性考虑,以国家机构补强党的机构,实质是加强党的领导。这就引发了关于党政关系的进一步思考。

再次,国家监察体制改革同时关系到健全党和国家监督体系、建设社会主义法治国家、发展中国特色社会主义民主政治、坚持和完善人民代表大会制度以及加强党的全面领导,是“事关全局的重大政治体制改革”。特别是,改革丰富了作为社会主义国家根本政治制度的人民代表大会制度的内容,突出表现为监察委员会都是由人民代表大会所产生的,它们要对人大负责,并受到人大的监督。各级监察委员会是按照民主集中制原则组织的国家机构。这是中国特色社会主义民主政治制度的重要内容,是社会主义国家机构体系的鲜明特征。宪法和《监察法》都对此做了规定,也规定了人大监督监察委员会的具体任务。习近平总书记多次强调的“信任不能代替监督”,也可以应用到对监察委员会的监督之上。作为人民代表大会制度的具体内容,监察委员会必须接受人大及其常委会的监督。这是作为国家机构组织原则的民主集中制的基本要求。

(二) 对国家监察机关的监督

如何加强对监察委员会的监督,是从改革开始就一直存在的问题。改革伊始,有学者就指出:“监察委员会位高权重,对它自身的监督制约力度须足以防止监察体制改革过犹不及。被监察者权利的保障与监察者权力的运用具有同等重要性,两者在实践上应当协调实现,不应片面强调其中一方而牺牲另一方。”[②]加强对权力运行的制约和监督,把权力关进制度的笼子,必然要求对监察机关和监察人员贯彻多种形式的监督。

---

① 翟志勇:《监察委员会与“八二宪法”体制的重塑》,载《环球法律评论》2017 年第 2 期。
② 童之伟:《对监察委员会自身的监督制约何以强化》,载《法学评论》2017 年第 1 期。

在深化改革中，可以建立针对监察机关的监督体系，例如：由人大及其常委会进行整体性监督，由检察机关对监察过程和结果进行监督；完善全国和各级人大常委会进行执法检查的相关规定，完善审判机关、检察机关与监察机关互相配合、互相制约的相关规定；明确规定人民检察院在案件审查起诉、人民法院在案件审理过程中应当享有的权力和履行的职责。特别是，检察院在本次改革处于被动地位，甚至面对着虚化的危机，但根据检察院是法律监督机关的性质定位，规定检察院可以针对监察委办案过程进行法律监督，建立相应的介入机制，并规定被监察对象及其近亲属可以向检察院提出申诉，由检察院受理并负责调查；考虑将留置的批准权交由检察院行使。

其中，人大监督是国家监督体系的重要环节，有利于实现“推进纪检监察工作规范化、法治化”的目标。人民代表大会是国家的权力机关，依照《中华人民共和国各级人民代表大会常务委员会监督法》（以下简称《监督法》）履行监督职责，这也为人大监督监察委员会提供了明确的法律依据。就有关法律和具体实践情况来说，各级人大及其常委会可以围绕以下五个方面，加强对监察委员会的监督。

第一，对有关规范性文件备案审查。备案审查是《立法法》规定的保证法制统一的重要制度形式，是全国人大立法和监督工作的共同内容，目前主要涉及到行政法规、地方性法规、自治条例和单行条例、规章。之所以建立备案审查制度，正是基于法治的一般规律，不同机关所发布的法律文件有可能与宪法法律等高位阶的法律文件相冲突。为了维护宪法法律权威，维持法制统一，确保权力不越位、不逾矩，有必要加强对分散的立法性权力的监督。2019 年 10 月 26 日，全国人大常委会作出决定授权国家监察委员会制定监察法规。监察法规可以就下列事项作出规定：为执行法律的规定需要制定监察法规的事项，以及为履行领导地方各级监察委员会工作的职责需要制定监察法规的事项。全国人大常委会的决定同时明确，监察法规不得与宪法、法律相抵触。在监察法规之下，为了更好推进监察工作，监察委员会还会发布具有一定法律效力、带有普遍约束性效果的规范性文件。这就出现了相关规范性文件如何进行监督的问题,《立法法》在2023年也作出修改。对各级监察委员会特别是国家监察委员会发布的法律文件进行备案与审查,是人大监督监察委员会的有效方式,也是重要职责。同时,由于监察委员会与党的纪律检查机关合署办公,有关党内法规也在纪检监察工作中发挥效力。如果纪委监委共同发布带有法律性质的文件,也应该探索相关的人大监督方式。

第二,组织实施执法检查。开展针对法律实施情况的执法检查是全国人大作为法律主权机关的权力内容,也是人大监督的有效办法。通过执法检查,用好“法律巡视”的利剑,将包括《监察法》在内的相关法律掌握在各级人大及其常委会手中,是人大监督监察委的最有效也是最直接方式。必须强调各级监察机关的监察工作是执行监察法、反腐败相关立法的具体工作,是法律实施的表现形式,它们不是“法外之地”。这正是我们推进国家监察体制改革的目标,推动反腐败工作法治化,推进全面依法治国。习近平总书记在党的十九大报告中提出用留置取代“两规”,凸显了这一重大变化。各级人大组织实施执法检查,能够直面问题、针对问题、解决问题,体现了强烈的问题意识。一方面,可以先行调查了解监察法、反腐败相关立法在施行过程中存在的较为突出的问题。另一方面,可以在随机检查中发现问题,严格查找问题,严肃处理问题。可以积极创新检查方式,深入听取人大代表和人民群众的意见,同步开展暗访、抽查等,不断提升检查实效。此外,人大在执法检查工作中还可以针对性地提出改进意见。各级监察委员会必须反馈整改情况,推动国家监察体制改革进一步深化。同时,考虑把执法检查与法律修改更紧密地结合起来,尤其是在未来监察体制改革进一步深化、反腐败立法更为体系化之后,特别是留置相关立法、监察信息公开相关立法等出台并施行之后,检查有关立法的执行情况可以作为人大主导修改相关法律的重要参考和依据。

第三,用好专项工作报告、询问特别是专题询问、质询的监督形式。《监察法》明确规定了各级人大及其常委会可以运用这些监督形式对监察委员会进行监督。《监督法》规定了各级人大常委会运用专项工作报告这一监督方式的具体程序，其中的主要环节是设定报告主题。根据法律规定，人大常委会在选取主题方面要考虑政治社会的整体要求和人民群众关心关注的问题，每年提出审议专项工作报告的计划。人民政府、监察委员会、人民法院和人民检察院要按照人大常委会的要求进行报告。监察委员会向人大常委会进行专项工作报告应当比照现有做法。在议题选择、报告计划设计等方面，人大常委会可以抓住人民群众和党员领导干部最关心、最重视的问题。同时，人大常委会听取和审议专项工作报告前，委员长会议或主任会议可以组织人大代表和常委会成员对有关工作进行视察或者专题调查研究，并安排参加视察或者专题调查研究的代表列席常委会会议，听取报告并提出意见。监察委员会的专项工作报告不仅要安排在常委会全体会议上听取，而且要安排分组会议审议，常委会组成人员对专项工作报告的审议意见还要交由监察委员会研究处理，后者应当将研究处理情况向常委会提出书面报告。常委会认为必要时还可以对专项工作报告作出决议，监察委员会应当在决议规定的期限内将执行决议的情况向常委会报告。各级人大常委会可以把听取专项工作报告与执法检查有机结合起来，针对突出问题进行检查。各级人大常委会审议议案和有关报告时，监察委员会应当派有关负责人员到会，听取意见，回答询问。在询问这一监督形式的基础上，全国人大常委会依法探索形成了专题询问的重要监督方式。它是人大常委会有计划、有组织、有重点地就一方面的工作集中开展的专门询问活动。监察工作具有专业性、系统性和复杂性，适合对其进行专题询问，而且能够围绕实际工作中存在的主要问题提高问和答的质量。通过专题询问，达到督促有关部门依法履行职责，发现问题解决问题，推动监察工作顺利开展的效果。在会议中，人大代表和人大常委会组成人员可以依法对监察委员会负责人提出质询案，并且要求得到满意回答。

第四，开展特定问题调查。《监督法》规定了人大开展调查的启动方式、调查委员会的组成和调查范围、调查形式。人大常委会对重大事实不清楚的问题，组建调查委员会进行调查。这里的调查是具体的、有强制力保障的,有关单位和个人必须提供材料或说明。人大作为权力机关的职权范围十分宽泛,监察委员会对其负责、受其监督。人大及其常委会在关于监察工作涉及到的权力行使、权利保障、反腐败工作内容与成效等方面,需要作出决议、决定时,可以考虑开展特定问题调查。调查委员会针对监察工作进行调查,就是对监察委员会的一种有效监督方式。同时,需要指出的是,在必要的时候,这种特定问题调查还可以指向个案。这有利于保护当事人的合法权益,加强对监察机关和工作人员的监督。

第五,严格人事任免的审查批准。宪法和《监察法》规定,各级人大常委会根据监察委员会主任的提请,任免监察委员会副主任、委员。这里的人事任免权是人大作为权力机关享有的实质性权力。《监察法》还规定国家实行监察官制度,依法确定监察官的等级设置、任免、考评和晋升等制度。根据《监察官法》,在监察官的任免方面,人大常委会也应该发挥作用。任免并不是简单的“走程序”。因为监察机关行使着监察权,是党和国家监督体系的重要组成部分,所以必须要求工作人员尤其是领导人员具备严格的任职条件。各级人大常委会可以在有关监察机关人事任免的议案中,认真审查包括监察委员会副主任、委员在内的提名人员的基本情况和适格条件,从严把握相关标准。正确行使人事任免权,是发展社会主义民主政治的要求,是推进依法治国,建设社会主义法治国家的要求,也是更好地发挥监察机关职责和作用的要求。

本章小结

历史周期率之问蕴含着权力如何受到监督、如何正确行使的内容。党的十八大以来,坚持党要管党、全面从严治党,对权力运行产生了深远影响。全面从严治党与加强权力监督具有同质性,管党治党的重点就是对所有行使公权力的公职人员进行监督。坚持全面从严治党,推进党风廉政建设和反腐败斗争,要求人民赋予的权力必须始终为人民谋幸福,加强制度建设,健全完善党和国家监督体系。这些实践取得了历史性成就、发生了历史性变革，形成了确保权力正确行使的中国方案。在全面从严治党背景下，所有行使公权力的公职人员面对着专门的外部监督力量，构成了权力运行的新常态。这与西方近代以来以选举、多党竞争为标志的对抗式控权方案存在根本差异，核心逻辑就在于我国始终坚持中国共产党的领导地位，推进自我监督，突出专门监督。马克思主义政党具有自我革命的品格，这是中国共产党的政治基因、肌体本能。接下来，还要进一步完善党和国家监督体系，特别是完善专门监督的制度。全面从严治党是新时代党的自我革命的伟大实践，开辟了百年大党自我革命的新境界，这一论断就蕴含着全面从严治党塑造确保权力正确行使的中国方案的内涵。

第五章

全面从严治党的制度创新：国家监察体制改革[①]

本章内容摘要

在坚定不移全面从严治党过程中，党和国家决定推进国家监察体制改革。这是重要的制度创新。改革已经取得了许多成绩，突出表现在现行宪法作出修改，监察法颁布施行，国家和各级监察委员会组建，派驻监察机构和人员逐步到位，配套立法渐次展开等，监察权力有了明确的法律依据，监察组织体系逐渐完备，监察程序相对完整科学合理。特别是，党的纪律检查机关和国家监察机关合署办公，实现了党内监督和国家监察的一体化运行，加强了党的集中统一领导。改革也推进了反腐败工作规范化法治化，这是全面从严治党和全面依法治国的共同要求。全面从严治党推动党和国家监督制度体系发展完善，这是新时代政治体制改革的显著成绩，是坚持和完善中国特色社会主义制度、推进国家治理体系和治理能力现代化的重大进展。

① 本章整体上未公开发表，部分内容从作者已经公开发表的有关文章改编而来。

党的十八大以来推进国家监察体制改革,这是全面从严治党在制度建设方面的重大创新。2018 年 3 月,十三届全国人大一次会议审议通过了《中华人民共和国宪法修正案》,也通过了《中华人民共和国监察法》(以下简称《监察法》),国家和各级监察委员会正式成立并发挥职能作用。所谓国家监察,就是为了确保权力合法运行、预防和惩治腐败由专门国家机构依据宪法和法律授权对其他国家机关和所有公职人员进行的专职性的监督、督察活动。《监察法》为各级监察委员会行使权力提供了明确的法律依据,它的施行将实现对所有行使公权力的公职人员的监督,实现国家监察的全覆盖,有力增强反腐败工作能力。《监察法》的实施也将使监察权的行使受到规范约束,确保监察机关在法律规定的权限范围内行使职能权力,对公职人员的合法权利提供有效保护。① 与之同时,党的纪律检查机关与各级监察委员会及其派出、派驻机构合署办公,加强党对反腐败工作的集中统一领导,创新了反腐败的制度机制,实现反腐败权力、机构和力量的集中,这既有利于推动全面从严治党向前发展,又能够加强对公权力的监督。

一、我国的监察制度与国家监察体制改革

(一) 新中国监察制度的发展历程

自秦汉以来,监察就是国家权力体系的一部分。新中国成立以后,我国也建立了国家监察制度体系。新中国成立之前通过的、起到临时宪法作用的《中国人民政治协商会议共同纲领》(以下简称《共同纲领》)就对监察制度进行了规范,它的第十九条规定:“在县市以上的各级人民政府内,设人民监察机关,以监督各级国家机关和各种公务人员是否履行其职责,并纠举其中之违法失职的机关和人员。”

《共同纲领》所设计的是较为特殊的带有一定“议行合一”色彩的政

① 参见秦前红:《监察体制改革的逻辑与方法》,载《环球法律评论》2017 年第 2 期。

治制度。新成立的中华人民共和国建立了中央人民政府，并依据《中华人民共和国中央人民政府组织法》组建政务院作为主要的行政机构。根据《中央人民政府组织法》的规定，政务院下设人民监察委员会，作为国家的行政监察机关。1949 年 10 月 19 日，中央人民政府人民监察委员会正式成立，谭平山担任主任。人民监察委员会所行使的实际上是行政监察权，是行政内部监督的具体体现。根据《中央人民政府组织法》，人民监察委员会主要负责监察政府机关和公务人员是否履行职责以及廉政情况。从当时政务院设立的几个委员会的职责上共同分析，这些委员会能够指导相关部的工作，或可推导出人民监察委员会的地位高于政务院各部。人民监察委员会的主要职责包括：监察全国各级国家机关和各种公务人员是否违反国家政策、法律、法令或损害人民及国家的利益，并纠举其中违法失职的机关和人员；指导全国各级监察机关的监察工作，颁发决议和命令，并审查其执行；接受及处理人民和人民团体对各级国家机关和各种公务人员违法失职行为的控告。

1954 年召开了第一届全国人民代表大会，制定并通过了新中国的第一宪法。我们依据新宪法建立了新的国家机构体系，原来的政务院所履行的职责整体交由国务院。根据新制定的《中华人民共和国国务院组织法》(1954 年)，国务院设立了监察部，原政务院人民监察委员会的职责交由后者行使，钱瑛担任第一任部长。新组建的监察部依旧保持其行政监察的体系和属性定位。这一时期的行政监察制度具有如下特征：一是强调其有别于司法部门的维护政纪特殊职能；二是强调行政监察机关要检查各级行政机关、国营企业执行国民经济计划和国家预算中存在的问题，拓展了行政监察机关的业务范围；三是不仅受理对行政机关和人员的控告，而且受理行政机关和人员不服纪律处分的申诉。[①] 然而，国务院监察部的制度设计并没有维持多久。1959 年 4 月，第二届全国人民代表大会第一次会议决定撤销监察部，否定了行政监

① 纪亚光：《新中国成立初期“三位一体”监督体系建设初探》，载《当代中国史研究》2010 年第 5 期。

察制度。

1982 年,我们制定了现行宪法,即“八二宪法”,它规定了国务院行使监察权力,并建立起行政监察制度。根据宪法的规定,1986 年 12 月,第六届全国人民代表大会常务委员会第十八次会议决定设立监察部,恢复并确立国家行政监察体制。这一时期的监察部的主要职责包括:检查监察对象贯彻实施国家政策和法律法规的情况;监督处理监察对象违反国家政策、法律法规和违反政纪的行为;受理个人或单位对监察对象违反国家政策和法律法规,以及违反政纪行为的检举、控告;受理监察对象不服纪律处分的申诉;按照行政序列分别审议经国务院任命的人员和经地方人民政府任命的人员纪律处分事项。① 国务院并于 1990 年 11 月通过了《中华人民共和国行政监察条例》,为监察权力运行提供了较为充分的法律依据。1997 年 5 月,第八届全国人民代表大会常务委员会第二十五次会议通过《中华人民共和国行政监察法》,行政监察制度有了更为完善和充分的法律依据。

在行政监察之外,我国还存在着党内监督体系,它对于我们的反腐败工作和廉政建设来说意义重大。一直以来,党内监督和国家监察都是分属两个系统,其中党的纪律检查机关一度命名为中央监察委员会(1955 年)。并且,中央监察委员会在中共中央委员会领导下工作,但已不作为党中央的工作部门,它由党的代表大会选举产生,对全党负责,其地位高于中央组织部、中央宣传部等部门。② “文化大革命”时期,党的纪律检查机关被冲垮,九大正式取消纪律检查机关。改革开放以后,我们党决定重新设立中央纪律检查委员会。1993 年 1 月,根据中共中央、国务院的决定,中央纪委、监察部开始合署办公,实行一套工作机构履行党的纪律检查和行政监察两项职能的体制。除了行政监察制度体系之外,最高人民法院和最高人民检察院分别通过了内部规定,

① 参见中华人民共和国监察部编:《中国监察年鉴》(1987—1991),中国政法大学出版社 1993 年版,第 4 页。

② 纪亚光:《新中国成立初期“三位一体”监督体系建设初探》,载《当代中国史研究》2010 年第 5 期。

比照行政监察的有关规定，形成了司法体系的内部监察制度。国务院也通过了有关的事业单位人事管理和监督的规定，形成了事业单位的内部监察制度。

国家监察体制改革的一个重要目标正是创新反腐败的制度形式。上世纪八九十年代建立的行政监察体制机制已不能适应新时代继续推进反腐败工作的要求。原有的行政监察的范围较窄，无法实现对所有行使公权力的公职人员的全覆盖。在改革之前，党内监督实现了对党员的全覆盖，而依照行政监察法的规定，行政监察对象主要是行政机关及其工作人员，各级人大、政协、法院、检察院以及群众组织、社会团体、国有企业、事业单位等工作人员并不在监督范围之列。我们迫切需要将行政监察的“小政府”范围转变为国家监察的“大政府”范围。在改革之前，党内监督主要是通过党的纪律检查机关依据党内法规进行，执纪审查由党的纪律检查机关进行。然而，依据行政监察法的规定，对行政机关及其工作人员违法行为的监察由行政监察机关进行，对职务犯罪行为的侦查由检察机关进行。这样一来，反腐败职能既分别行使又交叉重叠，没有形成合力，而且纪法衔接不畅，纪、法中间存在空白地带，在职务犯罪案件侦查中存在犯罪有人管、违纪无人问的现象。

组建新的监察委员会并与党的纪律检查机关合署办公，实现了党内监督与国家监察相统一。党内监督是党的纪律检查机关对党员所进行的监督，是依据并执行党纪的过程；国家监察是监察委员会对所有行使公权力的公职人员所进行的监察，是依据并执行国家法律的过程。改革让两者通过合署办公的形式承担两重任务，让全体党员和所有行使公权力的公职人员两大类主体在同一机构主体的监督之下，让纪委监委承担两重职责，这有利于坚持和加强党对反腐败工作的领导。换言之，改革从行政监察、国家机构以及各类组织机构的自我监察转变为外部监察，形成强有力的全覆盖的国家监察体系，并通过与党的纪律检查机关合署办公强化了党的全面领导。

(二) 国家监察体制改革的启动

国家监察体制改革是以习近平同志为核心的党中央作出的事关全局的重大政治体制改革,是强化党和国家自我监督的重大决策部署,是推动全面从严治党向纵深发展的战略举措,是夺取反腐败斗争压倒性胜利的必然要求。改革所建立的中国特色国家监察体制是发展和完善中国特色社会主义制度,实现国家治理体系和治理能力现代化的具体体现。党的十八大以来,以习近平同志为核心的党中央高度重视国家监察体制改革。

第一,国家监察体制改革是加强党的全面领导的内在要求。改革的根本目的就是加强党对反腐败工作的统一领导。习近平总书记深刻指出,中国特色社会主义最本质的特征是中国共产党领导,中国特色社会主义制度的最大优势是中国共产党领导。[①] 一方面,改革增强反腐败的力量,有利于深入推进反腐败工作,夺取反腐败斗争的压倒性胜利。我们党作为执政党,面临的最大威胁就是腐败。国家监察委员会就是国家反腐败机构,制定国家监察法实质是推进反腐败国家立法。国家监察体制改革有利于我们更有力地、更深入地反腐败。坚定反腐败的目标,整合反腐败工作力量,提升反腐败工作效率,对于深入推进反腐败来说意义重大。改革构建了集中统一、权威高效的监察体系,实现了对所有行使公权力的公职人员全覆盖,不仅能够更好地"打虎",还能够有效地"拍蝇",惩治身边的腐败,增强人民群众的获得感。另一方面,改革创新反腐败制度形式,实现党内监督和国家监察有机统一。产生腐败问题的一个重要原因,是一些体制机制存在漏洞,必须坚持以改革思路推进工作,加强制度创新。强化反腐败机构的正当性及其地位,不仅直接影响着反腐败的成效,也关系到中国特色社会主义能否充分发挥制度优越性。在严峻的反腐败形势和艰巨的反腐败任务面前,分

---

① 习近平:《在庆祝中国共产党成立 95 周年大会上的讲话(2016 年 7 月 1 日)》,载《人民日报》2016 年 7 月 2 日第 002 版。

散的制度形式不能适应反腐败的目标和工作需要。党内监督难以覆盖所有行使公权力的公职人员，行政监察工作只局限于行政系统内部，检察部门的反贪反渎工作受制于现实因素，又以党内监督为前置，无法形成监督合力。党内监督和国家监察不能有效融合，增加了监督成本，制约着监督成效。在党的统一领导下，实现反腐败权力、机构和力量的整合，健全党和国家监督体系，迫切需要重塑制度体系。组建四级监察委员会并与党的纪律检查机关合署办公，实现了国家机构、党和国家监督体系的重大创新，形成了中国特色国家监察体制。

第二，国家监察体制改革是推进国家治理体系和治理能力现代化的具体要求。习近平总书记强调，改革开放以来，我们党开始以全新的角度思考国家治理体系问题，强调领导制度、组织制度问题更带有根本性、全局性、稳定性和长期性。摆在我们面前的一项重大历史任务，就是推动中国特色社会主义制度更加成熟更加定型，为党和国家事业发展、为人民幸福安康、为社会和谐稳定、为国家长治久安提供一整套更完备、更稳定、更管用的制度体系。在新时代，加强党的全面领导必须实现对行使权力的全过程进行全方位监督，这是坚持和加强党的全面领导，迎接和应对新任务、新挑战的必然要求。全面深化国家监察体制改革，建立党统一领导下的国家反腐败工作机构，既有利于健全国家监察制度体系，也有利于党的自身建设，完善党内监督。通过党内监督和国家监察的一体化实现对“广义政府”的全面监督，形成党的领导的新形式。纪律检查是全面从严治党的利器，国家监察是对公权力最直接、最有效的监督。通过合署办公，强化党和国家的监督效能和治理效能，使依规治党和依法治国相互促进、相得益彰。通过对党内监督覆盖不到或者不适用于执行党的纪律的公职人员依法实施监察，真正把权力关进制度笼子。

第三，国家监察体制改革是健全党和国家监督体系的创制之举。党的十九大报告提出，构建党统一指挥、全面覆盖、权威高效的监督体系。深化国家监察体制改革，首先是回应实践需要，是以习近平同志为核心的党中央根据时代背景和实践需求审时度势、高瞻远瞩、深思熟虑之后所做的重大决策。改革实现监督权的制度化、规范化、程序化。要做好监督体系顶层设计,既加强党的自我监督,又加强对国家机器的监督。国家监察体制改革的任务是明确的,按照习近平总书记的要求,坚持党对党风廉政建设和反腐败工作的统一领导,扩大监察范围,整合监察力量,健全国家监察组织架构,形成全面覆盖国家机关及其公务员的国家监察体系。改革建章立制,形成了统一行使权力的制度化的监察机关,并通过国家监察法规范权力运行,完善相关程序。这是试点的重要经验。在改革之前,对公权力的监察还存在一些不足和机制弊端。行政监察对象主要是行政机关及其工作人员,没有做到对所有行使公权力的公职人员全覆盖。党的纪律检查机关依照党章党规党纪对党员的违纪行为进行审查,行政监察机关依照行政监察法对行政机关工作人员的违纪违法行为进行监察,检察机关依照刑事诉讼法对国家工作人员职务犯罪行为进行查处,形成了反腐败的"三驾马车",反腐败职能既分别行使,又交叉重复。而且,改革之前的纪、法中间存在空白地带,查办职务犯罪案件存在犯罪有人管、违纪无人问的现象。深化国家监察体制改革,健全党和国家监督体系,走出了一条基于深厚传统、符合历史逻辑、适应现实国情、保障发展需要的监督道路,形成中国特色国家监察体制,丰富了中国特色监察道路的内容。

(三)改革试点工作与《监察法》的制定

先行试点是本次国家监察体制改革的重要内容和鲜明特征。2016年11月,中共中央办公厅印发了《关于在北京市、山西省、浙江省开展国家监察体制改革试点方案》,部署三个省市试点改革,十二届全国人大常委会随后通过了开展试点的决定,以符合法治精神的方式推进改革工作。先行先试、探索创新、深入施工贯彻了改革思路,充实了改革蓝图,落实了改革精神。在试点过程中,三省市立足实际情况,根据中央统一安排和要求,积极谋划、勇于探索,不仅成功完成反腐败力量的转隶整合,而且形成了高效完备的合署办公的工作机制和内部制约机制。试点不仅积累经验,也是探索改革的空间、增强改革的认受性的重要方式。通过试点工作，反腐败的工作效率得以提升，人们更加理解改革的必要性和成效，这也为进一步推开改革、讨论国家监察立法以及修改宪法提供了经验支持。党的十九大召开后，在全国推开试点，省、市、县三级监察委员会全部组建完成。十三届全国人大一次会议通过宪法修正案，依据宪法制定了《监察法》，国家监察委员会正式成立并运行。

试点工作为改革的深入推进和成功提供了丰富经验和有效基础。从理论上看，制度试点是一种独特的改革方式，正是因为试点是在宪制结构尚未整体变动乃至没有合法性依据、没有改革空间的情况下所进行的一种“越法”尝试。试点需要正确处理合法性与改革空间的问题。三类情形值得关注，一类是具有合法性且预留了空间的改革试点，一类是合法性不足但空间尚存的改革试点，一类是合法性不足且无空间的改革试点。中国宪法学界早年围绕“良性违宪”展开的讨论就是一个例证。“良性违宪”产生了许多争论，亦存在关于这些不同类型的深入论述，监察委员会的改革试点就面对着这样的问题。严格来说，监察委员会的试点属于既无授权又无空间的改革。有学者指出，全国人大常委会的授权也存在一定的合法性困境。[①] 授权主要是给予权限，它体现了允许或不允许的问题，而没有涉及宪制性变革的原则性、框架性以及边界性问题，这些问题恰恰是由现行宪法和宪法秩序所确立的。如果试点触及到更为根本性的问题，则需要有更权威的授权。所以，由全国人大常委会授权改革，实际上隐含着对试点的某种限制，那就是获得授权的试点应该受制于现行宪法和宪法秩序。质言之，试点过程中，现行宪法依然发挥着绝对的控制功能。这种控制并非是严格的规则和程序约束，而是整体意义的原则性和边界性约束。

试点具有很重要的政治意义。一方面，试点是积累经验的过程，是制度实验乃至试错的过程。另一方面，试点也是通过积累经验来增强合法性与改革空间的过程。它让一项相对新颖的制度设计落地并发挥

---

① 秦前红：《全国人大常委会授权与全国人大授权之关系探讨——以国家监察委员会为研究对象》，载《中国法律评论》2017 年第 2 期。

作用，既探索了制度的类型与特点，也能够为制度的发展方向和作用方式提供依据。试点毕竟只是试验性的，等到条件成熟，制度设计就会全面推开。这也体现了我们改革方式的独特性——通过试点来获取制度经验，同时也获得改革的动力。改革试点契合了一种实验的精神。面对全国的差异情形，试点对于制度设计来说具有一定的"补偿性意义"，即补偿制度设计的经验缺失与差异性不足。我国宪法是鼓励实验的。[①] 监察体制改革试点不完全是实验性的，因为这种改革是一种有力且有序地推动，但试点仍能够补充它的意义，为后来的全面推广提供支持。在试点推行之后，新一轮的全面改革必将启动，这就意味着有关立法乃至修宪必须跟上。

十三届全国人大一次会议审议通过《监察法》，这是深入推进反腐败工作的最新成就，是反腐败国家立法的重要组成部分，为新时代继续坚定不移全面从严治党和全面依法治国提供了重要保障。深化国家监察体制改革，以法律的形式确立监察法治的基本原则、监察机关的职责权限、监察过程的基本程序，对于构建中国特色国家监察体制、保障中国特色监察道路意义重大。《监察法》对国家监察工作起着统领性和基础性的作用。各级监察机关必须依法有效开展工作，发挥国家监察体系的重要作用，确保反腐败斗争的压倒性胜利，真正形成不敢腐、不能腐、不想腐的长效机制。

第一，通过立法衔接改革。组建监察委员会，同党的纪律检查机关合署办公，是以习近平同志为核心的党中央在统揽伟大斗争、伟大事业、伟大工程、伟大梦想的过程中所推进的"事关全局的重大政治体制改革"，是强化党和国家自我监督的重大决策部署。全面深化监察体制改革必须制定一部监察法。《监察法》高票获得通过，体现了改革取得的重大成就。作为反腐败国家立法，《监察法》统领国家监察工作，指引监察机关开展反腐败活动。立法进一步提升改革经验，将改革试点阶段所取得的实践成果经验法律化、制度化，将党的十八大以来在推进党

---

① 李少文：《地方立法权扩张的合宪性与宪法发展》，载《华东政法大学学报》2016 年第 2 期。

风廉政建设和反腐败斗争中形成的新理念、新举措、新经验以法律形式固定下来，为新型监察制度提供了法治基础。

第二，形成中国特色国家监察体制。深化国家监察体制改革的重要目标正是构建集中统一、权威高效的国家监督体系，加强党对反腐败工作的全面领导。中国特色国家监察体制是法治化的监察体制，制定《监察法》是必不可少的环节。通过国家监察立法，实现对所有行使公权力的公职人员监察全覆盖，有效整合反腐败资源力量，并通过法律把党对反腐败工作集中统一领导的体制机制固定下来。如此顶层设计和制度安排，就将党的主张通过法定程序和法律方式上升为国家意志，转变为具体的法律制度，实现了组织创新、制度创新，也实现了中国特色社会主义法律体系的发展完善。《监察法》确立的中国特色国家监察体制，体现了全面从严治党和全面依法治国的有效结合，构成了新时代中国特色社会主义民主法治建设的重要内容。

第三，保障中国特色监察道路。在我国，党内监督与国家监察同时发挥着重要作用。在监察体制改革推开之前，这两种监督方式的监督对象并不完全重叠，监督手段和监督效果也不完全相同。以习近平同志为核心的党中央着眼于大局，决定推进国家监察体制改革，组建监察委员会，同党的纪律检查机关合署办公。这就将党内监督和国家监察有效结合起来，同时代表党和国家行使权力。《监察法》贯彻这一改革思路，为形成完善的国家监察体制提供法律依据，为中国特色监察道路进行法治保障。各级纪检监察机关实现了对所有行使公权力的公职人员的监督，在我国形成了巡视、派驻、监察三个全覆盖的统一的权力监督格局，充分体现了中国特色监察道路的鲜明特征和独特优势。

二、监察法治的原理与原则

2018 年 3 月，十三届全国人大一次会议先后审议通过宪法修正案和《监察法》。这是深化国家监察体制改革、深入推进反腐败工作的重要成就。宪法从根本法的高度为监察权、监察机构和监察制度提供依据，《监察法》是反腐败国家立法的基础性法律，它们为新时代继续坚定不移全面从严治党和全面依法治国提供了重要保障。

（一）规范国家监察工作的基本法律

以法律形式确立监察法治的基本原则、监察机关的职责权限、监察过程的基本程序，是改革的基础性工作。作为反腐败国家立法，《监察法》统领国家监察工作，《公职人员政务处分法》为监督工作和政务处分提供依据，《监察官法》为监察官队伍建设提供依据。将党的十八大以来在推进党风廉政建设和反腐败斗争中形成的新理念、新举措、新经验以法律形式固定下来，为新型监察体制提供了法治基础。各级监察机关依法有效开展工作，充分发挥新体制的治理效能，真正形成不敢腐、不能腐、不想腐的长效机制。

第一，确立监察法治的基本原则。《监察法》为各级监察委员会依法行使权力提供了明确的法律依据，它的施行标志着我国的反腐败工作进入新的阶段，全面从严治党取得卓著成效。《监察法》规定监察机关依法独立行使监察权，监察工作坚持以事实为依据、以法律为准绳，在适用法律上一律平等，保障当事人的合法权益。落实《监察法》的这些基本原则，既有利于确保国家监察工作有效开展，防止办案过程中遭遇不合法、不合理的干扰，提升监察效果，也有利于防止出现办案安全事故，杜绝冤假错案，提升监察公信力，保障人民的合法权益。尤其是在立法中宣示保护当事人的合法权益，符合全面深化监察体制改革尊重和保障人权的目标，体现了改革的时代性、实践性。

第二，明确监察委员会的组建方式。《监察法》是组织法、程序法和实体权力法的混合，它首先规定了监察机关的职责定位、组织体系、组成人员及其相互关系。根据《监察法》的规定，我国组建了国家监察委员会和地方三级监察委员会，各级监察委员会均可派出、派驻监察机构和监察专员。根据宪法和《监察法》的规定，国家监察委员会由全国人民代表大会产生，负责全国监察工作。对全国人大负责，受其监督。地方各级监察委员会由本级人民代表大会产生，负责本行政区域内的监察工作。国家监察委员会领导地方各级监察委员会的工作，上级监察委员会领导下级监察委员会的工作。各级监察委员会由主任、副主任若干人、委员若干人组成，主任由本级人民代表大会选举，副主任、委员由监察委员会主任提请本级人民代表大会常务委员会任免。国家监察委员会主任连任不得超过两届，但地方无此规定。

第三，规定监察权力的制度框架。中国特色国家监察体制的一个重要特征就是实现了国家监察"全覆盖"，从立法上保障反腐败无禁区、全覆盖、零容忍，为坚定不移"打虎""拍蝇""猎狐"提供了法律基础和制度保障。监察委员会依照本法和有关法律规定履行监督、调查、处置职责，具体包括对公职人员开展廉政教育，对其依法履职、秉公用权、廉洁从政从业以及道德操守情况进行监督检查；对涉嫌贪污贿赂、滥用职权、玩忽职守、权力寻租、利益输送、徇私舞弊以及浪费国家资财等职务违法和职务犯罪进行调查；对违法的公职人员依法作出政务处分决定；对履行职责不力、失职失责的领导人员进行问责；对涉嫌职务犯罪的，将调查结果移送人民检察院依法审查、提起公诉；向监察对象所在单位提出监察建议。而且，法律列举了监察机关的六大类监察对象，将监察"全覆盖"法定化、明晰化，为具体工作提供了明确的法律指引。

第四，设定监察权力运行的程序界限。监察机关所开展的工作必须符合法律要求，所有监察人员和相关工作人员在自己的法定职责范围内行使权力，权力运行符合法定程序要求。这是中国特色社会主义法治的基本要求，也是全面依法治国的重要内容。一方面，监察机关和监察人员履职时必须始终坚持合法原则，在职责范围、管辖、案件分配和人员安排方面严格遵循法律规定，绝不能滥用权力，运用权力绝不能出于不法目标、采用不法方式。另一方面，监察机关和监察人员必须用好裁量权，坚持平等对待、反对选择性执法，坚持执法措施合情合理，尽量减少对当事人合法权益造成的损害。

（二）《监察法》的基本原则

第一，坚持依法独立行使监察权。监察权是社会主义国家权力体系的重要组成部分。建立中国特色国家监察体制，监察权依法正确有效运行是关键。我国宪法第一百二十七条明确规定："监察委员会依照法律规定独立行使监察权，不受行政机关、社会团体和个人的干涉。"《监察法》第四条也做了同样的规定。这表明依法独立行使监察权是中国特色国家监察体制的一项基本原则。权力不得偏私、滥用与腐败。作为监督体系基石的各级监察委员会必须依法独立行使监察权，监察机关和监察人员在工作、办案中不能受到行政机关、社会团体和个人的干涉。只有这样，才能真正确保监督准确到位，案件办理合法合理，处置正确适当，从而增强监察公信力和权威性，真正实现监察体制改革的目标。《监察法》也建立了一系列确保依法独立行使监察权的具体制度，比如完备的案件管理制度，有效的报告、记录和备案制度，回避制度，保密制度以及申诉制度等。

第二，坚持以事实为依据、以法律为准绳。构建中国特色国家监察体制，深化国家监察体制改革，始终坚持实事求是，并将这一品格贯彻到国家监察立法之中。以事实为根据，是指监察机关在工作中尤其是在办理职务违法和职务犯罪案件时，都只能以与之相关的客观事实作为根据。这就要求监察机关和监察人员必须严格依法办案，在进行监督、调查时依法收集、调取证据，确保证据真实、合法、有效。查清事实真相是监察机关必须履行的职责。为了确保始终以事实为根据，《监察法》赋予了监察机关一系列权力，例如第十八条就规定："监察机关行使监督、调查职权，有权依法向有关单位和个人了解情况，收集、调取证据。有关单位和个人应当如实提供。"以法律为准绳，是指监察机关必须严格依照法律办事、办案，发现问题依法进行监督和予以处置，不偏私、不枉法、不滥用权力。在监督、调查和处置过程中，各级监察机关和所有监察人员都必须严格按照法律规定行使权力。坚持以事实为依据、以法律为准绳，就能确保相关工作和案件办理做到事实清楚、证据确凿、定性正确、处置得当、程序合法。

第三，坚持保障当事人合法权益。国家尊重和保障人权是宪法确立的基本原则，它体现在国家所有的立法和执法活动之中。充分保障所有公民包括犯罪嫌疑人的基本人权是富强民主文明和谐美丽的社会主义现代化强国应有的特征，这也对深化国家监察体制改革提出了具体要求。中国特色国家监察体制不仅具有集中统一、权威高效的特点，也能够有效保障当事人的合法权益，充分维护人民的合法权益。党的十九大报告提出用留置取代“两规”措施，也有用更为制度化、规范化、程序化和法治化的方式保护被调查人员合法权益的考虑。《监察法》明确规定，国家监察工作“在适用法律上一律平等，保障当事人的合法权益”。在改革试点过程中，一些地方的监察委员会已经建立了较为完备的保护被调查人、被处置人的合法权益的制度机制，权力行使过程更加规范化、程序化和制度化，体现了保障当事人合法权益方面的巨大进步。《监察法》将这些有益经验上升为具体的法律制度，并进行全面推广，对于制度建设来说意义重大。在《监察法》中明确宣示保障当事人的合法权益，既是对改革试点经验的认可，更是对改革目标的重申。这也有利于防止冤假错案的出现。

第四，坚持权力必须受到监督。《监察法》规定了监察工作的范围以及组织基础。这就构成权力监督的具体制度框架，为监察工作提供有力的组织保障、制度保障。权力监督是社会主义民主和法治的鲜明特征。这既有利于确保权力的有效运行，增强监督效果，也有利于保障当事人合法权益。为此，监察机关承担了重要职责和任务。组建集中统一、权威高效的反腐败机构即监察委员会，对于加强党的全面领导，整合反腐败资源，贯通执纪与执法，形成反腐合力，具有不可替代的意义。这是加强权力监督的战略性举措和制度性变革。

（三）监察权运行的基本要求

第一，依法履行职责。《监察法》首先是关于监察机关履行职责及其权限的实体法。根据法律规定，监察机关履行监督、调查、处置职责，涵盖了廉政教育、监督检查，调查职务违法和职务犯罪，处分、问责以及移送司法处理，提出监察建议等具体内容。依法赋予监察委员会职责权限和调查手段，丰富监察方法与方式，有利于深入开展反腐败工作，解决具体案件中的复杂问题。依法履行好各自职责是各级监察委员会和监察人员的义务,也是有效行使监察权、更好地发挥监察作用的重要基础。坚持主体合法,所有监察人员和相关工作人员必须具备法定资格,履行回避义务。坚持内容合法,监察机关履行监督执纪问责和监督调查处置职责首先必须有法律依据、法律权限;在具体案件中,做到秉公执法,确保平等对待和处置,绝不滥用权力,绝不违法乱纪。尤其是,所有监察机关和工作人员不能出于不法目标和不良企图滥用监察权,不能通过滥用职权进行打击报复。

第二,合理运用职权。监察机关和监察人员在履行监督、调查、处置职责时必须坚持合理性原则。合情合理是任何权力在行使时都必须注重的原则,行使监察权、进行执法的监察机关尤其要特别重视。一方面,针对所有监察对象,监察机关必须做到公平对待,反对选择性执法,在适用法律时一律平等。在反腐败斗争形势依然严峻、反腐败工作压力巨大的情况下,监察机关开展工作必须坚持无禁区、全覆盖、零容忍,坚持重遏制、强高压、长震慑,坚持受贿行贿一起查。另一方面,在处理具体案件时,监察机关必须用好裁量权,在办案过程中坚持比例原则,做到所有的监察措施目标正确,手段合理,在影响当事人合法权益时必须遵循最小损害原则。尤其注意运用好"四种形态"。惩前毖后、治病救人,是我们党的一贯方针,是我们党从丰富的实践经验和深刻的历史教训中总结出来的。惩戒与教育相结合,宽严相济原则是惩前毖后、治病救人方针在监察工作中的具体体现。反腐败斗争的政策性、政治性强。惩戒与教育相结合,宽严相济原则体现了党的十八大以来监督执纪"四种形态"的思想和理念,同时也是从当前反腐败斗争形势依然严峻复杂的实际出发而作出的规定,是监察委员会开展工作的必要遵循。

第三,有效进行监察。监察机关开展工作必须注重提高工作效率,改进工作方法,在最大限度上提升监察效果。通过深化国家监察体制改革,实现对所有行使公权力的公职人员监察全覆盖,整合反腐败资源力量,切实加强了党的全面领导,真正实现了把制度优势转化为治理效能。对此,《监察法》提供了有力的法律支持和保障。《监察法》规定了开展监察工作的必要权限和措施，将行之有效的试点实践经验上升为法律制度，留给监察机关必要的裁量空间。各级监察委员会和监察人员能够采取多种手段，善于运用各种形式，包括预防谈话、询问，进行监督、调查。尤其是，各级监察机关要加强对党员领导干部的日常监督管理，通过提醒谈话把问题扼杀在萌芽状态，并且善于做整体判断，深入了解所联系的地区和单位的具体情况，做好应对准备措施。在纪委监委合署办公的情况下，加强党建工作所具有的功能，通过多种方式渠道实现监督职责。

第四，严格遵守程序。《监察法》也是监察机关行使权力的程序法。程序合法正当是现代法治的重要精神理念，是中国特色社会主义法治的鲜明特征。程序既是权力运行的必备要素，也是约束权力的重要方式。严格规范监察程序是监察立法的一个重要目标。建立完备的监察权运行程序，不仅有利于提升监察机关履行职责的成效，严厉打击腐败分子，快速突破案件，取得反腐败斗争的压倒性胜利，也能够减少相关工作中的违法违规现象，杜绝冤假错案，同时还有利于保护当事人的合法权益。《监察法》用一章专门详细规定了监察机关行使权力的法定程序，包括问题线索的发现与受理、管辖、初核、立案与调查、证据的搜集以及处置等，其中特别详细规定了如何处理举报，如何进行初核，以及如何采取讯问、留置等带有一定强制性措施。《监察法》同时规定了在调查过程中如何具体保护当事人的合法权益，包括向当事人及其家属、相关组织进行宣布和通知，禁止非法收集证据，禁止侮辱、打骂、虐待、体罚或者变相体罚被调查人和涉案人员，以及保障被留置人员的饮食、休息和安全，提供医疗服务。

三、监察法学的任务：监察改革、监察法治、监察正义

在社会主义国家权力结构之下，监察法学回答国家监察的问题，以监察权、监察委员会和《监察法》为主要对象，关键在于监察法律制度如何有效生成规范性秩序，这就是监察法治的实现程度。分析《监察法》

的实施和具体法治问题,既是关于建设中国法治的理论分析,也是监察法学体系的破题之举。我国监察法学的如下重点问题,不仅覆盖了监察改革,也涉及到监察法治的主要环节,并指出了监察正义的未来方向:

第一,《监察法》及其相关法的制定与实施问题。法律制度的前提是具有权威性的实定法,并且实定法可以凭借立法权威得到人的内在认同。在国家监察体制改革的过程中,部分学者一直是制定《监察法》的重要理论推手,不仅为尽快立法以及科学立法、民主立法、依法立法"鼓"与"呼",也为立法设计提供了具体蓝图。在宪法修改和立法通过之后,许多学者对最后制定的《监察法》提出了一些善意批评,这也反映了对于建设何种法治工程的深入考虑,以及对于法律得到人民认同这一属性的重视。尽管《监察法》或许存在一些不足,但监察改革还需要继续推进。例如,学术界力倡赋权国家监察委员会制定监察法规,以弥补监察权运行的制度供给短缺。然而,立法者却未采纳此建议。这一安排后来经由全国人大常委会通过授权决定展开。学术界也详细分析了监察法律制度的内容以及与之协调衔接的相关法律制度,如检察制度、审判制度等。此外,学者对《政务处分法》以及《监察官法》等也提出了一系列意见和设想,这成为进一步深化监察改革的知识动力。

第二,监察程序问题。法治必须建立在关于权力的程序机制之上,实现对监察权的程序约束。这一方面要求程序的严密性,另一方面要求程序的正当性、道德性。追溯法治发展史,程序是现代法治得以确立的最根本原因之一。在中世纪,普遍存在的神谕法、神判法逐渐被形式化的法律机制取代,重视程序是至关重要的原因。以英国为代表的法庭制度、审判制度、令状制度等形式性、程序性法律是走向法治的基础。形式程序本身就具有克服人治、防范滥用权力的功能。这也是韦伯法律社会学最重要的结论之一。[①] 程序并不只是一个过程,而是赋予了

① [德]马克斯·韦伯:《经济与社会》(第二卷)(上册),阎克文译,上海世纪出版集团 2010 年版,第 944—946 页。

这个政治或法律过程一种理性，它可以视为程序所具有的道德伦理性。这就是正当程序原则。在美国宪法中，第十四修正案关于正当程序的规定已经成为宪法的内容源泉，许多新内涵都是从中引申建设出来的，正是因为正当程序几乎等同于宪法的道德性特征。概言之，正当程序的实体性逐渐被认可，一种属于正当程序的宪法道德观也就此形成。如果不理解这种程序的道德性，就无法理解为何程序特别是宪法正当程序在英美法治实践中的绝对主导地位。这些历史的、域外的经验启发着我们思考监察程序。在深化监察改革特别是监察立法过程中，建立监察程序的正当性、道德性是重要任务。它近似于关于监察程序与侦查程序的对比分析，例如监察程序与刑事侦查程序如何实现“相当性”。而且，它不限于此，还包括了对法律质量的反思，例如关于监察委员会调查权特别是留置措施等，存在着规则自洽与程序正当的问题。[①] 在如何以“依法监察”控制监察程序，法治原则、法律优越、法律保留等重要原理如何发挥作用等问题上，也存在不少空间。

第三，人权保障问题。从保护基本权利的角度理解监察制度，不仅能够很快地找到制度目标，也能够把握法律制度的价值基础。监察委员会当然要履行反腐败的职责，监督行使公权力的公职人员，但同时也是人权保障的重要力量。人权保障体系中的监察法律制度要求监察权力运行、监察机关设置以及监察人员（监察官）配备都必须树立正确目标。保障人权是现代政治社会的基本逻辑。按照洛克的社会契约理论，人类之所以选择从自然状态进入政治社会，就是为了更好的保护自己的自然权利，更好的贯彻执行自然法。[②] 所以，保障人权就是结成国家的前提，当然也成为政府设计的前提。这也是宪法道德性的根本来源。监督权在政府逻辑之中扮演着关键角色，当然也要遵循人权保护的原理。这就是监督权的目标问题，是监督权的道德性问题。如果不

① 刘艳红：《监察委员会调查权运作的双重困境及其法治路径》，《法学论坛》2017 年第 6 期；刘艳红：《程序自然法作为规则自洽的必要条件——监察委留置权运作的困境及法治化路径》，《华东政法大学学报》2018 年第 3 期。

② ［英］洛克：《政府论》（下篇），叶启芳、瞿菊农译，商务印书馆 1964 年版，第 77—80 页。

重视这一点，监督权就将陷入“谁来监督监督者”的永恒悖论之中。[①] 以基本权利为基准来设计监督权，可以避免这个问题。这体现在两个层次上。第一层次是监察权的法治化、规范化、程序化所反映的对监察权的约束。相较于改革之前，现行监察制度有利于保障违法责任人和犯罪嫌疑人的权利。第二层次是监察权运行过程中需要具体落实当事人的权利。相对人有抗辩性权利，使被调查人能够抗衡强大的国家权力。这可以称得上从人权保障的角度针对宪法设计、国家权力配置的创造性理解，将国家与个人拟制化为两个相对的主体，充分显示出宪法对权力的控制作用和对人权的保障功能。

第四，留置问题。这是监察法律制度中一个极为特殊且重要的问题，既与实定法的完备性有关特别是和党的纪律有关，又与程序的正当性有关，还直接影响当事人权益保障。改革用留置取代“两规”，实现了推进反腐败工作和法治建设的双重进步。如果没有留置，监察委员会的反腐败工作将受到很大局限。然而，一旦有了留置权，监察委员会行使这一权力就必须考虑法治标准问题。如何规范这个措施或权力成为法治难题。首先，留置是调查措施，它是监察机关行使调查权力而采取的一种行为，带有限制人身自由的强制属性，但并未定性为一个“强制措施”。法律上的这种定位模糊了很多类似行政或刑事的（准）司法性的质疑。其次，留置适用于严重职务违法和职务犯罪两种情形，的确存在着一个难以圆满的逻辑难题，那就是违法但不犯罪的行为为何接受更加严厉的限制人身自由的调查措施？违法行为与处罚的严厉程度之间的相当性如何保证？是否存在国家赔偿的空间？对此，或许只能从调查的过程性特征进行解释，指出留置措施的运用受制于初核行为和调查需要，以减轻滥用留置的质疑。再次，监察委员会和党的纪律检查机关合署办公是全面的、实质的而非形式的，因此留置的法治化虽然没

---

① 相关论述还可参见周佑勇：《对监督权的再监督：地方人大监督地方监察委员会的法治路径》，《中外法学》2020 年第 2 期；秦前红：《人大监督监察委员会的主要方式与途径——以国家监督体系现代化为视角》，《法律科学》2020 年第 2 期。

有改变“两规”的党内法规基础，却在实际运作中替代了后者，这也是留置取代“两规”的真实意义。它是中国特色国家监察道路的“创制之举”的具体内涵。[①] 在《监察法》未能修改完善的情况下，其中的法治难题大约只能如学者思考的那样，通过控制适用过程加以具体解决、完善。当然，相较于改革之前，留置的法定化、规范化、程序化已经是很大的法治进步。这是从法治整体发展中得出的结论。在接下来进一步深化监察改革的过程中，通过严格约束留置适用以及进一步完善有关规定，确立正当程序标准，可以进一步推动法治进步。

总而言之，监察法律制度一经确立，随之而来的问题就是监察法治如何实现的问题。对监察改革的参与、谋划以及分析建言，促成了监察法治的起步，同时也勾画出另一个问题，即监察制度的正义追求。这在关于监察程序、人权保障特别是留置等争议问题的讨论之中显现出来，揭示了未来监察法学的另一重要任务。

四、监察法治实践中的几个重要问题

（一）如何理解监察全覆盖、监督无死角

实现国家监察的“全覆盖”是本次国家监察体制改革的重要目标和任务，也是《监察法》的重要内容。王岐山在中国共产党第十八届中央纪律检查委员会第七次全体会议上的工作报告中说：“国家监察委员会就是国家反腐败机构，制定国家监察法实质是推进反腐败国家立法。”这揭示了机构设置和立法的本质内容。监察体制改革的首要目标就是更有力地、更深入地反腐败。这与一段时间以来我们党和国家所面对的形势和所确立的目标有直接关系。反腐败的意义是明确的，它构成了中国共产党十八大以来所开展的政治活动的重要内容，是中国共产党全面从严治党的基本内容。当国家存在着大面积的腐败现象，关键

---

① “创制之举”来源于全国人大常委会有关领导关于《监察法》(草案)的说明。

就在于如何提升反腐败的效率,“决定整合反腐败力量”成为改革的重要动因。它主要表现在两个方面,其一是“构建了集中统一、权威高效的监察体系”,其二是“实现对行使公权力的公职人员监察全覆盖”。健全反腐败领导体制,整合反腐败力量,扩大国家监察范围,提升工作效率,不仅能够“打虎”,还能够“拍蝇”,惩治身边的腐败,从而更好地进行反腐败。所以,国家监察委员会的制度设计以及国家监察立法较好地体现了追求反腐败效率的目标。

改革的另一个重要内容是各级监察委员会与党的纪律检查机关合署办公,这不仅有利于加强党对反腐败工作的集中统一领导,而且深刻影响着国家监察权以及党内监督的运行。这两者施行一个机构两块牌子,就意味着几乎所有的纪委监委工作人员、内设机构具有两重身份,履行两种职责。纪检监察的监督对象极为庞大,估算超过1亿人,涵盖所有的党员、所有行使公权力的公职人员,其中两者重合率约为80%。国家监察机关可以针对的人、机构、组织范围十分多样,机构类型包括党的机关、政府、法院、检察院、群团组织以及各类事业单位、国有企业、基层群众性自治组织等。而且,纪检监察机关组织体十分宽泛,几乎所有县级以上地方皆设立纪委监委,这些纪委监委还设有派出机构、派驻机构以及监察专员。纪检监察机构的监督手段多样,既可以依据党纪进行执纪,又可以依据《监察法》等进行执法。

《监察法》第十五条规定了国家监察的对象覆盖了“所有行使公权力的公职人员”。具体来说,它包括:中国共产党机关、人民代表大会及其常务委员会机关、人民政府、监察委员会、人民法院、人民检察院、中国人民政治协商会议各级委员会机关、民主党派机关和工商业联合会机关的公务员,以及参照《中华人民共和国公务员法》管理的人员;法律、法规授权或者受国家机关依法委托管理公共事务的组织中从事公务的人员;国有企业管理人员;公办的教育、科研、文化、医疗卫生、体育等单位中从事管理的人员;基层群众性自治组织中从事管理的人员;其他依法履行公职的人员。

法律所涉及到的“公职人员”、公务员、参照公务员法管理的人员、

“公务人员”“（从事）管理人员”“依法履行公职人员”等不同概念，存在很大的模糊性，如何具体认定还需要立法和实践进一步完善。例如，对于人民法院、人民检察院存在的两套监督体系，影响了对相关工作人员尤其是法官、检察官的国家监察。法院的内部监察属于同体监督、自我监督，监察委员会派驻机构或人员属于异体监督、外部监督，两者共同发挥作用。然而，由于司法工作的特殊性尤其是法官、检察官职业的特殊性，需要保留同体监督，这既考虑到司法权运行规律，也是因为两套监督体系能够发挥互补作用。又如，针对国有企业，针对公办的教育、科研、文化、医疗卫生、体育等单位，如何判断谁是“管理人员”需要仔细甄别，关键在于如何理解“行使公权力”。这里所说的“公权力”是较为宽泛的概念，“行使”同样如此。一些人员虽然平时不从事管理工作，但根据其工作职责、工作属性和工作方式等，临时参与行使公权力的管理事务，包括评标委员会、竞争性谈判采购中谈判小组、询价采购中询价小组的组成人员，以及答辩、评阅、判断等委员会，行为人在项目范围内或职责范围内属于监察对象。

（二）留置措施与当事人合法权益保护

一直以来，由党的纪律检查机关承担反腐败主要任务取得了很大成绩，但也引起了一定的争议，一个关键点就在于“双规”措施的合法性。[①] 这是“长期想解决而没有解决的法治难题”。国家监察体制改革提供了解决反腐败过程中的合法性争议问题的契机，这也是检验法治建设成效的契机。通过组建监察委员会，推进国家监察立法，进一步推动反腐败法治化，正是我们推进全面依法治国，建设社会主义法治国家的直接要求。十九大报告就明确提出，依法赋予监察委员会职责权限和调查手段，用留置取代“两规”措施。改革的重要内容正是制定国家监察法，将以前采用的一些反腐败措施纳入法治轨道，既保障反腐败过程，也更好地衔接司法体制。而且，改革还带来了意想不到的法治效

---

① 张步文：《“双规双指”：相对合理性与适法有限性》，载《河北法学》2005 年第 1 期。

果,那就是通过依规治党实现依法治国的目标,这也表明了党内监督与国家监察是一体两面的关系,通过党内监督实现国家反腐败的任务和目标,扩充了法治的内涵。

法治要求所有权力分支都在宪法法律的轨道内运行。这是现代立宪主义所追求的价值,也是最基本的要求。实际上,国家监察体制改革的目标是明确的,那就是建立起专门的完备的监察制度,形成强有力的反腐败机构。这是针对我国面临的严峻腐败形势作出的政治判断,同时也是法治化、制度化反腐败方式的选择。选择新的制度形式,创造新的制度过程,对于反腐败来说当然是有意义的,但防止国家权力的“合法加害”亦颇为重要。[①] 尽管监察委员会是反腐败机构,却与传统的纪委反腐有很大区别,一个重要表现就是它强化了法治的属性。法治的意义正是在于为权力划定边界、设定程序。对于权力恣意的危险,人类已经有了极为深刻的认识。保障人权是宪法法律的终极目标。反腐败追求的效率价值,不能违反法治原则,亦不能侵犯人权。行使监察权的一些具体措施,尤其是讯问、留置等调查措施,必须符合法治原则,有利于保障人权。

对保护当事人合法权益而言,作为最严厉调查措施的留置受到哪些法律控制,国家监察立法如何协调与刑事诉讼法的关系,具有决定性影响。它的背后是我们如何正确理解刑事正当程序的意义。宪法第37条规定:“中华人民共和国公民的人身自由不受侵犯。任何公民,非经人民检察院批准或者决定或者人民法院决定,并由公安机关执行,不受逮捕。禁止非法拘禁和以其他方法非法剥夺或者限制公民的人身自由,禁止非法搜查公民的身体。”重申此条款对于解决一些争议问题颇有帮助。保障人身自由的原则早在英国1215年大宪章时代就已经确立并逐渐成熟,“八二宪法”在吸取“文革”惨痛教训的基础上作出宪法第三十七条之规定。留置作为一项调查措施,对于反腐败工作来说具有重要意义,但监委行使权力时的便捷与效率追求或可与当事人权利

① 秦前红:《国家监察体制改革宪法设计中的若干问题思考》,载《探索》2017年第6期。

保护相协调。宪法的意义正是在于防止过于强大的公权力恣意行使乃至“作恶”，它要保护每一个人的权利，包括犯罪嫌疑人的基本权利。划定监委的权力边界，必然要回归到宪法，所以国家监察立法需要符合宪法的最低限度要求。

针对《监察法》所规定的监察权力行使过程、方式如何与《刑事诉讼法》相协调衔接，存在较多争议。一些观点认为，监察委员会所调查的职务犯罪是特殊的刑事犯罪，应当符合刑诉法规定或相关精神，所以《监察法》应当是刑诉法的特别法，至少在主要原则方面与刑诉法保持一致性、相当性。这涉及到监察委的权限范围、监察程序以及监察过程中如何取得证据以及证据效力等问题。对此，国家监察立法也做了考虑。一方面，必须明确监察委员会是国家的监察机关，行使监察权，它有着自身的权力逻辑、法定程序和法律依据。另一方面，监察法律体系所确立的程序标准等同样符合法治要求，符合保护当事人合法权益的要求。对此，《监察法》首先就做了原则性规定，包括确立与刑事诉讼同等要求的证据标准、建立非法证据排除规则等。《监察法》第三十三条明确规定：“监察机关依照本法规定收集的物证、书证、证人证言、被调查人供述和辩解、视听资料、电子数据等证据材料，在刑事诉讼中可以作为证据使用。监察机关在收集、固定、审查、运用证据时，应当与刑事审判关于证据的要求和标准相一致。以非法方法收集的证据应当依法予以排除，不得作为案件处置的依据。”第四十条也规定：“监察机关对职务违法和职务犯罪案件，应当进行调查，收集被调查人有无违法犯罪以及情节轻重的证据，查明违法犯罪事实，形成相互印证、完整稳定的证据链。严禁以威胁、引诱、欺骗及其他非法方式收集证据，严禁侮辱、打骂、虐待、体罚或者变相体罚被调查人和涉案人员。”

留置可以说是国家监察体制改革发明的新法律名词，完全不同于《物权法》中所称的内涵。十九大报告提出用留置取代“两规”，表明留置是必要的调查措施，对于案件调查有直接影响，而且留置是限制人身自由的措施。在改革和立法中，留置实现了法定化，也就意味着规范化、程序化。针对《监察法》所规定的留置的条件、场所、期限和方式以及留置期间如何获得法律帮助,在立法过程中存在一些争议。其中,一些观点认为,法律针对讯问被调查人的场所、方式、期限等规定不够明确,需要进一步改进。很多观点认为,用留置取代“双规”是很大的进步,但对留置的规定不能过于宽泛,这不符合现代法治精神。这些观点包括留置场所不能宽泛规定为“特定场所”,而应当设定为看守所或者新建立标准化、规范化的“留置所”;留置方式不应当对被调查人变相施加压力甚至采取逼供措施;留置期限过长等等。有人提出,留置批准权是否应当交由检察院行使,留置期间是否可以考虑准许律师介入或者一定形式的法律帮助手段在不同的时间段介入。这些观点站在保护被调查人基本权利、维护正当程序的角度对相关措施提出要求,值得重视。

《监察法》对此也做了一定的回应,例如第二十二条第三款规定:“留置场所的设置、管理和监督依照国家有关规定执行。”《监察法》对留置的规定十分严格,适用条件包括“被调查人涉嫌贪污贿赂、失职渎职等严重职务违法或者职务犯罪,监察机关已经掌握其部分违法犯罪事实及证据,仍有重要问题需要进一步调查,并有下列情形之一的,经监察机关依法审批,可以将其留置在特定场所:(一)涉及案情重大、复杂的;(二)可能逃跑、自杀的;(三)可能串供或者伪造、隐匿、毁灭证据的;(四)可能有其他妨碍调查行为的。”采取留置措施应当由监察机关领导人员集体研究决定,一般应当报上一级监察机关批准。省级监察机关采取留置措施应当报国家监察委员会备案。而且,留置时间不得超过三个月,在特殊情况下可以延长一次,延长时间不得超过三个月。省级以下监察机关采取留置措施的,延长留置时间应当报上一级监察机关批准。监察机关发现采取留置措施不当的,应当及时解除。对被调查人采取留置措施后,应当在二十四小时以内,通知被留置人员所在单位和家属,但有可能毁灭、伪造证据,干扰证人作证或者串供等有碍调查情形的除外。有碍调查的情形消失后,应当立即通知被留置人员所在单位和家属。监察机关应当保障被留置人员的饮食、休息和安全,提供医疗服务。讯问被留置人员应当合理安排讯问时间和时长,讯问笔录由被讯问人阅看后签名。

《监察法》的这些规定能够有效推动反腐败工作，同时有利于保护当事人的合法权益。全面深化国家监察体制改革还需要继续在如何协调衔接刑诉法与监察法的关系以及如何贯彻宪法精神原则等方面下功夫。必须明确《监察法》是监督所有行使公权力的公职人员的基本法律。《监察法》在职权和程序设计方面保持与刑诉法的相当性，建立与公安机关关于案件管辖范围的协调机制。《监察法》明确规定了监察委员会行使权力必须尊重和保障人权。充分保障所有公民包括犯罪嫌疑人的基本人权是富强民主文明和谐美丽的社会主义现代化强国的鲜明特征，也是法治国家的基本要求。在监察法中明确宣示尊重和保护当事人的合法权益，对于一般民众正确理解监察法的性质、纪监委的定位以及消除对监察过程和措施的误解有很大帮助。它也能够在最大限度上保障监察对象尤其是被调查人和被处置人的合法权益，并一定程度上实现对纪监委的监督。这体现了我国社会取得的进步，也是时代发展的结果。

在实践中，针对讯问和留置两种重要的监察措施，还可以继续明确规定其操作细节。这就要求比照《刑事诉讼法》中公安机关或检察机关讯问犯罪嫌疑人的要求，规定讯问被调查人的场所、方式和期限。在适用留置时禁止采用侵犯或变相侵犯被调查人权利的方式。做好留置期间如何通知近亲属的工作，做好近亲属如何了解当事人情况、案情以及会见的问题。在留置期间，保护被调查人的合法权益，为其提供一定的法律知识帮助。这是深入推进反腐败、实现反腐败的效率目标和保护被调查人合法权益的一种平衡方式。

（三）加强对监察机关和监察工作人员的监督

信任不能代替监督。任何权力都要在制度的笼子里运行，作为重要国家权力的监察权也不例外，专职监察机关也不例外。对此，《监察法》作了明确规定，形成了丰富的立体的针对监察委员会的监督体系。认真贯彻落实《监察法》的有关规定，对于消除对监察委员会的误解、正确认识监察权、有效监督监察委员会和保护广大人民群众的合法权益来说是至关重要的。

第一,接受人大监督。国家监察体制改革丰富了作为国家根本政治制度的人民代表大会制度,监察委员会是重要的国家机构。这是中国特色社会主义民主政治制度的重要内容,是社会主义国家机构体系的鲜明特征。新修改宪法和《监察法》对人大监督做了规定。各级监察委员会由同级人大产生,对其负责,受其监督。人民代表大会制度是坚持党的领导、人民当家作主、依法治国有机统一的根本政治制度安排。各级监察委员会在社会主义民主制度框架之下,接受作为权力机关的同级人大及其常委会的监督,拓宽了人民监督权力的途径,这也有利于社会主义民主政治的制度化、规范化和法治化。必须依法用好人大监督的各种方式,包括听取专项工作报告、组织执法检查、质询和调查等,充分发挥人大监督的作用。

第二,开放民主监督。阳光是最好的防腐剂。十九大报告指出,要加强对权力运行的制约和监督,让人民监督权力,让权力在阳光下运行。《监察法》第五十四条明确规定:“监察机关应当依法公开监察工作信息,接受民主监督、社会监督、舆论监督。”作为行使国家监察职能的专责机关,开放针对监察委员会的民主监督,既有利于确保监察权不滥用、不懈怠、不推诿,也能够增强监察机关和监察人员的工作动力和压力,更好地发挥监督作用。

第三,完善内部监督。在改革过程中,监察机关建立了内部工作分配与衔接机制,形成了相对完备的内部监督体系。一方面,在试点时,一些监察委员会设计了专门的干部监督机构,针对本机关内部机构、人员和工作进行监督,取得了较好效果。另一方面,各级监察委员会建立了案件办理的程序标准,由不同部门、不同人员负责案件不同环节的处理。尤其是将问题线索做了集中统一管理,“前台”“后台”分设,执纪监督、执纪审查、案件审理分开,实现工作分工。严格限制留置等调查措施的批准权,坚决防止权力滥用。一些试点地方对办案过程开展“一案双查”,既复查案件,也查明案件调查人员依纪依法履职的情况。全面深化国家监察体制改革，可以进一步将这些行之有效的做法制度化、规范化、法定化。

第四，做好司法监督。宪法和《监察法》明确规定了监察机关办理职务违法和职务犯罪案件，应当与审判机关、检察机关、执法部门互相配合，互相制约。充分发挥司法监督的作用，明确规定人民检察院在案件审查起诉、人民法院在案件审理过程中应当享有的权力和履行的职责，形成监察委员会调查、检察院起诉、法院审判的分工机制。坚持司法监督真实有效，不走形、不变样。针对移送案件，检察院在审查之后认为需要补充核实的，应当退回监察机关补充调查。根据独立行使检察权的原则，检察院在做出不起诉决定时不必征求监察机关意见。作为法律监督机关，检察院针对监察委办案过程依法进行法律监督。法院必须依法独立行使审判权。各级监察委员会都必须尊重审判机关、检察机关的法定职责及其履职行为。

本章小结

国家监察体制改革是推进全面从严治党向纵深发展的具体体现，是中国特色社会主义民主政治建设的具体体现，也是发展和完善中国特色社会主义制度，实现国家治理体系和治理能力现代化的重大成果。作为健全党和国家监督体系的创制之举，监察委员会的组建、《监察法》的制定实施必将产生巨大的政治影响和深远的历史意义。改革通过强化党对权力的监督，也开辟社会主义国家权力运行新模式。国家监察体制改革还要进一步深化，解决实践中存在的一系列具体问题。这也将促进监察法治发展，推动监察法学进步。

第六章

国家监察体制改革的修宪工程①

本章内容摘要

国家从2016年开始推行监察体制改革。对于这一改革，理论界普遍未曾预料，对相关内容、逻辑也感到陌生，学术研究滞后于政治过程。这属于一种宪制性变革，它推动宪法发展，自身亦受到宪法的控制。增设国家监察机关是重大的宪制性变革，是党所推动的进一步丰富和完善社会主义民主形式尤其是坚持党的领导的重要举措，是中国共产党的宪法工程。重塑监督权的逻辑并非民主，而是来自主权者在场逻辑和公民自由保障。国家监察制度将党内外的监督权力体系化，进一步增强了监督权，形成“行政——监察”二分的国家政治结构。修宪存在显性与隐性两种路径。试点对制度设计的合法性与改革空间产生影响，成为推动政治过程发展的动力。修宪需要达成政治共识，亦需要民意的积累。改革的诸多举措都是围绕着积累民意和凝聚共识展开，其方式是通过政党政治和政府过程。我国宪法属于较为典型的柔性宪法，需要重建对宪制性变革的控制机制。形成完备的修宪工程理论，使宪制性变革受宪法和宪制约束，是中国共产党推进宪法工程所需要的理论框架。

---

① 本章内容曾以《国家监察体制改革的修宪工程——宪制变革的一种控制方式》为题，发表于《开放时代》2018年特刊(2018年1月出版)。收入本书时对发表内容仅做文字表述修改。

引言

坚定不移全面从严治党，健全党和国家权力监督体系，其中重要的举措就是深化国家监察体制改革。理论界一般认为，国家监察体制改革，不是简单的国家机构增设与结构调整，而是宪制结构的一种变革。[①] 如何推动国家监察体制改革？这是不得不回答乃至需要提前回答的问题。针对国家监察机关的制度设计是一项宪法工程。改革带着强烈的政治目标，是政治活动参与者的意志表达，而制度设计需要充分的理论储备、经验提升和动力支持。它们凸显了改革的复杂性、结构性与系统性，这种改革自然不能是无序乃至失序的。国家监察体制改革受到哪些宪法性约束？改革过程如何循宪法和宪制而推动？宪制性变革如何受到宪法的控制？这就需要回溯改革的历程并分析改革的路径，提出有说服力的理论范式。

改革于 2016 年 11 月开始在北京、山西、浙江试点，2017 年开始在全国范围内 31 个省（自治区、直辖市）试点推行。到 2018 年，在已经铺开的改革试点中，省级以下的监察委员会形式初现，揭开了这一机构的面纱。改革试点得到全国人大常委会的授权，但国家机构的变革并非只是实验性的——制度试验的正当性同样依赖宪法工程之规划，试验的意义在于获取经验、动力和试错，它具有推进改革的意义。全国性的机构设置与权力配置的变化就意味着某种形式和某种程度的宪法变迁乃至修改。[②] 改革过程中，有关修宪的认识已经趋于主流，[③]但修宪绝

---

① 秦前红：《困境、改革与出路：从“三驾马车”到国家监察——我国监察体系的宪制思考》，载《中国法律评论》2017 年第 1 期；李忠：《国家监察体制改革与宪法再造》，载《环球法律评论》2017 年第 2 期；韩大元：《论国家监察体制改革中的若干宪法问题》，载《法学评论》2017 年第 3 期。

② 有关宪法修改和宪法变迁之间的关系，理论上有不同的观点。参见秦前红：《宪法变迁论》，武汉大学出版社 2003 年版，第 1—3 页。

③ 秦前红：《监察体制改革的逻辑与方法》，载《环球法律评论》2017 年第 2 期；翟志勇：《监察委员会与“八二宪法”体制的重塑》，载《环球法律评论》2017 年第 2 期；韩大元：《论国家监察体制改革中的若干宪法问题》，载《法学评论》2017 年第 3 期；叶海波：《国家监（转下页）

非单一事务，亦非仓促的局部选择，必须要有全局性思考，这就是修宪工程的任务。所谓修宪工程，不只是对修宪过程和程序进行系统化表述，更是对修宪的动力、内容、过程与结果进行整体性表述，并在其中发现宪法的功能。它不仅是为了因应改革之需要，也是为改革提供更加充分的合法性资源和动力机制，还是一种来自宪法的对改革的控制。

宪法修改是对既有宪法规范的某种形式的变动，从一开始就存在着宪法修改是否成立的争议，①但现代宪法基本接受了修改的必要性与程序性。宪法所面对的最大现实压力在于凝固的智慧也有有限性、不完整性与滞后性，所以修宪成为政治活动参与者的一种重要选择。然而，修宪却非政治意志的恣意表达，而是受到重重限制。施密特认为，"宪法修改"一词很不准确，因为它并非对宪法的修改，而只是涉及宪法法规的修改，真正意义的宪法修改是尊重宪法的宪法修改，不只是包括了尊重宪法修改程序。② 提出并运用修宪工程，正是为了正确理解和有效运用修宪这一工具。修宪工程需要回溯到改革的动力来源、目标设定以及改革过程，揭示政治活动参与者推动民主过程所受到的形式与实质意义上的控制，回答改革如何在宪法控制之下推动宪法发展的问题。

本章结合国家监察体制改革的实践，论述修宪工程的动力、形式与内容，说明建设修宪工程之于我国宪法发展和中国共产党推进宪法工程的理论意义。文章亦综述了此次修宪的准备过程，并预测其效果。本章共分为五部分。第一部分从监督权力的逻辑基础入手，论证国家监察体制改革是中国共产党推动社会主义民主形式的新发展尤其是坚持党的领导的新举措。这是修宪的主要动力。第二部分阐释国家监察体制改革的修宪形态，说明显性修宪的安排，而这个过程正是修宪的准

(接上页)察体制改革的宪法约束》，载《武汉大学学报(哲学社会科学版)》2017 年第 3 期。

① 西耶斯就认为产生于人民制宪权的宪法是不可修改的，他严格区分制宪权与宪定权，而制宪权是绝对的、一次性的。参见[法]西耶斯：《论特权·第三等级是什么?》，冯棠译，商务印书馆 1990 年版，第 56—68 页。

② [德]施密特：《宪法学说》，刘锋译，上海人民出版社 2016 年版，第 147 页，第 149—163 页。

备。第三部分阐释修宪所需要凝聚的共识和积累的民意，这是修宪工程的内容。第四部分重回基本理论，总结修宪工程控制宪制性变革的逻辑结构以及它对理解宪法功能与地位的意义。最后是结论。

一、改革动力：中国共产党推动的宪法工程

增设国家监察机关是一项重大的政治改革。改革目标是明确的，那就是重塑监督权力配置。十九大报告明确提出健全党和国家权力监督体系，国家监察体制改革正是权力监督体系的重要组成部分。习近平在中国共产党十八届中央纪委六次全会上说："要完善监督制度，做好监督体系顶层设计，既加强党的自我监督，又加强对国家机器的监督，要健全国家监察组织架构，形成全面覆盖国家机关及其公务员的国家监察体系。"从理论上看，监督即监察、督促，它的对象一般是行使权力的主体。此次改革正视并直面党组织和党员领导干部行使权力的事实，将党的监督与国家机器的监督结合在一起，是一种新的制度尝试。

（一）监督权的逻辑与功能

与国家权力配置不同的是，监督权独享一套理论体系，其逻辑基础并非民主制。理论界在阐释权力监督时，往往以为它是权力配置的一部分，却忽视了严密的民主宪法结构无法推导出监督权的事实。这是因为从社会契约推导出的宪法以表征和实现民主为使命，安置作为主权者的人民是宪法作为国家根本法的任务。宪法如何安置人民？它建立起一套民主制度和民主机制，通过规范和制度给了人民适当的位置，体现他们的主权者地位，实现他们的民主权利。[①] 质言之，宪法需要建立民主制度，确认民主权利，这也构成现代民主制的逻辑基础。在民主制的逻辑之下，权力的目标是确保民主的同一性，即实现人民自己统治

① 李少文：《宪法工程：一种宪法学方法论》，载《法学评论》2017 年第 1 期。

自己。[1] 既然是人民自己统治自己,何需监督呢? 对行使国家权力的机构和人员进行监督,意味着在上述逻辑体系之外重新架设了"一双眼睛",由这双眼睛监视、督导人民所授权的机构和人员的活动。为什么需要这双眼睛呢? 这双眼睛又是基于何种逻辑呢?

民主制容不下的监督,却可以在君主制的实践中找到类似的制度设计。可以说,监督是君主制之下非常重要的制度逻辑和结构。[2] 君主制的政治原则是君主代表着政治统一体。[3] 和民主制类似,君主制也可以推导出一系列的制度形式。君主制下的御史监察、巡查乃至钦差大臣等,就是作为主权者的君主为了维护自身利益而推行的制度,目的是防范和禁止君主所委托、所任命的那些官僚滥权和腐败。君主对他所建立的官僚体系、对其所任命的官员,并不完全信任。于是,君主希望通过建立监督制度,在国家权力体系之外设置"一双眼睛",作为君主(主权者)的代表、分身或化身,确保主权者的权力(利)。换言之,君主制下的主权者始终在场,监督就是主权者在场逻辑的演化形式。

可见,监督无法嵌入民主制,但可以按照君主制的逻辑寻找理论基础。实际上,民主制之下并非没有对权力的监督,但这种"监督"是与公民的民主权利直接相关的,最典型的形态就是所谓的第四权理论。第四权理论滥觞于保守主义政治家爱德蒙·伯克(Edmund Bruke)将记者称为"第四阶级",致使来源于媒体的监督逐渐形成一种"权力"。[4] 但它却并非是真正的权力,[5]因为舆论监督本身不独立成为权力,监督的力量是回溯到了主权者(人民)。这种监督所实现的价值是什么呢? 从效果上看,在民主制之下,舆论监督正是为了维护人民的自

---

① [德]施密特:《宪法学说》,刘锋译,上海人民出版社 2016 年版,第 295 页。
② 孙笑侠、冯建鹏:《监督,能否与法治兼容——从法治立场来反思监督制度》,载《中国法学》2005 年第 4 期;张晋藩:《中国古代监察思想、制度与法律论纲——历史经验的总结》,载《环球法律评论》2017 年第 2 期。
③ [德]施密特:《宪法学说》,刘锋译,上海人民出版社 2016 年版,第 373 页。
④ 刘建明:《"第四权力说"的历史滑落》,载《现代传播(中国传媒大学学报)》2006 年第 4 期。
⑤ 李少文、秦前红:《论微博问政的规范化》,载《河南社会科学》2011 年第 4 期。

由和利益,它与人民自己的监督无异。它生发于对自由的保护——自然状态下的人结合起来以获得力量所保护的那些自由,这也是民主的共同逻辑起点。自由是政治文明的起点,卢梭在《社会契约论》开篇就说:“人是生而自由的……”在论述社会契约的目标时,他又说:“要寻找出一种结合的形式,使它能以全部共同的力量来卫护和保障每个结合者的人身和财富,并且由于这一结合而使每一个与全体相联合的个人又只不过是服从自己本人,并且仍然像以往一样地自由。”①

简言之,宪法需要实现人民的自我统治,它所建立的民主制度始终围绕着自我统治与自我服从展开,而监督正是通过控制这个宪制体系来保护人民的自由。民主制之下的监督权力配置,借鉴了君主制的主权者始终在场的逻辑,所体现的是自由的价值。它是一种功能性的制度设计。质言之,监督之所以必要,正是因为我们需要防止权力滥用和腐败,防止权力侵害原始意义的公民自由和财产;推至极致,民主制下的监督是为了保护社会契约缔结之前的自由状态,它可以针对所有形式的权力,包括民主机制本身。正是因为监督所立基的是自由逻辑,所以我们可以观察到不同国家和地区存在的各式各样的监督权力形态,它们也逐渐和民主与法治结合起来,形成更为多样的制度类型。

(二)改革加强党的领导

通过厘清监督的理论基础以及民主制之下设置监督权的目标,我们就能更好地把握重塑监督权在宪制结构中的地位和方式。建立监察委员会,对于健全我国的权力监督体制来说,也就有了更为明确的理路和方案。简单地说,它是“八二宪法”所确立的社会主义民主形式的重要内容,反映了权力监督之于坚持中国共产党的领导的重大意义。质言之,国家监察体制改革是加强党的领导的体现,是中国共产党所推动的宪法工程。

---

① [法]卢梭:《社会契约论》,何兆武译,商务印书馆 2003 年版,第 4 页,第 19 页。

现行宪法确立了坚持中国共产党的领导、人民当家作主、依法治国有机统一,党的领导与民主、法治的逻辑共同结合在一起,这是社会主义民主形式的基本结构和特征。目前,对于社会主义民主形式的三个基本元素如何落实以及它们之间的关系如何调适仍缺少共识。坚持党的领导,一个重要方面就是直接回应中国共产党如何确保其持续不断的、全方位覆盖的影响力。对中国共产党来说,在新的环境与形势下面对新的挑战,让党的领导体现一种“在场”的逻辑就尤为重要。

实现对行使权力的全过程、全方位、各方面的监督,是加强党的领导的具体体现。推动国家监察体制改革是中国共产党同时作用于国家治理和党内治理的制度创新。通过设计监察委员会,重塑监督权力并形成体系化结构,能够从内外两个方面发挥作用。一方面,监察委员会将统一党的监督和国家机器的监督,覆盖对党的监督和对国家机器的监督。另一方面,这种制度设计也直接作用于党的内部治理,成为全面从严治党、强化管党治党的新举措。可以说,国家监察体制改革的动力是与坚持党的领导密切联系在一起的,它既带有主权者在场的逻辑色彩,是党的领导的直接体现,也是党通过管党治党推动法治发展的一种形式。

中国共产党是中国特色社会主义事业的领导核心,它既具有政党的人民性和群众性,又通过党组织和党员领导干部行使权力而凸显其具有权力载体的属性。在第五次修改前,宪法正文并没有关于中国共产党的地位和作用的规定,也没有对党政关系设定原则或划定界限,而是在序言中确认了“中国共产党领导中国各族人民”的事实。宪法的这种规定被认为是贯彻了“党政分开”的逻辑,[①]既是在党和政之间设计隔离带,也为党实现其领导地位和作用留下了较大空间。国家监察体制改革则是循着统一监督权力的思路,将党所行使的监督权力和国家

① 丁邦开:《党政分开的法学思考》,载《法学研究》1988 年第 3 期;蔡定剑:《党政分开与加强社会主义民主建设》,载《当代法学》1988 年第 1 期。

机构所行使的监督权力结合起来，将对党组织和党员领导干部的监督与对国家机构及其工作人员的监督结合起来，形成新的监督权力体系。监察委员会何以承担如此重任？正是因为它直接面对并且有效回应了社会主义制度之下的政党政治的逻辑，并在此逻辑之下建立新的制度。[①] 它同时强调中国共产党的领导的意义和党的严密的组织性和纪律性，既实现了监督之于权力行使的意义，又反映了组织性和纪律性之于党的领导的意义，有效回应了党所具有的权力属性的一面。概言之，监察委员会是监督权力与党的领导的"有机统一"，既是党的领导的新形式，又是管党治党的新选择。

二、改革三步曲：试点、立法与修宪

（一）宪法发展的两种形态

作为中国共产党坚持中国特色社会主义民主形式、推动宪法发展的一项重要举措，国家监察体制改革输入了强大的动力，这个过程就是中国共产党对宪法和宪法秩序的一种积极作用。对待宪法和宪法秩序，政治活动参与者从来都不是被动的和静态的，而是在与宪法的互动结构之中展现宪法的功能与效力。[②] 面对宪法的模糊、空白以及不适应政治发展需求的情况，政治活动参与者的"反作用"，让宪法更为充实，这也体现了宪法发展的一种具体方式。

通过改革发展宪法有哪些形态呢？美国学者基思·E. 惠廷顿(Keith E. Whittington)认为，政治活动参与者在宪法之下的行动，从保守到激进，分别有政策制定(policy-making)、解释(interpretation)、建造(construction)、创造(creation)、革命(revolution)。[③] 其中，建造、

---

① 有学者认为，监察委改革或将带来八二宪法体制的重塑。参见翟志勇：《监察委员会与"八二宪法"体制的重塑》，载《环球法律评论》2017 年第 2 期。

② 李少文：《宪法工程：一种宪法学方法论》，载《法学评论》2017 年第 1 期。

③ Keith E. Whittington, *Constitutional Construction: Divided Powers and Constitutional Meaning*, Cambridge: Harvard University Press, 1999, pp. 4 - 5.

创造与革命是三种较为激进的反作用于宪法的方式,都有可能是宪制性变革。建造意味着政治活动参与者在现行宪法之下需要创设新的行为模式和规则,创造意味着改变现行宪法,通过修改宪法来增加新的内容,而革命则意味着推倒重来,以新宪法替代旧宪法。[①]

宪法修改是宪制性变革的一种基本形式,但宪法修改如何展开,却并非没有理论争议。政治活动参与者反向作用于宪法的形式存在着很大不确定性,尤其是通过宪法建造也可以实现宪法的发展,从而在实质意义上实现宪法的修改。这就形成两种形态的宪法修改,一是显性模式,即通过修改宪法文本从而确定宪法的新内容,一是隐性模式,即通过改变宪法文本的实质内涵及其作用形式,确定宪法的新内容。前者可以称为狭义的宪法修改,但后者也能达到修宪的效果。最著名的论证逻辑是布鲁斯·阿克曼(Bruce Ackerman)教授的"非正式修改"理论,他运用"宪法时刻"的概念描述美国历史上的重大宪法发展的例证,但这种理论表达的却并非是类似"解释"或"建造"的意涵,而是一种非正式的宪法"修正"。当然,这种修正需要依赖一定的条件,比如持续的选举的认可,或者法院的认可。[②] 隐性的宪法修改在我国宪法实践中也有体现,一个最近的例证就是设区的市取得了制定地方性法规的权力,超出了宪法文本所进行的配置。[③]

国家监察体制改革亦存在以上两种作用于宪法的路径:如果通过大幅修改宪法文本,直接作用于国家机构条款,尤其是增设相关条款,则是显性修改;如果不修改宪法文本,或者不是大幅修改宪法文本,而是主要通过立法的方式确定监察委员会的主要制度框架和基础,则可以认为是隐性修改。这两种路径皆有可能性,但属于不同的思路,其成本亦有明显差别。在改革过程中,理论界的主流认识是显性的宪法修

---

① Keith E. Whittington, *Constitutional Construction: Divided Powers and Constitutional Meaning*, Cambridge: Harvard University Press, 1999, pp. 4-5.

② Bruce Ackerman, *We the People*, Vol. 1: Foundations, Cambridge: Harvard University Press, 1991, pp. 230-294.

③ 李少文:《地方立法权扩张的合宪性与宪法发展》,载《华东政法大学学报》2016年第2期。

改更为合理,多数学者认为只有大幅修改宪法才能推动改革。[①] 后来的宪法修改选择了显性修改方案,但相对来说,修改幅度又不如前期预想的大,监察制度主要留给了立法来规范。

(二) 试点的宪法意义

本次改革是由中央发起的,却在试点中推进。在讨论修宪之前,有关改革试点已经展开,且颇具成效。制度试点是一种独特的改革方式,正是因为试点是在宪制结构尚未整体变动乃至没有合法性依据、没有改革空间的情况下所进行的一种"越法"尝试。试点需要正确处理合法性与改革空间的问题。三类情形值得关注,一类是具有合法性且预留了空间的改革试点,一类是合法性不足但空间尚存的改革试点,一类是合法性不足且无空间的改革试点。中国宪法学界早年围绕"良性违宪"展开的讨论就是一个例证。"良性违宪"产生了许多争论,亦存在对这些不同类型的论述,[②]至今仍然是中国宪法学诸多理论的思考起点。[③]

国家监察体制改革的试点就面对着这样的问题。严格来说,这种试点属于既无授权又无空间的改革,甚至连全国人大常委会的授权也存在一定的合法性困境。[④] 授权主要是给予权限,它体现了一个允许或不允许的问题,而没有涉及宪制性变革的原则性、框架性以及边界性问题,这些问题恰恰是由现行宪法和宪法秩序所确立的。如果试点触及到更为根本性的问题,则需要有更权威的授权层次。所以,由全国人

---

① 秦前红:《监察体制改革需修宪保障》,载《领导科学》2017 年第 3 期;焦洪昌、叶远涛:《论国家监察体制改革的修宪保障》,载《北京行政学院学报》2017 年第 3 期;叶海波:《国家监察体制改革的宪法约束》,载《武汉大学学报(哲学社会科学版)》2017 年第 3 期。

② 例如沈岿教授对 1988 年深圳市土地出租问题的分析,参见沈岿:《宪法规范层次论——一种解释方法》,载《清华法学》2012 年第 5 期。

③ 例如政治宪法学试图通过论证中国共产党作为主权者的"常在代表",从而表明党的政策和行为的合宪性,回避"良性违宪"的问题。参见陈端洪:《宪法学的知识界碑——一个政治学者和一个宪法学者关于制宪权的对话》,载《开放时代》2010 年第 3 期。又如沈岿教授试图论证宪法规范具有层次,从而运用解释方法回避"良性违宪"的问题。参见沈岿:《宪法规范层次论——一种解释方法》,载《清华法学》2012 年第 5 期。

④ 秦前红:《全国人大常委会授权与全国人大授权之关系探讨——以国家监察委员会为研究对象》,载《中国法律评论》2017 年第 2 期。

大常委会授权改革，实际上隐含着对试点的某种限制，那就是获得授权的试点应该受制于现行宪法和宪法秩序。质言之，试点过程中，现行宪法依然发挥着绝对的控制功能。当然，这种控制并非是严格的规则和程序约束，而是整体意义的原则性和边界性约束。

试点具有很重要的政治意义。一方面，试点是积累经验的过程，是制度实验乃至试错的过程。另一方面，试点也是通过积累经验来增强合法性与改革空间的过程。它让一项相对新颖的制度设计落地并发挥作用，既探索了制度的类型与特点，也能够为制度的发展方向和作用方式提供依据。试点毕竟只是试验性的，等到条件成熟，制度设计就会全面推开。这也体现了我们改革方式的独特性——通过试点来获取制度经验，同时也获得改革的动力。

改革试点契合了一种实验的精神。面对全国的差异情形，试点对于制度设计来说具有一定的“补偿性意义”，即补偿制度设计的经验缺失与差异性不足。我国宪法是鼓励实验的。[①] 有学者提出，中国宪法在本质上是主张“反定型化”的，它鼓励进行某种实验尤其是地方实验，这正是宪法应对中国庞大且复杂的“差序格局”的表现。[②] 国家监察体制改革试点不完全是实验性的，因为这种改革是一种有力且有序地推动，但试点仍能够补充它的意义，为后来的全面推广提供支持。在试点推行之后，新一轮的全面改革必将启动，这就意味着有关立法乃至修宪必须跟上。修宪与立法是为了设计新制度而作，这也符合政治活动参与者发展宪法的一般逻辑。

（三）两种修宪选择

前面已经提到，修宪存在显性和隐性之辩，在改革试点已经深入推进之际，若选择隐性修改，亦非完全不可。有关监察委员会的制度设计已经大致清晰，它所需要消除的宪法障碍也已经明确，[③]最大的困难在

---

① 李少文：《地方立法权扩张的合宪性与宪法发展》，载《华东政法大学学报》2016 年第 2 期。
② 田雷：《“差序格局”、反定型化与未完全理论化合意》，载《中外法学》2012 年第 5 期。
③ 郑磊：《国家监察体制改革的修宪论纲》，载《环球法律评论》2017 年第 2 期。

于如何回应作为国家根本政治制度的人民代表大会制度的内涵的调整。这并非不可修改的内容，因为监察委员会的增设并非从根本上影响人民代表大会制度，反倒是丰富了此一制度。所以，一种成本最小的修宪方式就是对全国人民代表大会和地方各级人民代表大会条款进行修正，配合制定详尽的《监察法》和《监察委员会组织法》。[①] 这种针对宪法的“小修”有利有弊：利在于宪法变动的成本较低，较能保护宪法的安定性，避免破坏其权威性，弊在于国家机构改革的合法性不够充分，宪制机构的基本形式未纳入宪法之中，也就缺少来自宪法的明确激励与约束。

换句话说，隐性修宪只能消除宪法文本上的障碍，显性修宪则可以通过确立新的宪法文本获得更加充分的合法性以及更大的改革空间。设计宪法也是对新设立的机构或者说是需要授予的监督权力的某种边界限制。这就是“大修”宪法的意义——宪法设计监察权、组建监察委员会，明确其职责及其与其他国家机构的关系，划定权力运行方式及其边界。有学者已经提出，修宪的主要内容是在宪法第三章“国家机构”中增设一节，规定国家监察委员会的地位、权力、组成、与其他机构的关系等；在人民代表大会的条款中调整人民代表大会制度的内涵，并规定国家监察委员会的产生方式等。[②]

三、改革共识与民意输入

改革是一个过程，这个过程立足于高度的共识，其实质是民意充分和有效的输入。无论是对改革目标与动力的分析，还是对改革试点以及宪法修改必要性的阐释，都涉及到修宪凝聚共识、吸纳民意的过程。共识是制度性共识，民意是过程中的民意，通过分析修宪的共识和民意，我们能够把握改革内容。

---

① 与之接近的较为典型的例子是当时设计特别行政区的宪法规定和特别行政区制度通过制定《基本法》具体化的方式。

② 郑磊：《国家监察体制改革的修宪论纲》，载《环球法律评论》2017 年第 2 期。

(一) 改革凝聚的共识

前面提到,古代的监察权是与君主主权紧密结合在一起的,而且对象主要就是主权以下的行政权力。[①] 它随着政治文明的进步而不断发生变化,表现为两种趋势,即监督是确保主权者地位与自由的直接结果,以及对行政权力进行监督的强大需求。前者主要是理论逻辑的推演,后者则生发于现实需要,在很大程度上关系着修宪的认受性程度。

权力制约和权力监督之间存在本质差别,理论界对此做了很多研究。[②] 简单来说,制约是权力区分行使所形成的,监督是外部力量的督察;制约是双向的,监督是非对称性的;制约是自生性的,监督是功能性的。从根本上说,民主宪法采用分权原理配置权力,分权必然带来权力之间的相互制约,它是权力配置的一种后果或者目标。孟德斯鸠说:"从事物的性质来说,要防止滥用权力,就必须以权力约束权力,形成一种能联合各种权力的政体,其各种权力既调节配合,又相互制约。"[③]麦迪逊在阐释美国联邦宪法确立的分权与制约时说:"这样来设计政府的内部结构,使其某些组成部分可以由于相互关系成为各守本分的手段。""防止把某些权力逐渐集中于同一个部门的最可靠办法,就是给予各部门的主管人抵制其他部门侵犯的必要法定手段和个人的主动。……野心必须用野心来对抗。"[④]监督并非类似的逻辑结构,它是权力配置之外的功能性假设,通过一种外部制度设计来达到控制权力

---

① 张国安:《论中国古代监察制度及其现代借鉴》,载《法学评论》2009 年第 2 期;张晋藩:《中国古代监察思想、制度与法律论纲——历史经验的总结》,载《环球法律评论》2017 年第 2 期。

② 有关讨论可参见孙笑侠、冯建鹏:《监督,能否与法治兼容——从法治立场来反思监督制度》,载《中国法学》2005 年第 4 期;葛洪义:《"监督"与"制约"不能混同——兼论司法权的监督与制约的不同意义》,载《法学》2007 年第 10 期;陈国权、周鲁耀:《制约与监督:两种不同的权力逻辑》,载《浙江大学学报(人文社会科学版)》2013 年第 6 期。

③ [法]孟德斯鸠:《论法的精神》(上册),张雁深译,商务印书馆 1982 年版,第 154 页。

④ [美]汉密尔顿、杰伊、麦迪逊:《联邦党人文集》,程逢如等译,商务印书馆 1980 年版,第 263 页,第 264 页。

的目标。传统宪法学教科书将权力监督作为我国宪法的基本原则，认为它是西方权力制约思想在社会主义国家宪法中的具体化。[①] 这种认识在一定程度上反映了监督逻辑的差异性，却未能充分把握权力监督的功能与意义。

现在常说的监督实际上包含了不同的形式与类型，既包括来自代议机关的监督，也包括了行政机关内部的监督，它们立足于不同的逻辑。国家监察机关所行使的监督权，是从不同层次和类型的监督中所剥离的权力，并基于与党的纪律检查机关合署办公，所以覆盖了党的监督和传统的行政性质监督（包括行政监察、检察机关所进行的监督），形成一种独立的外部监督权。监察委员会的监督并不会取代形式意义上的人大监督、行政机关层级监督、司法监督以及人民监督。改革通过加强监察权的功能性制度设计，来发挥积极作用。这种设计是经验与理性的，而非逻辑的。由于在我国的政治和社会生活中，行政性权力占据十分重要的地位，监察委员会（纪检监察机关）集中行使监督权，就会在实质上形成“行政——监察”两分的主导结构。

从内容上看，对我国政治和社会发展产生主要影响的权力类型多带有行政性色彩，而行政性权力又以集中化、层级化、效率性和专业性为主要特征。而且，各级党组织所行使的权力也在一定程度上体现了行政性色彩。行政权力在我国的政治结构发挥着主导性作用，这是社会主义民主形式的自然结果，一方面是因为人民当家作主主要通过人民代表大会制度来实现，人民代表大会产生政府行使权力，另一方面也是因为中国共产党的领导需要通过行政权力的运行来实现其目标。在社会主义民主形式之下，对行政权力有着强大的监督需求，这就是集中监督权力的现实必要性。针对当下严峻的反腐败形势，强化外部监督权能够发挥更为积极的效果，从而有利于实现控制权力的目标——“把权力关进制度的笼子里”。

---

① 周叶中主编：《宪法》，高等教育出版社、北京大学出版社 2000 年版，第 105 页。

(二)改革输入的民意

修宪是高度共识基础上的民意表达。输入的民意是对国家监察委员会的制度想象,也是对未来宪法和宪制结构的整体认知。而民意输入的方式和过程却是分散的。政治活动参与者一方面有意识地通过民主制度和民主方式积累民意,另一方面也通过改革试点、制定《监察法》等方式扩张改革的合法性基础和空间。

设计国家监察制度是中国共产党十八届六中全会提出的重要战略部署,是党的重要政策表述和意志表达。在十八届六中全会之后,中共中央办公厅印发了《关于在北京市、山西省、浙江省开展国家监察体制改革试点方案》,它是政策的最好说明。试点方案强调国家监察体制改革"是事关全局的重大政治改革,是国家监察制度的顶层设计"。并且,这一方案指出"深化国家监察体制改革的目标,是建立党统一领导下的国家反腐败工作机构。……整合反腐败资源力量,扩大监察范围,丰富监察手段。"此机构建立之后,将会实现行使公权力的公职人员监察全面覆盖,形成一种"不敢腐、不能腐、不想腐的有效机制"。作为中国特色社会主义事业的领导核心,中国共产党的政策具有强烈的民意基础,经由党的中央委员会全体会议所做的决策,是政党政治的结果。它首先反映了党的意志,同时也体现了这一政策所具有的强烈指导性意义,势必得到有效贯彻。

前面已经提到的改革试点也在民意输入方面发挥了重要作用。试点由全国人大常委会授权,在三省市铺开深度的改革措施,实际上是动员了政府过程。这是在没有全局性改革的情况下,政治活动参与者通过全国人大常委会参与的制度试验。改革试点既有利于获得经验,也有利于获取动力;经验是试点的首要目标,而动力既包括合法性补足,也包括认受性的增加。由三省市先行试点的意义不容小觑,它对于补偿当时监督权配置的认识不足、合法性不足以及空间不足有着重要的作用,这种作用最后就体现为对全面改革的民意支持。

有关《监察法》的讨论同样也有利于吸纳民意。改革试点启动之后就开始讨论其法律地位的问题。[①] 可以说，《监察法》是整个制度设计的关键。如果制定了相对完备的《监察法》，明确监察机关的性质、定位和运作机制，那么制度的整体面貌就将确定。将《监察法》的制定置于宪法修改之前，既是修宪具体方式的探索，也是通过立法的讨论来增加制度的想象力，而这种想象力恰恰就是民意的输入方式。

总的来说，修宪过程基于一系列的制度讨论、反思与推动来搜集民意，并且集中表达民意。这是一种结合了政党政治与政府过程的民意输入方式，尤其是它纳入了全国人大常委会的授权改革试点与地方推动改革的实践以及全国人大及其常委会讨论制定相关立法的过程，彰显了本次修宪的独特性。换句话说，修宪不仅仅是政党政治运作的过程，也是通过了某种形式的政府过程，两者共同作用于修宪的民意输入。

四、修宪工程是关于改革的宪法技艺

修宪存在难易之辩，这也形成有关柔性宪法与刚性宪法的分类。[②] 实际上，刚性宪法和柔性宪法作为宪法类型的基本划分方式，不仅是因为修宪涉及到的程序的繁复性，更在于通过修宪之难易所揭示的宪法效力情形。所谓柔性宪法，是指创制宪法的形式和程序与一般的普通法律无异，由此产生的宪法在法律效力上与普通的法律的效力是一样的。柔性宪法最初是用来指称英国这样的不成文宪法，[③]但随着这个概念的推广，柔性宪法也成为效力层次较低或落实情况较差的宪法的类型指称。若仅从文本上看，我国宪法当属刚性宪法，但若从效力特点上看，我国宪法就属于较为典型的柔性宪法。在柔性宪法之下，修宪程序似乎就没有什么特殊意义。然而，之所以要对宪法修改加以

① 马怀德：《〈国家监察法〉的立法思路与立法重点》，载《环球法律评论》2017 年第 2 期；姜明安：《国家监察法立法的若干问题探讨》，载《法学杂志》2017 年第 3 期。

② 周叶中主编：《宪法》，高等教育出版社、北京大学出版社 2000 年版，第 47 页。

③ James Bryce, Flexible and Rigid Constitution, in James Bryce, *Studies in History and Jurisprudence*, Oxford: Clarendon Press, 1901, pp. 124 - 213.

限制，确保宪法的刚性，在很大程度上正是因为宪法的根本性与最高性。所以，在"柔性宪法"之下也要有体现宪法根本法的地位和功能的制度方式，本章力图证成的修宪工程就是为此所做的努力。

更进一步地说，修宪看似是一种程序机制，却是对宪制结构的一种"反叛"。这种看似矛盾的情况，正好反映了发展修宪工程的意义——通过既有宪制结构约束对宪制的"反叛"。修宪工程试图约束的正是政治活动参与者发展宪法的行为，它通过一系列制度化和非制度化的方式，为政治活动参与者的行为提供规则和程序的指引，也提供了激励和约束。它有利于重建修宪自身的正当性。[①] 修宪从来都不是最后的程序性措施，更是一个完整的政治过程，这个过程输入了政治活动参与者的意志，也输入了宪法和既有宪制结构的功能(效力)。实际上，宪法所预留的变革空间是极为狭窄的。然而，宪法发展不仅是制度的自然生长，更是外在力量的介入。修宪工程所针对的首先就是这种主动作用。

设计一个完备的修宪工程来控制监察体制改革，将新设计的机构——监察委员会有效融入宪法秩序之中，将快速形成新的宪制结构并发挥其作用，这也是改革的应然之义。现行宪法没有规定专门的监督权，但现实政治中却有着多种形式的权力监督方式，最典型的当属来自党的纪律监督。长期以来，这种监督权都在宪法之外运行，将其纳入法治轨道正是改革的目标。设置国家监察委员会，重塑宪法中的监督权，能够强化监督权的地位，明确其功能与界限，并且有效地将党的纪律监督与国家权力配置结合在一起，实现监督权的体系化。它吸收了主权者在场的逻辑，借鉴君主制的优点，并与现代宪法结合，有效保护公民的自由和权利，形成复合逻辑的宪制结构。如此重大的宪制变革经由严密的宪法制度设计，使之符合宪法的目标，并发挥宪法的功能与效力，这就是修宪工程的意义。

宪法是国家的根本法，体现并实现宪法作为国家根本法的地位和功能就是宪法秩序的建立。建立宪法秩序的过程，仰赖宪法发挥其民

---

① 李琦：《转型中国的修宪困境与政治正当性》，载《法商研究》2006 年第 4 期。

主逻辑和法治逻辑的双重作用，既通过设计出来的民主制度和民主权利组织政府，发挥宪制结构的民主功能，亦通过制度规范约束政治活动参与者及其行为，控制政治过程。所以宪法的功能体现在多个层次，它从来都不只是需要演绎推理的规范体系，也是一个“统治文件”（governing document）。[①] 宪法发挥其治国理政的功能，通过设计民主制度塑成国家，亦通过宪法控制民主过程，后者自然包括控制政治活动参与者激进地变革宪法和宪制结构的行为。所以修宪从来都不是脱离宪法秩序的活动，而恰恰是在宪法控制之下的活动。证成修宪工程，就是证成宪法对宪制变革的控制力，证成宪法对民主的全面控制。

本章小结

本章力图证成修宪工程作为控制宪制性变革的方式的意义，通过国家监察体制改革说明修宪工程的内容与功能。宪制性变革是政治活动参与者的意志表达，修宪不只是一种程序性表述，也是宪法和宪制控制之下的政治过程。关于国家监察体制改革的修宪工程，既是推动改革的有力举措，也是发挥宪法功能的方式。国家监察制度吸收了君主制和公民自由的逻辑，形成“行政——监察”两分的主导结构，作为一种功能性制度设计发挥作用。它对于维护党的领导、人民当家作主、依法治国有机统一具有积极意义，尤其是有利于加强党的领导，是中国共产党的宪法工程。修宪工程以塑造新的宪制结构为重点，也有利于增强制度的正当性和认受性，亦指引改革的方向与动力。形成完备的修宪工程理论，正是宪制变革所需要的理论框架，因为它有利于正确阐释我国宪法和宪制结构，也有利于为新的制度设计补充足够的改革资源与空间。中国共产党推动宪法工程是宪制性变革的重要动力，它所受到的控制也反映了我国运行中的宪法。

---

① Keith E. Whittington, *Constitutional Construction: Divided Powers and Constitutional Meaning*, Cambridge: Harvard University Press, 1999, p. 1.

第七章

国家监察体制改革的宪法控制[①]

本章内容摘要

国家监察体制改革直接针对宪法结构，需要贯彻宪法某种程度的控制力。这种控制源于宪法保留原理和宪法的本质功能，也是“重大改革于法有据”这一党的执政思想的贯彻落实。我国监察体制改革具有鲜明的宪法特征，新建立的监察制度输入了立宪价值并重塑了国家机构和权力运行体系。宪法对此进行结构性控制，既为改革提供约束机制，又受制于改革塑造的新秩序。监察体制改革过程展现了宪法保留的控制力，同时改革自身也具有一定的正当化功能。在这种控制模式之下，宪法呈现了一定程度的收缩特征。对政治体制改革中的宪法收缩需要客观评判，适度收缩对于革新和重塑宪法秩序具有积极意义，但过度收缩亦非社会主义民主政治的目标。必要的宪法控制能够维护一系列改革底线，包括宪法权威、宪法原则和立宪价值，特别是有助于坚持党的领导、人民当家作主、依法治国有机统一。

---

① 本章内容曾以《国家监察体制改革的宪法控制》为题，发表于《当代法学》2019年第3期。收入本书时仅对部分文字表述做了调整。

作为事关全局的重大政治体制改革，国家监察体制改革对于发展和完善中国特色社会主义民主政治十分关键。确保改革的正当性与合法性，是改革成功的基本条件，也是“凡属重大改革都要于法有据”这一党的执政思想的题中之意。尤其是国家监察体制改革直接针对既有的宪法结构，创设了新的国家权力、国家机构和规范体系，体现了改革推动者的鲜明政治目标，它关涉宪法作为根本法如何塑造政治秩序。由此产生的宪法争议指向了改革理据、改革过程以及制度安排等。[①] 这就有必要在理论层面深刻剖析宪法与改革的关系，在实践层面客观描述改革过程及其宪法控制的实际效果。本章所欲解决的核心问题就在于改革触及宪法保留事项时，如何贯彻宪法的控制力？它体现了宪法之下的政治体制改革的哪些特征与规律？

一、宪法视野下的改革与法治

政治体制改革可能涉及根本性宪法结构的变动，因此，建立并遵循宪法与改革之间恰当的关系模型，将直接决定国家宪法秩序的稳定性与改革的成功率。国家监察体制改革“于法有据”如何落实，它与改革受到的宪法控制直接相关。对此，我们首先需要在理论层面展开分析。

（一）宪法保留的原理

首先要讨论的问题是，国家监察体制改革究竟涉及宪法中哪一层次的制度变革？这就要分析监察体制改革的关键内容——“健全党和国家监督体系”，改革重新配置了单独行使的监督权，它与宪法的基本功能直接相关，因为“宪法首先是关于国家和权力组织的规则”。[②] 监

---

① 有关讨论参见秦前红：《中国政治体制改革“试点”模式需解决好四大问题》，载《中国法律评论》2017 年第 4 期；童之伟：《国家监察立法预案仍须着力完善》，载《政治与法律》2017 年第 10 期。

② [英]惠尔：《现代宪法》，翟小波译，法律出版社 2006 年版，第 1 页。

督权的重新配置直接针对宪法结构，属于理论上所谓的“宪法保留”事项，[①]改革已经触及到根本性的宪法体制。

何为宪法保留？简单地说，就是指有些内容只能由宪法加以规定，甚至宪法不能授权议会决定，变更其内容亦需要通过修改宪法完成。宪法保留原则在德国法上有所展现，我国台湾地区学者则进一步予以阐释，当然，宪法保留原则也存在不同的概念界定。[②] 我国台湾地区1997年“司法院大法官会议”释字第443号解释中说：“关于人民身体之自由，‘宪法’第八条规定即较为详尽，其中内容属于‘宪法’保留之事项者，纵令立法机关，亦不得制定法律加以限制。”宪法保留借鉴了法律保留的理论，表达的正是有些内容为宪法所独享——实际上是限制议会立法乃至修宪的权力，而它发挥作用的领域之一正是控制重大的国家制度变革。

宪法保留的功能首先在于宣示宪法对保留事项的绝对控制力。一方面，这是基于问题本身的重要性，在结成社会契约时就已经意识到这些内容必须由根本法来规定，它们直接关系宪法秩序的稳定性。质言之，宪法保留必然关系到宪法的根基——“元内容”“契约条款”，即有关社会契约之缔结的基础性内容。另一方面，这也是基于宪法的功能，宪法保留进一步突出了宪法在政治社会中的根本法地位，是宪法而非一般立法在决定国家的政治秩序。

一般而言，宪法保留的事项是极为有限的，它通常与政治体制以及公民的核心基本权利紧密相关。其中最主要的当然是根本性的政治制度——人民所选择的民主形式，这是立宪的根基。直接体现民主形式的政治制度必须宪法保留，其理论基础是宪法作为国家根本法的属性及其衍生出来的制度内容。实际上，对于宪法保留能否成立最初是存有疑问的，但随着魏玛宪法的失败——纳粹通过议会立法架空宪法的

① 张峰振：《论宪法保留》，载《政法论坛》2018年第4期。
② 张峰振：《论宪法保留》，载《政法论坛》2018年第4期。

举动，人民开始重视宪法保留的意义。[①] 宪法中关于民主形式的基础性、原则性规定通常不能由立法修改，甚至宪法规定本身也不能被修改。在德国，基本法所确立的“自由民主秩序”属于不可修改内容；[②]在美国，联邦主义亦属于保留条款甚至是不可修改条款。[③] 在我国，人民代表大会制度作为根本政治制度，自然是不可动摇的宪法根基，变更其内涵只能通过修宪完成，应当属于宪法保留事项。新建立的监察委员会及其监察制度，直接影响着政治体制的基本面貌，属于权力配置的根本性变革。这一重大政治事务当然是宪法保留的内容。

（二）“重大改革于法有据”的方案

我国引入宪法保留理论是较为迟滞的，这突出表现在改革与宪法的关系上。改革开放 40 年来，国家重大政治体制和经济体制改革不断呈现，围绕一些改革现象也出现了宪法性争议。包括《立法法》制定、乡镇长直选、地方立法权扩容在内的改革针对国家重要制度，触及宪法保留问题，但宪法的回应却不够充分，理论界对此进行了很多讨论。[④] 中国共产党十八届四中全会提出“重大改革于法有据”，表明了党对改革与法治关系的重要态度，改革特别是重大的政治体制改革必须重视处理与宪法法律的关系。这里的“法”和“据”皆是宽泛意义的，[⑤]当然不是说改革必须一一对应着授权的法律条款，或者皆需要制定法，而是指它必须回答改革的正当性来源和合法性渠道。这就为确立宪法保留的观念提供了政治空间。

---

① 陈慈阳：《宪法学》，台湾元照出版公司 2005 年版，第 141—142 页。

② ［德］黑塞：《联邦德国宪法纲要》，李辉译，商务印书馆 2007 年版，第 531 页。

③ 美国《联邦宪法》第四条第三款规定：“国会有权处置并制定合众国领土或其它财产的一切必要法章和条例；对本宪法条文，不得作有损于合众国或任何特定州的任何权利的解释。”第五条规定：“任何一州，未经其同意，不得被剥夺它在参议院中的平等投票权。”

④ 理论界提出过良性违宪、改革宪法、宪法变通等理论，反映了这个问题的复杂性。参见郝铁川：《论良性违宪》，《法学研究》1996 年第 4 期；夏勇：《中国宪法改革的几个基本理论问题》，《中国社会科学》2003 年第 2 期。

⑤ 陈金钊：《对“重大改革都要于法有据”之“法”的理解》，载《中共浙江省委党校学报》2015 第 3 期。

实际上,“重大改革于法有据”的要求运用于宪法保留事项改革,能够体现社会主义国家推进政治体制改革的全面考虑,这也是我们处理改革与法治关系的进步。改革是否充分体现宪法的控制力,影响着改革的正当性与权威性,[①]从而也影响它所塑造的宪法秩序。符合宪法要求的改革能够从宪法之中汲取资源,而“超越”宪法的改革必须更为慎重,违宪的改革则必然引起争议。问题在于,针对宪法保留事项究竟采取何种改革方案,既确保改革顺利推进,又能够汲取现行宪法秩序的正当性、合法性与权威性资源。这是国家监察体制改革理论分析的最复杂部分,因为宪法逻辑是否容忍针对权力配置的此种调整,改革者如何在制度中输入宪法价值,改革方式和过程如何体现民主原则以及宪法守护者采取何种宪法理念,皆是决定改革特征的因素。若以“于法有据”作为评判标准,那就是改革过程以及最后的制度有没有很好地处理宪法保留的问题,宪法的控制力是如何贯彻的。

二、国家监察体制改革的宪法工程

国家监察体制改革目前已取得重大进展,主要表现在宪法修正案明确规定了监察委员会的有关内容,《监察法》颁布施行,各级监察委员会建立并有效运行,监察制度业已成为我国的重要政治制度。回顾国家监察体制改革的过程,试点、立法与修宪是改革的三步曲。在这个过程中,修宪涉及的条款有限却至关重要,监察制度的主要内容由立法者创制,而试点阶段实际上已经将监察制度的基本架构提前展示并使之基本定型,它们共同构成改革之宪法工程的内容。总之,一个完备的宪法工程不只是对修宪内容进行系统化表述,更是对新制度的构动力、内容、过程与结果进行整体性表述,并在其中反映宪法的控制。

---

① 刘作翔:《论重大改革于法有据:改革与法治的良性互动——以相关数据和案例为切入点》,载《东方法学》2018年第1期。

（一）改革过程体现的宪法元素

第一，本次改革的突出特点是采取了先行试点的改革方案。三省市先行试点，形成了“可复制可推广的经验”，后运用于全国各省市的试点。试点改革可谓是具有中国特色的政治体制改革方案，它在宪制结构尚未整体变动乃至没有合法性依据、尚存重大争议的情况下进行，所以授权就尤为重要。全国人大常委会做出了两次授权试点决定，意图当然是为改革提供依据。但有学者认为它仍然存在一定的合法性困境，[①]主要是考虑到改革内容涉及到国家机构的增设和基本法律（如《刑事诉讼法》等）的适用范围调整，这些问题有宪法保留的色彩，所以由全国人大而非全国人大常委会进行授权更为恰当。

第二，立法过程先于修宪过程。尽管在2018年3月召开的十三届全国人大一次会议上，宪法修正案的审议表决先于《监察法（草案）》的审议表决，但在改革过程中，制定一部监察法的方案就一直在推进。这主要是由我国的立法体制所决定的——全国人大的会期较短，而立法草案审议主要由全国人大常委会完成。国家监察立法是改革的具体要求，也是改革成果之体现。尽管如何立法是从改革伊始就开始深入讨论的问题，但《监察法》的制定过程却存在合宪性争议，这既有改革内容争议，亦有改革程序争议。例如，关于谁主导立法的问题，后来指出是全国人大和中国共产党纪律检查委员会同时发挥了作用并且是以后者为主，“监察法立法工作由中共中央纪律检查委员会牵头抓总”。[②] 这就与通常所说的“人大主导立法”的观念产生了一定龃龉。

第三，关于监察委员会的宪法条款一定程度上反映了理论共识。

---

① 秦前红：《全国人大常委会授权与全国人大授权之关系探讨——以国家监察委员会为研究对象》，载《中国法律评论》2017年第2期。

② 李建国：《关于〈中华人民共和国监察法（草案）〉的说明——2018年3月13日在第十三届全国人民代表大会第一次会议上》，载《人民日报》2018年3月14日第005版。

在改革推动者和学者的共同努力之下，[①]宪法及时做了修改，并且最后是在宪法中增设了“监察委员会”一节。改革需要消除宪法“障碍”，[②]但大幅修宪乃至高频率修宪，却意味着对宪法权威性的冲击。持平而论，对宪法进行中修的方案的确较为得当，这也是学者的主张。[③] 宪法修改说明了政治体制改革的复杂性，牵一发而动全身。然而，争议并未消除，核心争议即宪法是否需要载明关于监察制度的更多基本内容，它涉及下文将讨论的争议性问题。

（二）改革中的价值冲突与妥协

制度设计应当是立宪价值约束下的选择。宪法的基本价值需要输入到政治体制改革过程，但改革创立的新制度的价值如何嵌入宪法并形成新的宪法秩序，则面对着一些挑战。这就关系到制度正当性的问题。它体现在监察制度设计的如下两个问题之中：

第一，监察制度如何体现形式法治原则？反腐败工作以效率和成果作为评价标准，即快速查清“案件事实”，[④]但它要有法律依据并经过法定程序。所以，国家监察体制改革在推进反腐败工作任务之外，还需要让制度充分体现法治精神。问题在于反腐败工作的效率原则与法治所要求的分权制约、正当程序和人权保障等诸价值如何平衡。让反腐败工作遵循法治原则，这是宪法的任务，也是监察体制法治化的要求。尽管制定了相关立法，但争议依然存在，监察制度体现法治理念的程度是关键问题，尤其是法治所要求的权力制约原则。监察权由作为专责机关的监察委员会集中行使，虽然体现了效率原则，但来自于其他国家

---

① 主张修宪的论述有很多，可参见郑磊：《国家监察体制改革的修宪论纲》，载《环球法律评论》2017 年第 2 期；焦洪昌、叶远涛：《论国家监察体制改革的修宪保障》，载《北京行政学院学报》2017 年第 3 期；叶海波：《国家监察体制改革的宪法约束》，载《武汉大学学报（哲学社会科学版）》2017 年第 3 期；马岭：《政体变化与宪法修改：监察委员会入宪之讨论》，载《中国法律评论》2017 年第 4 期；胡锦光：《论国家监察体制改革语境下的宪法修改》，载《北京行政学院学报》2017 年第 5 期等。

② 郑磊：《国家监察体制改革的修宪论纲》，载《环球法律评论》2017 年第 2 期。

③ 秦前红：《国家监察体制改革宪法设计中的若干问题思考》，载《探索》2017 年第 6 期。

④ 张建伟：《法律正当程序视野下的新监察制度》，载《环球法律评论》2017 年第 2 期。

机关的权力制约机制难以切实有效发挥作用，导致监察制度具有权力和程序集中的特点。

第二，监察制度如何输入人权保护原则？不言而喻，宪法是人权保护法。《宪法》第三十三条规定了国家尊重和保障人权，第三十七条、第三十九条、第四十条分别规定了公民的人身自由、住宅、通讯自由和通讯秘密受宪法保护，基本权利条款均应体现于监察制度设计之中。相对人的合法权益如何有效保障是改革的重大问题，既包括监察措施与程序是否符合宪法法律精神，也包括当事人的对抗性权利和救济性权利设计是否充分合理。它们是改革过程中争议比较大的问题。其中，留置措施的法律属性以及受到何种程度的法律限制，至今依然争议不断，成为合宪性反思的一大难题。因为职务犯罪颇有不同，调查过程或许可以以公职人员克减乃至放弃部分权利为理由，但人身自由的限制应当更为审慎。① 留置措施是否受到刑事诉讼法控制，或者说国家监察立法如何协调与刑事诉讼法的关系，具有决定性影响。它的背后是我们要如何理解广义的“刑事正当程序”。② 保障人身自由的原则早在英国 1215 年大宪章时代就已经确立并成熟，我国“八二宪法”在吸取“文革”教训的基础上确立了第三十七条关于“人身自由不受侵犯”的规定。③ 重申此条款对于解决当下的一些争议问题具有重要的指引作用，它亦可以应用于约束已经形成的监察权。这是因为，调查虽不是侦查，但亦是一种执法行为和现象，当然也要受制于宪法和法律。宪法的意义正是在于防止强大的公权力恣意行使乃至合法加害，它要保护每一个人的权利，包括被调查人的基本权利。所以，不断强调当事人合法权益保障仍是改革深化过程中的重要任务。

---

① 张翔、赖伟能：《基本权利作为国家权力配置的消极规范——以监察制度改革试点中的留置措施为例》，载《法律科学》2017 年第 6 期。

② “刑事正当程序”是美国法上的重要概念，主要是指宪法上的正当程序条款应用于刑事领域所形成的人权保护机制。参见丁玮：《宪政视野下的刑事正当程序——美国宪法与刑事诉讼法关系的实证分析》，载《吉林大学社会科学学报》2009 年第 6 期。

③ 李海文、王燕玲：《彭真与现行宪法的制定——许崇德教授访谈录》，载《百年潮》2001 年第 12 期。

（三）改革建立新的制度结构

国家监察体制改革创建了监察委员会和新的监察制度，这就涉及到它们如何嵌入现有的国家机构以及权力运行体系。它关系到制度结构合理性的问题。

其一，各级监察委员会因其实质性的“党”与“政”合署办公模式，呈现了权力运行的新特点。尽管这种形式并不新鲜，[①]但其深入程度依然引人注目。这属于一种“党政合体”的结构，党内监督仍属于党的自我监督，国家监察则属于对国家机构的外部监督，两者一体化形成了对全体党员和所有行使公权力的公职人员的全覆盖。合署办公既是人员、机构的合体，也是权责的合体，它打破了长期以来的国家机构和党的机构原则性分开的局面。事实上，“八二宪法”对这个问题本身就是讳莫如深的。有学者指出，“八二宪法”的核心是“党的领导、人民当家作主与依法治国的有机统一”，但此原则尚未法权化。[②] 本次改革就是此种宪法体制的一种发展。不过，这只是实然的宪法，文本上却看不出来。笔者认为监察体制改革此种设计的本意并非是要给党与政的关系一个明确说法，但它客观上强化了党的全面领导，这是改革的政治目标之一。

其二，改革推动作为我国根本政治制度的人民代表大会制度的内涵调整。主流观点认为，监察委员会发展和完善了我国的人民代表大会制度。从国家机关之间的关系上看，监察委员会是国家机构，由人民代表大会产生，对其负责并受其监督。这是人民代表大会制度的基本内容。然而，改革的制度设计在理论和实践上皆呈现了一定争议。第一个问题是，由人大产生的监察委能否反向监督人大？监督人大机关工作人员没有争议，[③]问题在于能否监督人民代表。[④] 这就要区分不同

① 党的机关与国家机关实行合署办公一直都有，在国家监察体制改革之前就有作为国务院组成部门的监察部与中纪委实行合署办公。

② 翟志勇：《监察委员会与“八二宪法”体制的重塑》，载《环球法律评论》2017 年第 2 期。

③ 秦前红：《国家监察体制改革宪法设计中的若干问题思考》，载《探索》2017 年第 6 期。

④ 有人就认为人大代表是《监察法》确定的监察对象。参见郭文涛：《监察委员会监察人大代表的理解与论证》，载《西南政法大学学报》2018 年第 4 期。

情况，对这一问题似乎仍未有定论。人民代表在行使“公权力”时的违法犯罪行为，比如在选举过程中贿选或者串通破坏选举等，或可纳入监督范围。但人民代表表达意志的合法行为，比如投票表决、发言或其他履职行为，则不能受到监察委员会的监督。① 由于代表皆是兼职的，所以这些代表一般也会基于其本职工作而接受监督。对于那些无法基于本职工作受到监督的代表，尽管不是多数，亦不可因为其纯粹的履职行为就纳入监督范围。由此也就实现了只对人员而不对机构的监督——如何区分这两种情况是一个很关键的问题，也是涉及到人民代表大会制度内涵的原则性问题。另一个问题是，由人大产生的监察委员会是否需要向人大报告工作？对此理论界曾产生较大争议，②但最后的安排应当是监察委员会不需要报告工作，2019 年召开的十三届全国人大二次会议上就没有这一议程。在讨论这个问题的时候，往往只考虑到通过报告工作的形式实现人大对监察委员会的监督，但正如前文所述，监察委员会还掌握着反向监督人大代表的主动权。监察机关向人大报告工作并接受人大代表审议表决，就会加剧这种紧张关系。这就让报告工作本身成为“困局”，因为两个机构的对抗显然不符合制度设计的目标。③ 由此一来，人民代表大会制度的内容亦有一些变化，那就是并非由其产生的行使权力的国家机构皆有报告工作的义务。

三、宪法的结构性控制与改革自身的正当化价值

（一）宪法结构性控制及其前提

国家监察体制改革并没有从修宪开始，而是在全国人大常委会支

① 秦前红：《国家监察体制改革宪法设计中的若干问题思考》，载《探索》2017 年第 6 期。

② 秦前红：《我国监察机关的宪法定位——以国家机关相互间的关系为中心》，载《中外法学》2018 年第 3 期。

③ 莫纪宏：《国家监察体制改革要注重对监察权性质的研究》，载《中州学刊》2017 年第 10 期。

持下，由中央推动在地方试点，从先行试点到各省市全面推开，再到修宪和国家监察立法建立全国性体制。宪法在这一改革过程中始终是"相对滞后"的。上文所描述的监察制度的价值输入、结构设计等皆是合宪性争议的焦点。那么，宪法究竟是如何发挥其控制力的？笔者尝试提出一个社会主义国家推进政治体制改革的新分析框架，那就是针对改革的结构性控制。所谓结构性控制，是指宪法预设了政治体制改革的制度（自由）空间，同时宪法的控制力受到政治体制改革的反向影响。它体现了宪法的结构性特征，首先要为政治活动提供框架和边界，发挥规范性的功能。但毕竟政治体制改革本身就是政治活动参与者的意志和利益作用于理想、规范以及现实的过程，它是一个复杂的互动结构，所以宪法在体制改革过程中并不是单向发挥作用的。在改革过程中，宪法并没有缺位，而是从一开始就在改革推动者的观察视域之中。结构性控制发挥实效需要如下前提条件：

第一，改革推动者认可并接受宪法保留的控制力，将宪法控制作为改革的基本条件。在国家监察体制改革之中，改革推动者总体上接受了宪法的价值、结构和程序的约束。这表明了"重大改革于法有据"的积极意义。改革设想提出之后，有学者提出了"无需修宪"的主张，认为全国人大或全国人大常委会即可做出设立监察机关的决定或授权，[①]这并未成为改革的主流意见。改革推动者亦没有采用只修改《行政监察法》的方案。在制度设计和程序控制的重大问题方面，宪法始终是主要的影响因素，理论界的讨论也影响到了政治过程，宪法控制力体现在价值输入、制度设计和过程控制等不同方面。

第二，改革推动者尊重宪法的政治性和民主性，突出改革本身的正当化价值。政治体制改革的最大特点在于其政治性，它直接指向宪法秩序，而所欲建立的新秩序所具有的正当性反过来要求既有宪法秩序的变革调整，从而使宪法的控制力在一定程度上也受制于改革本身。

① 马怀德：《全面从严治党亟待改革国家监察体制》，载《光明日报》2016 年 11 月 12 日第 3 版。

这就是改革的特殊性，即通过其自身实现正当化功能，接下来具体阐释这一逻辑。

（二）政治体制改革的特殊逻辑

宪法保留事项的变革意味着宪法秩序的调整，它容易产生合宪性争议。既然如此，宪法保留事项的改革动力何在？实际上，改革因何而起主要是一个政治性问题，因为改革是政治活动参与者的意志表达，更是利益驱动下的选择。强调这一点非常重要，因为政治体制改革自身的正当性就源于改革的政治性，特别是改革所体现的民主政治价值。一方面，政治体制改革就是针对宪法保留事项动手术，它要直接调整宪法条款，其意义就在于塑造新的宪法秩序。所以，改革的目标和任务能够成为相对独立于现行宪法秩序的正当性来源。另一方面，改革推动者将宪法秩序作为改革对象时，必然是以强大的民主机制为基础。换言之，民主逻辑在这个时候就被凸显出来，它要么反映在改革推动力之中，要么反映在改革过程的民意输入之中。此时，改革推动者与外部的观察者、评价者具有不同视角，对他们来说，通过民主机制塑造新的宪法秩序才是改革的意义之所在。

政治体制改革能够实现正当化功能的基础在于宪法的本质——民主是宪法的根本属性，宪法是民主的制度化表达。[①] 卢梭所称的根本法即为政治法，就是为了赋予共同体或全体秩序最好的可能形式，它需要考虑各种关系。[②] 这就是宪法的民主逻辑。当政治社会的关系结构发生变化时，根本法也要随之变化。[③] 所以，宪法需要有效回应民主程序的诉求与结果。如果宪法彻底站在了民主程序的对立面，那么僵硬的秩序必然产生某种宪法危机。这种矛盾在宪法发展的过程中一直都

---

① 对此，笔者进行过详细论证，这也是宪法的契约论逻辑。从社会契约推导宪法，就必然涉及到民主如何制度化的问题，宪法或者制宪权就因此而生。现代宪法也正是因此而取得根本法的地位。参见李少文：《宪法的两种逻辑、两类规范与两重效力》，载《政法论坛》2017 年第 5 期。

② [法]卢梭：《社会契约论》，何兆武译，商务印书馆 2003 年版，第 69 页。

③ [法]卢梭：《社会契约论》，何兆武译，商务印书馆 2003 年版，第 69 页。

存在，在政治体制改革展开时，冲突就会更为显著。这个时候，必须具体情况具体分析，因为改革经历哪些民主程序、形成何种宪法工程格外重要，它们能够为改革供给正当性资源。质言之，只有通过政治体制改革所试图建立的宪法秩序，才能理解改革的目标、逻辑、内容与效果，进而理解宪法的控制力。这也可以说是"重大改革于法有据"的另一层内涵，即重大改革虽然超越了现有法律，但仍然具有更高的理论依据和价值标准。

国家监察体制改革输入的民主和法治元素是决定其正当性的主要依据，它也是判断重大改革是否"于法有据"的关键。

第一，改革能够更有力地、更深入地反腐败。"监察委员会是国家反腐败机构，制定国家监察法实质是推进反腐败国家立法。"腐败本身是反法治、无价值的，造成的危害十分严重，所以反腐败能够凝聚正当性。

第二，改革一次性解决了反腐败过程于法无据的难题。一直以来，由党的纪律检查部门承担反腐败主要任务引起了一定的争议，包括法律依据不够充分以及一个关键性问题——"双规"措施的合法性。[①] 这是"长期想解决而没有解决的法治难题"。改革完善了相关法律，用"留置"取代"两规"，这是法治的进步。

第三，改革符合中国特色社会主义民主政治发展的根本规律，即坚持党的领导、人民当家作主、依法治国有机统一。这也是最重要的一点。三者如何有机统一？一方面，三者不可偏废，这是社会主义民主政治发展的根本要求；另一方面，在不同阶段和在不同条件下，对三者的侧重程度是不同的。质言之，当党的领导弱化时，加强党的领导就是重点；当人民民主和法治建设不够深入时，加强人民当家作主的制度保障、深入推进依法治国实践就是重点。实际上，这在改革开放四十多年的历史中已经有所体现。一个观察视角是，在20世纪80年代，政治体制改革深入推进时，社会主义民主和法治建设成绩斐然，人民当家作主

① 张步文：《"双规双指"：相对合理性与适法有限性》，载《河北法学》2005年第1期。

和依法治国被强调得较多。[①] 之后，政治发展进入到加强党的领导的阶段。加强党的全面领导是中国共产党十八大以来推动政治发展的主要线索。[②] 这在制度上也会有所反映。国家监察体制改革适应了这一民主要求。改革的根本目的在于加强中国共产党对反腐败工作的集中统一领导。以新的符合法治精神和法治要求的制度形式继续深入反腐败，改革最终落脚于加强党的全面领导。通过监察委员会的监督特别是监委与纪委合署办公，党的领导可以深入到反腐败的每个层次、每个角度以及每个阶段，并形成以党纪国法为准绳的全面约束。这种结果当然就是党的领导的全面强化，体现了中国特色社会主义制度的本质特征。如此推进，并不是将三者割裂开来，而是它们有机统一的反映。

总而言之，结构性控制容纳了宪法的规范属性和政治体制改革的特殊逻辑，是政治主导之下的带有一定改革尊让性特征的宪法控制方式。一方面，通过宪法规范直接制约政治活动参与者，划定改革的政治程序；另一方面，充分体现民主宪法的属性，重视改革动力和空间。这种控制体现了宪法工程学的价值——宪法是工程师的宪法，也是政治家的宪法。[③] 宪法秩序建设是一项工程，带有系统性和设计性，发现工程师所设计的宪法、政治家所参与的宪法，就能发现政治体制改革的真实面貌，发现改革过程中的宪法地位与功能。

四、宪法收缩及其界限

（一）改革中的宪法收缩现象

对政治体制改革来说，宪法的结构性控制是否有效是一个难题，所以还要评估结构性控制的程度。这是宪法保留原则的内在要求，更是

① 参见张湛彬：《八十年代的中国政治体制改革》，载《党史研究与教学》2000 年第 2 期。
② 参见林晖：《确保党始终成为伟大事业的坚强领导核心——党的十八大以来坚持和加强党的全面领导综述》，载《人民日报》2018 年 7 月 6 日第 006 版。
③ 李少文：《宪法工程：一种宪法学方法论》，载《法学评论》2017 年第 1 期。

践行"重大改革于法有据"的政治任务。这就要求具体分析宪法控制的实际效果——在每一个改革的宪法工程之中，宪法最终维护了什么？就国家监察体制改革来看，宪法呈现了较为明显的收缩特征。它不仅是指改革过程中宪法不够活跃，还包括结构性控制突出了改革的政治性，弱化了改革的法治化要求。

具体来说，国家监察体制改革的主要目标是通过深入推进反腐败加强党的全面领导，同时也通过制定国家监察法、建立稳定的反腐败制度机制加强法治建设。在政治体制改革的过程中，强调坚持党的领导、人民当家作主、依法治国有机统一，实现加强党的领导这一政治目标仍然是首位的。这么安排也是为社会主义民主和法治建设提供更为充分的保障。所以，改革推动者在最大限度上发现并运用宪法上可能的弹性空间，主要通过政治过程为改革设定目标和内容，据此建立新的国家机构和制度。形成试点、立法和修宪的改革三步曲。这体现了改革的政治性，法治在这个时候是弱化的甚至是辅助性的。这说明在以加强党的全面领导为目标的背景之下，政治体制改革过程中宪法的作用是收缩的。这种收缩也就导致了改革过程中出现的包括价值输入、制度设计、过程安排方面的一些合宪性争议。

宪法收缩并不为中国独有，它是社会进步时期常见的现象。宪法作为凝固的人民根本意志，在变革时期通常会面对挑战，宪法收缩往往能够有效化解。相反，如果在变革的过程中，宪法处于活跃状态，并试图积极扩张宪法内涵以干预政治发展，则有可能造成危机。美国罗斯福新政时期(The New Deal)出现的宪法收缩现象就非常值得关注。

新政是美国历史的重要节点，也是美国宪法史上津津乐道的转折——阿克曼就认为是新政决定了现下美国的宪法秩序，这才是美国的现代共和国时期。[①] 宪法收缩正是新政成功塑造美国宪法秩序的重要原因。在新政之前和之初，从 1905 年一直持续到 1937 年，联邦最高法院多次推翻立法和行政部门的决定，形成了"洛克纳时期"(The

① [美]阿克曼:《我们人民:奠基》，汪庆华译，中国政法大学出版社 2017 年版，第 116 页。

Lochner Era)的宪法活跃状态。它依赖于假想的宪法所蕴含的“契约自由精神”和假定的宪法所支持的“司法能动主义”，频繁地利用宪法出场来抗击民主政治的结果。然而，“美国人民”却不接受这样的宪法秩序——1936 年，罗斯福以绝对优势第三次当选总统已经凸显了当时的“民意”。罗斯福多次抨击当时联邦最高法院的司法哲学，当他于 1937 年提出“法院填充计划”——增加联邦最高法院大法官人数以改变法院内部力量对比之时，联邦最高法院最终主动做出了改变。他们既改变了对契约自由精神的理解，也改变了司法能动哲学，宪法不再出场干预民主机制。“洛克纳判决一直像幽灵一样徘徊在宪法之上……它激起司法审查与民主之间的明显的紧张。非常突出的是，像洛克纳那样就是罪恶。事实上，避免‘洛克纳式的错误’依然是当代宪法的中心任务和主要前提。”[①]换句话说，正是新政时期的宪法离场，政治性变革才最终落实，而美国才有了今天的政治秩序。

引述美国的历史是想说明在政治性变革时期，宪法始终充满了张力并且必然会成为瞩目的焦点。宪法可能是民主的对抗元素，也可能成为民主的促进元素。改革中的宪法收缩并非是好与坏的简单判断，它只是表明宪法在政治体制改革过程中处于不活跃的状态。宪法适度收缩，对改革的控制力就会减弱甚至服从改革，但改革又没有达到触发违宪的程度。然而，过度收缩就意味着对宪法本质和作用的背离，改革将最终失控。因此，如何判断宪法收缩的界限——或者说宪法控制的基本任务，就是问题的关键。收缩的停止线在哪里？哪些内容可以收缩，哪些不可以？回答这些问题有必要引入“维护底线的宪法”的理念，那就是宪法收缩并不是无底线的，宪法对改革的支持同样是有高线的。维护了哪些底线就要考察具体的宪法工程。

（二）宪法收缩不可逾越的底线

在国家监察体制改革的宪法工程之中，尽管因宪法收缩而产生较

① Gary D. Rowe, Lochner Revisionism Revisited, *Law & Social Inquiry*, Vol. 24, No. 1 (1999), pp. 221 - 252.

大的争议和讨论，但宪法的结构性控制功能并未消失，为推进改革而产生的宪法收缩亦存在不可逾越的底线：

第一，改革必须遵循宪法的基本原则和立宪基本价值。宪法秩序是客观的，但宪法却是一个规范性概念。宪法是民主的产物，亦是法治的表达，所以民主和法治共同构成宪法的基本原则和立宪基本价值。人权保护同样如此。我国宪法第二条、第三条和第五条明确规定了社会主义民主和法治的有关内容，第二章确立了人权保护的具体要求。国家监察体制改革总体上坚持了这一点，突出表现在监督权配置之于社会主义民主政治发展的正面价值和改革本身的法治属性，监察法治化输入了人权保护的价值。这里或有争议，关键是监督权如何更好地融入到社会主义民主和法治体系之中。

第二，改革不能回避宪法保障机制。成文宪法是近代以来政治文明的重大成就。作为主权者的人民将其根本意志记载下来并用以约束执政者，这种约束力被赋予了根本法的地位。改革如果突破成文宪法，必然会产生巨大争议。“良性违宪论”的巨大弱点就在于此。[①] 然而，改革宪法保留事项很容易突破宪法文本，这就产生了通过授权试点的重要改革方式。本次国家监察体制改革的一个重要经验在于试点改革的运用，它不仅是制度试验和试错的过程，也是累积经验增强改革合法性与空间的重要方式。当然，如果试点能够由全国人大进行授权，将会减少争议，尽管笔者认为全国人大常委会的授权亦有理据。[②]

第三，改革必须符合宪法确立的社会主义民主形式。这就要求改革必须坚持党的领导、人民当家作主、依法治国有机统一。如前所述，这一社会主义民主政治发展的基本规律和政治体制改革的根本要求在国家监察体制改革之中体现得十分显著。这里要强调的是，在加强党的全面领导作为主要目标之下，人民民主和依法治国仍然在中国特色社会主义事业中占据着基础性地位，亦不可偏废。政治体制改革必须

① 童之伟：《“良性违宪”不宜肯定——对郝铁川同志有关主张的不同看法》，载《法学研究》1996 年第 6 期。

② 李少文：《国家监察体制改革的修宪工程》，载《开放时代》2018 年特刊。

符合这一民主形式，并且有利于“三者有机统一”的要求。

应当说，守住以上三条底线是宪法控制功能的要件，也是宪法收缩的边界。总体而言，我国国家监察体制改革受到的宪法结构性控制是有效的，其中的宪法收缩亦是适度的。发现宪法的控制作用，对于理解改革的全貌来说意义重大。唯此，宪法的地位和效力也才得以彰显。这个问题非常关键，因为宪法的地位和效力影响乃至决定着我们对一国政治秩序状态的整体判断。罗文斯坦区分“语义宪法”“名义宪法”和“规范宪法”，既是说明宪法的类型，也是说明政治的实然，并由此确定宪法秩序的类型状态，“统治类型不能单纯通过宪法规定的制度和技术来鉴别。一个有意义的分类必须建立在对统治的政治现实的分析基础上，而这是无法从宪法文本中获得的。”[①]发现宪法结构性控制的意义，目的是理解我们这样一个社会主义国家推进政治体制改革的宪法规律。宪法并不是可有可无的，“重大改革于法有据”并不是书面化、形式化的，这反映了中国政治社会的整体状态。

本章小结

国家监察体制改革是一场快速推进的政治体制改革，值得我们深入总结其特征和规律。第一，切实贯彻“重大改革于法有据”的要求是处理改革与法治关系的现代化模式。中国特色社会主义民主政治发展方案当然要求政治体制改革的逻辑方式符合现代化的标准。国家监察体制改革特别重视“于法有据”的问题，这是其成功的重要保证。第二，针对宪法保留事项的改革，必须重视来自宪法的控制。国家监察体制改革直接针对宪法保留事项，它受到宪法的结构性控制。这一过程也表明改革中出现了宪法收缩的现象。第三，当改革过程出现宪法收缩现象时需要引起警惕。宪法收缩有其边界，这就是宪法控制所维护的底线，既包括成文宪法的权威性，也包括宪法的基本原则和立宪价值，

① [美]罗文斯坦：《现代宪法论》，王锴、姚凤梅译，清华大学出版社 2017 年版，第 14 页。

以及宪法确立的民主形式。这里要特别强调坚持党的领导、人民当家作主、依法治国有机统一，它是宪法必须维护的政治性底线。第四，宪法的地位和效力直接影响我们对一国政治社会秩序的判断。政治体制改革容易造成合宪性争议，改革过程中的宪法收缩消解宪法的权威性，这也提醒乃至启发我们重视维护宪法权威。最后，宪法学对此能够做什么？从理论上看，捍卫宪法的权威与生命力，不是画地为牢，将宪法限缩在封闭的领地。相反，正视宪法作为国家根本法的全面功能，充分发挥宪法在改革中的作用，才是宪法的生命力之所在，也是宪法原初意义之重申。“中国宪法学的真正成熟与繁荣，要在文本主义尤其是形式主义的宪法学之外，发现适应中国现实需要的、解决中国现实问题的宪法学。”①理论界围绕着监察体制改革的讨论研究，已在很大程度上体现了这种特点，反映了宪法的现实意义。② 以改革为对象，一种现实主义的研究思路启发着我们重新思考中国宪法的未来——既是对现下情势的清楚认识，也是改革方向的正确把握。③

① 秦前红：《国家监察体制改革宪法设计中的若干问题思考》，载《探索》2017 年第 6 期。
② 童之伟：《国家监察立法预案仍须着力完善》，载《政治与法律》2017 年第 10 期。
③ 李少文：《中国宪法学如何面向现实》，载《浙江社会科学》2018 年第 4 期。

第八章

监察法规的性质、入法方案与监督机制[①]

本章内容摘要

面对监察法规的规范基础问题，建立在立法权与行政权二元区分基础上的传统法治理论难以做出有效回应。遵循一般法治原理，监察机关立法权属于法律保留事项，因此2023年修改《立法法》增加关于监察法规的规定，具有必要性。此次《立法法》修改，选择参考军事法规而比照非行政法规的入法方案，充分考虑到监察法规的特殊性以及《立法法》基本属性。一方面，监察权具有实在性，但行使这一权力的监察委员会同党的纪律检查机关合署办公，是否具备实体性存在争议。另一方面，纪检监察机关施行党政合署办公、一体化运作，监察法规整体上隶属于党和国家监督体系。《立法法》不具有超出宪法配置立法权的功能，不必对党政关系进行明确规定，而是可以将空间留给《监察法》。目前，监察法规在规范基础和实践运作仍然面临若干挑战，这要求在深化国家监察体制改革中加强对监察法规的监督。未来可以考虑修改《监察法》，对监察法规的权限、程序以及监督机制等作出进一步规定。

① 本章内容曾以《监察法规的入法之路:立法法的方案、理由及后续监督》为题，发表于《地方立法研究》2023年第2期。收入本书时仅对部分文字表述做了调整。

一、监察法规的性质难题和入法疑问

2023年3月，第十三届全国人大第一次会议对《中华人民共和国立法法》（以下简称《立法法》）进行第二次修正，规定了监察法规这一新的法规类型，为其提供了形式意义上的法律基础。这有利于国家监察体制改革和监察制度发展，有利于推进反腐败工作规范化法治化，也有利于完善中国特色社会主义法律规范体系。不过，《立法法》的规定较为特别，必将引起理论上的讨论与反思。

立法是我国重要的政治活动，关系着党和国家事业发展全局。党的主张和人民的意志转化为国家意志，要通过立法实现。《立法法》是“关于国家立法制度的重要法律”[①]，是一部规范国家立法制度和立法活动、维护社会主义法治统一的重要宪法性法律，较为全面地规定了我国的立法体制。修改《立法法》，是促使这部法律适应政治新要求、社会新变化的必要方式，也是保证立法体制不断与时俱进的必要选择。2019年10月26日，第十三届全国人大常委会第十四次会议通过了《全国人民代表大会常务委员会关于国家监察委员会制定监察法规的决定》（以下简称《关于监察法规的决定》），监察机关据此获得了立法权（即监察立法权）。2021年，第一部监察法规《中华人民共和国监察法实施条例》（以下简称《监察法实施条例》）公布施行。这是我国立法体制和法律规范体系的新变化，需要《立法法》及时作出回应。

2022年启动《立法法》修改工程，给监察立法权入法提供了契机。对于《立法法》应当如何规定监察立法权，理论界并没有统一认识。[②] 2023年通过的《立法法》对制定监察法规做了规定，相关条款仅

① 顾昂然：《关于〈中华人民共和国立法法（草案）〉的说明——2000年3月9日在第九届全国人民代表大会第三次会议上》，载《中华人民共和国全国人民代表大会常务委员会公报》2000年第2期。

② 有关讨论可参见李尚翼：《监察法规立法的基础问题研究——兼论〈立法法〉之相关修改》，载《行政法学研究》2022年第4期；聂辛东：《监察立法权的理论逻辑及其规定性》，载《四川师范大学学报（社会科学版）》2022年第1期；刘怡达：《监察法规在我国法律 （转下页）

一条，且位于附则中："国家监察委员会根据宪法和法律、全国人民代表大会常务委员会的决定，制定监察法规，报全国人民代表大会常务委员会备案。"这一修改颇有些令人意外，因为《立法法》增加监察立法权的规定，或许需要较多的、更为明确的法律条款来彰显权力的合法性，以及保证权力正确运行，但《立法法》只做了简略的对法律和全国人大常委会决定的确认式规定。另外，《立法法》第二条规定"法律、行政法规、地方性法规、自治条例和单行条例的制定、修改和废止，适用本法。"其中，并未增加监察法规。

那么，为什么《立法法》要对监察法规作出规定？为什么仅在附则中进行简单规定？如何运用中国特色社会主义法治理论进行回答？这些问题关系着监察法规的合法性基础以及我国法律规范体系和立法体制的完善。从传统法治理论角度看，法规制定权是法律保留事项，所以《立法法》增加关于监察法规的规定具有必要性。基于此，《立法法》修改时可以比照行政法规，对监察法规作出详细规定。不过，传统法治理论建立在立法权和行政权区分、立法者立法和法律所接受的行政权衍生立法区分的基础上，对于新类型权力的衍生立法权问题缺乏历史经验，因此在解决监察法规问题上存在不足。从中国特色社会主义法治理论角度看，监察法治具有特殊性。关于监察权、监察委员会的性质定位问题，仍需要进一步观察和研究。以程序性功能为主的《立法法》可以不规定党政关系等政治性内容。《立法法》选择参考军事法规的修改方案，充分考虑到监察法规的特殊性以及《立法法》的属性。因为监察权较为特殊，监察制度设计是一项系统工程，监察法规的权限、程序和监督机制等可以留待《监察法》专门进行规定，这是深化国家监察体制改革的重要任务。本章分析 2023 年《立法法》修改的方案及其合理性，并分析如何加强对监察法规的监督。

（接上页）体系中的定位》，载《行政法学研究》2023 年第 2 期；王学辉、许柯：《监察法规范体系中的监察法规：功能面向与作用发挥》，载《温州大学学报（社会科学版）》2022 年第 3 期。

二、监察法规的内涵与特殊性

监察法规是监察机关行使权力过程中的产物，以辅助监察权运行为主要任务，服务于监察机关的职责履行，适用于权力监督领域。将监察权配置给特定国家机关后，监察立法权才开始存在。我国监察机关以党的机构作为其原始存在形式，党的机构实际上通过监察机关行使国家权力。基于监察法规与行政法规同属于法规的群体相似性，理论界主要以行政法规为参考来说明监察法规的法律规范特征。然而，区别在于，行政立法接受法治原则约束，因此并不存在权力属性和机构定位的特殊情形，而监察法规则受到监察权、监察机关特殊性的影响而产生入法难题。

（一）我国法律规范体系中的法规

法规是特定国家机构制定的针对普遍对象的有效力的行为规范，是由宪法和法律创造出来的规范，所以法规制定权限一般需要有宪法和法律的规定作为基础。我国的法规群体十分庞大，包括行政法规、军事法规、监察法规、地方性法规等。在中国特色社会主义法律规范体系中，法规有其独特位阶。位阶是指某类立法在法律体系中的地位或等级。[①] 一国的法律体系，是由不同层次法律规范所组成的相对稳定的等级结构，以宪法为最高法，区分为不同法律部门，包含不同类型的规范性文件。我国的法律规范体系较为复杂。一般认为，我国的立法体制具有“统一分层”特点，即中央立法和地方立法并存，属于“一体多元”结构，以全国人大及其常委会立法为主体，以行政立法、军事立法、监察立法以及地方立法为辅助；规范体系形成了金字塔式结构，以宪法为统帅，有法律、行政法规、军事法规、监察法规、地方性法规、民族自治地方的自治条例和单行条例以及各类规章和司法解释等规范性文件。换言

① 朱力宇、叶传星主编:《立法学》(第四版)，中国人民大学出版社 2015 年版，第 144 页。

之，除代表主权者的立法机关立法外，还有行政立法等管理意义上的立法和监察立法等监督意义上的立法；除中央层次立法外，还有表达地方自主权的地方层次立法。

立法权是人类进行“自我统治”的工具，是民主的直接表达。最早阐释分权的洛克说：“制定法律的权力归谁这一点就决定国家是什么形式。”[①]在洛克的理论中，立法权是主权的延伸，是一个国家最重要的权力。在法律实证主义看来，作为一种传递人的意志和利益的活动，立法必须要回归到“主权者”。[②] 严格来说，立法权是一种整体意志的表达，应当专属于立法机关，所有立法都是立法者的任务，所以，行政机关不应享有立法权，只代表局部的地方也不宜行使（真正意义上的）立法权。可见，法规的地位和性质存在很大争议，这就决定着各类法规需要以宪法法律作为基础，且在内容和功能上应有所限定，受到诸如法律保留等法治原则的约束。

行政法规是行政权扩张的结果。近代以来，行政权日益膨胀，行政国家逐渐兴起，行政机关从执行走向管理、服务，通过行政立法来履行职责变得日益迫切。[③] 这就对仅由代议机关行使立法权的模式提出了严峻挑战。在美国，行政立法也叫政府规则制定（rule-making），这是行政机构“重要且不可避免”的权力之一。[④] 行政立法虽然在效力等级上处于劣势，但数量上却是国会立法难以望其项背的。然而，行政立法受到了侵犯立法机关立法权的质疑。为了弥补行政立法的正当性不足，国外的行政立法程序都比较突出民主性、开放性。新中国接纳了行政立法观念，宪法在国务院职权里规定了行政法规制定权。全国人大还授权国务院就一些法律保留事项先行制定行政法规。在我国，行政法规的位阶仅次于法律，高于地方性法规。《立法法》对行政立法权的

---

① [英]约翰·洛克：《政府论》（下），叶启芳、翟菊农译，商务印书馆 1964 年版，第 81 页。

② [英]奥斯丁：《法理学的范围》，刘星译，中国法制出版社 2002 年版，第 17 页。

③ 姜明安主编：《行政法与行政诉讼法》，北京大学出版社、高等教育出版社 2007 年版，第 1 页。

④ Alfred C. Aman Jr. and Willaim T. Mayton, *Administrative Law*, West Group Publishing Co., 1992, p. 40.

权限和程序作了详细规定。

地方性法规是治理地方化的必然结果，具有表达地方政权机关自主意志的功能。地方治理的关键就是用好地方自主权。赋予地方立法权，有利于地方的自主治理。不过，地方立法割裂了全国性的民主同一性，因为地方意志的充分自主表达，实际上意味着某种分裂。在德国，受制于传统的主权不可分割的理念，地方立法并非真的立法，而被视为地方行政权的一种形式，实质上是行政管理型的立法，尽管它共享着立法的名称。因为地方的自治等同于自治行政，所以在地方层面没有立法与行政的分权，这就形成了地方立法属于行政权的学说。[①] 这种定位在我国也有体现，那就是宪法将地方人大及其常委会和地方政府放在一起进行规定，而且对地方立法权配置做了特别规定。在地方治理进程中，也仅突出地方性法规的管理职责，严格限定了地方立法的内容和功能。

监察法规是法规群体的新成员，也是我国法律规范体系的新成员。从权力内容角度看，制定监察法规是监察权的一部分，制定出来的法规以服务监察权运行为主要任务，限于监督领域，不与管理型的行政立法和地方立法交叉。从性质上看，监察立法不同于立法机关和行政机关行使各自立法权的规范产物，它是监察机关行使监察权制定的法，其属性、适用范围统一于监察权的要求下。在广义上，监察法规是一种全新的“法”，传统法学理论无法提供对应的解释方案。因为源起于西方的近代法学，始终在权力分立体系下处理立法权与行政权、司法权的现实关系，它认可立法者所立之法，也承认由行政权派生的行政立法，但未面对过类似于监察法规的立法。由于西方法律体系中并不存在作为“法”的监察权衍生规范，所以传统法学理论缺少对监察立法这一新实践问题的应对经验。在纯粹意义上，监察法规是平行于“立法者立法——立法权之外派生的行政立法”这一体系的另一种存在。由此，监

---

① 参见张正修：《地方制度法理论与实用》(一)，台湾学林文化事业有限公司2003年版，第106页。

察法规的规范定位成为难题。

从 2016 年国家监察体制改革启动以来，监察立法权就是持续讨论的问题。2018 年 3 月，十三届全国人大一次会议通过宪法修正案，在国家机构中规定了监察委员会和监察权，同时明确“监察委员会的组织和职权由法律规定”，而没有直接规定监察立法权。这次会议也通过了《中华人民共和国监察法》(以下简称《监察法》)，它是关于监察权的基本法律，设定了监察委员会的组织程序和职权，但它也没有规定监察立法权。实践中，党风廉政建设和反腐败斗争面临新情况、新问题，反腐败国家立法任务迫切，这些因素决定着赋予监察机关立法权成为一个重要议题。然而，监察立法权必须要有法律的规定，监察法规需要法律基础。这是 2023 年《立法法》修改工程必须解决的问题。

(二) 监察法规的形态

虽然具有本质上的特殊性，但就其具体内容与主要任务而言，监察法规仍可以参照目前行政法规、地方性法规所呈现出来的内容形态。因此，从理论上看，监察法规有如下四种具体形态。其中，执行性法规和创制性法规是基于其内容权限进行的分类，授权性法规、补充性法规主要是根据其权力来源和任务所做的界定。

其一，监察法规以执行性法规为主体。执行性法规是指那些以执行法律为主要内容和目标的法规。一般来说，执行性法规是对法律实施作出的具体规定，从而使法律条款更为直观、具体、丰富，有利于法律适用，名称通常为“实施条例”“实施细则”“实施办法”。严格来说，执行性法规不能给法律增加新的内涵。从这个角度看，它与法律解释特别是所谓的“应用型解释”较为接近。在行政法规和地方性法规中，执行性法规都是重要类型。在行政管理活动中，国务院依据法律行使一系列行政管理权。为更好地执行法律，国务院可以制定具有普遍约束力的一般性规则，从而将其行政管理行为表现为规范性文件，并借助文件效力实现管理目标。这些法规就是行政权力的一种具体表达。《立法法》规定，国务院根据宪法和法律，制定行政法规，可以就“为执行法律的规定需要制定行政法规的事项”作出规定。地方性法规中也有执行性法规。这反映了地方在治理中的自主权。《立法法》规定，地方性法规可以就为执行法律、行政法规的规定，需要根据本行政区域的实际情况作具体规定的事项，作出规定。2019年《关于监察法规的决定》规定，国家监察委员会可以“为执行法律的规定需要制定监察法规”。监察法规可以针对《监察法》《政务处分法》等法律作出执行性规定，这也是监察立法权的主要任务。目前的唯一一部监察法规《监察法实施条例》主体上是执行性法规，其多数内容都属于执行《监察法》的规定。例如第二十三条规定：“监察机关负责调查的职务违法是指公职人员实施的与其职务相关联，虽不构成犯罪但依法应当承担法律责任的下列违法行为：（一）利用职权实施的违法行为；（二）利用职务上的影响实施的违法行为；（三）履行职责不力、失职失责的违法行为；（四）其他违反与公职人员职务相关的特定义务的违法行为。”这就是针对《监察法》第十一条关于调查职务违法行为的细化，使法律规定具体、可执行。

其二，监察法规中也有创制性法规。不同于执行性法规的执行功能，创制性法规具有创造性的特征，通过制定这一类型法规，国家机关将获得新的权力。这些权力隐含在宪法和法律的规定中，确保创制不违反宪法和法律。相较于执行性法规一般不脱离上位法，创制性法规实现了规则的从无到有，可以没有直接对应的法律依据，表现在立法主题和内容上的创新。行政法规和地方性法规都有创制性法规的形态。如国务院针对宪法第八十九条规定的国务院行政管理职权的事项开展行政立法，则有可能形成创制性法规。针对应当制定法律的事项，国务院根据全国人大及其常委会的授权决定先制定的行政法规，通常具有创制性。地方性法规中同样存在创制性法规。根据《立法法》，地方性法规可以就“属于地方性事务需要制定地方性法规的事项”作出规定。针对法律、行政法规没有规定的内容，或者针对地方特色事务，地方就可以制定创制性法规。此外，在一些特殊的地方立法中，创制性是主要特征。例如，《立法法》规定民族自治地方的人民代表大会有权依照当地民族的政治、经济和文化的特点，制定自治条例和单行条例，这两类条例也可以变通法律、行政法规的规定，具有显著的创新性。监察法规同样可以是创制性法规。2019年《关于监察法规的决定》规定，国家监察委员会根据宪法和法律，制定监察法规，可以就为履行领导地方各级监察委员会工作的职责需要制定监察法规的事项作出规定。该类型监察法规针对的是监察委员会的领导关系和领导职责，在机构体系内部发挥作用，形成新的管理型规则要求。对此，理论上存在一些疑虑，[①]主要是因为，如何区分监察委员会之间的领导关系和监察委员会的权责分配对外部产生的影响，具有一定的模糊性和现实困难。这容易导致创制性的监察法规范围过度扩张，存在越权和违法的可能。

其三，监察法规可能具有授权性法规的形态。授权性法规是从权力来源上所做的界定，并不是一个严谨的法规类型概念。经授权制定的法规，可以是执行性法规，也可以是创制性法规。如前所述，行政法规有授权性法规的类型。《立法法》规定，针对那些应当制定法律的事项（即法律保留事项），国务院可以根据全国人大及其常委会授权决定先制定行政法规。《立法法》还认可了经济特区法规这一授权地方制定的特殊性法规："经济特区所在地的省、市的人民代表大会及其常务委员会根据全国人民代表大会的授权决定，制定法规，在经济特区范围内实施。"这一类型法规可以变通法律、行政法规的规定，具有创新性。在实践中，全国人大常委会作出过一系列授权地方立法的决定，如授权制定浦东新区法规。目前，尚无关于授权制定监察法规的明确规定。然而，监察法规这一概念本身就是经由全国人大常委会决定产生的，具有一定的授权特征，而且《立法法》并不影响全国人大常委会作出立法授权，所以，从理论上看，出现授权性监察法规是可预期的。对监察法规的授权主要存在两种类型：一是由法律进行一般授权，即法律直接在其条文中授权国家监察委会就特定事项制定监察法规；二是由全国人大

① 参见聂辛东：《监察立法权的理论逻辑及其规定性》，载《四川师范大学学报（社会科学版）》2022年第1期。

常委会作出特殊授权，这可能是针对法律保留事项或者针对改革事务的专门授权，具有显著的创制性。

最后，监察法规可能具有补充性立法的形态。补充性立法源于2021年《行政处罚法》的规定。该法第十一条第三款规定："法律对违法行为未作出行政处罚，行政法规为实施法律，可以补充设定行政处罚。"第十二条第三款规定："法律、行政法规对违法行为未作出行政处罚规定，地方性法规为实施法律、行政法规，可以补充设定行政处罚。"法规补充设定行政处罚，实际上就是为了实施《行政处罚法》，对法律进行创造性填补。所以，它既是执行性的立法，也是创制性的立法，同时还要遵循补充性立法的限制原则，即法规不能突破法律。这一规定具有开创性，揭示了补充性法规这一新类型。[①] 在一些法律中，仅有禁止性规定或义务性规定，但未明确法律责任，所以需要法规加以补充。监察法规也可以有补充性立法的形态，这是因为，在权力监督领域，法律的规定未必全面，特别是为了处理职务违法行为或者公职人员的其他违法行为，监察法规可以对法律加以补充。例如，如果《政务处分法》只规定了某个职务行为违法，但未规定如何处置该行为，可能就需要监察法规补充设定政务处分。

三、监察法规入法的两种方案

从法治一般原理上看，作为一种新类型的法规，监察法规需要得到《立法法》的认可，增强其合法性。[②]《立法法》修改工程启动后，对监察法规作出规定是理论界和实务界的共识。然而，《立法法》应当如何规定监察法规却是一个难题，比照行政法规和参考军事法规是两种不同方案。

---

① 杨登峰：《新行政处罚法对补充性立法的创设及其实施》，载《法治现代化研究》2022年第1期。

② 林珊珊：《监察法规的制定与地位》，载《学习时报》2019年10月30日第002版。

（一）比照行政法规的入法方案

如前所述，监察法规与行政法规有相似之处。宪法和《立法法》对行政法规皆做了规定。站在传统法治角度，从理论上看，监察法规可以比照行政法规，由《立法法》进行较为全面的规定。具体来说：

首先，规定监察法规的权限与内容。2019 年《关于监察法规的决定》对此有三款内容，分别是“国家监察委员会根据宪法和法律，制定监察法规。”“监察法规可以就下列事项作出规定：（一）为执行法律的规定需要制定监察法规的事项；（二）为履行领导地方各级监察委员会工作的职责需要制定监察法规的事项。”“监察法规不得与宪法、法律相抵触。”这些可以为法律吸纳。《立法法》还可以增加有关规定：一是允许全国人大常委会授权国家监察委员会以监察法规形式先行规定一些法律未规定或规定不明确的事项，这主要针对监察委员会的产生、组织和职权等法律保留事项，也可以涉及一些重要监察措施如讯问、留置，一些重要程序如监察程序与刑事司法程序的衔接协调，以及反腐败国际合作等。授权立法事项，经过实践检验，制定法律的条件成熟时，由全国人大及其常委会及时制定法律。法律制定后，相应立法事项的授权终止。二是允许国家监察委员会根据法律授权或者全国人大及其常委会授权，对法律作出补充性规定，这主要针对法律未规定的公职人员职务违法行为以及其他违法行为如何进行政务处分等问题，例如可以规定“法律对公职人员职务违法行为及其他违法行为未作出处理规定的，监察法规为实施法律，可以补充设定政务处分”。

其次，规定监察法规的制定程序。2019 年《关于监察法规的决定》仅做了一款规定：“监察法规应当经国家监察委员会全体会议决定，由国家监察委员会发布公告予以公布。”这一规定较为简单，应进一步完善。对此，可以比照行政法规制定程序，同时吸收党内法规制定程序的某些原则、规定（如《中国共产党党内法规制定条例》），形成相对完善的监察法规制定程序。具体来说：一是监察法规的制定规划、计划，以五年度规划和年度计划的方式进行上报、公开，增强监察立法的可预期性；二是制定程序具体包括起草主体、报批要求、公众参与以及部门协调等。立法宜明确监察法规由国家监察委员会负责法制的机构具体负责组织起草，或国家监察委员会直接起草。由于中央纪委国家监委合署办公，部分监察法规在起草审批时还要报党中央批准。草案形成后，应当广泛听取有关机关、组织、人大代表和社会公众的意见。听取意见可以采取座谈会、论证会、听证会等多种形式。如果监察法规的内容涉及到与行政机关、审判机关、检察机关的工作衔接协调，制定过程中要加强工作交流，形成共同一致意见。监察法规草案应当向社会公布，征求意见，但是经国家监察委员会决定不公布的除外。监察法规应当经国家监察委员会全体会议决定，由国家监察委员会发布公告予以公布。法规签署公布后，及时在国家监察委员会官方网站以及在全国范围内发行的报纸上刊载。三是制定监察法规应与党内法规的内容实现衔接协调。[①]

再次，规定监察法规的适用。这主要是指《立法法》可以明确监察法规的效力等级，以及在适用中如何与其他法律规范协调。2019 年《关于监察法规的决定》对此没有规定。从性质上看，监察法规是一种法规，自然不得同宪法和法律相抵触，同时其效力高于规章。问题的关键在于监察法规与行政法规、地方性法规之间的效力等级。一方面，行政法规和监察法规属于相同层级的法规，因为两者处于不同领域，所以原则上产生冲突的可能性不大，但如果发生冲突如何处理，《立法法》应作出规定，可以考虑由全国人大常委会裁决这种情形。另一方面，监察法规和地方性法规因为分处不同层级，所以，原则上监察法规效力优先，但这两者产生冲突的可能性较小，因为地方性法规一般针对管理领域而不针对监督领域。此外，监察法规不溯及既往，但为了更好地保护公民、法人和其他组织的权利和利益而作的特别规定除外。如果监察法规超越权限、违反上位法规定、违背法定程序以及被认为不适当，应当予以改变或者撤销的，由全国人大常委会予以改

① 参见刘怡达：《监察法规在我国法律体系中的定位》，载《行政法学研究》2023 年第 2 期。

变或者撤销。

最后，规定监察法规的监督机制。《立法法》推进了人大的立法监督，这是指立法机关对立法活动以及法律规范开展监督，目标是维护法制统一和宪法法律权威。① 监察法规也要接受人大立法监督。这是对监察权的一种有效监督方式。2019 年《关于监察法规的决定》指出，"监察法规应当在公布后的三十日内报全国人民代表大会常务委员会备案。全国人民代表大会常务委员会有权撤销同宪法和法律相抵触的监察法规。"这一规定可以纳入《立法法》。而且，《立法法》已经建立的立法监督制度，也要将监察法规作为监督对象。具体来说，应将监察法规纳入到备案审查的监督体系之中，将监察法规作为备案审查对象。如果监察法规同宪法或者法律相抵触，或者存在合宪性、合法性问题，由全国人大专门委员会、常委会工作机构按照备案审查的程序和标准进行处置。此外，《立法法》还可以考虑建立监察机关内部的规范性文件备案审查制度。

（二）参考军事法规的入法方案

在我国法规体系中，军事法规较为特殊。军事立法是国家立法的重要组成部分，其功能包括了依法治军以及推进国防和军队建设法治化，这也是社会主义法治建设的一部分。不过，军事立法与国家其他领域的立法活动存在一定差异。我国宪法确立了军事权与行政权并列的国家机构体制，而且我国的军事体制是中共中央军事委员会和中华人民共和国中央军事委员会实行一体化运作。这些特点决定着我国军事立法的独特性，在军事法规入法问题上也存在特殊性。② 宪法没有规定军事立法权，1997 年制定的《国防法》第十五条规定："中央军事委员会领导全国武装力量，行使下列职权：……（五）根据宪法和法律，制定军事法规，发布决定和命令……"2000 年制定《立法法》，仅在附则中做

① 参见朱力宇、叶传星主编：《立法学》（第四版），中国人民大学出版社 2015 年版，第 218 页。
② 参见刘华：《论我国军事机关立法权的〈立法法〉规范》，载《南京政治学院学报》2015 年第 2 期。

了进一步规定。[①] 在这之前，中央军委已经制定了一些军事法规，如1990 年《中国人民解放军军事立法程序暂行条例》等。

监察法规参考军事法规写入《立法法》，这一方案意味着监察法规的权限、程序以及监督机制等，可以通过《监察法》进行规定，或者由全国人大及其常委会专门立法和专门决定进行规定，《立法法》仅需要做确认式规定。

一方面，监察法规需要由《立法法》规定。这是因为，法规制定权属于重要权力，具有法律保留的属性。宪法直接规定了行政法规、地方性法规的制定权限，《立法法》也对行政法规、地方性法规的制定权限、程序和监督等做了详细规定。在《立法法》修改前，监察法规的法律基础是2019 年《关于监察法规的决定》。从名称上看，它回避了“授权”的问题，似乎意味着这个决定不是传统意义的“授权立法决定”，[②]而是一种更像法律的“关于法律问题的决定”。这是因为全国人大常委会能否以决定形式配置立法权或者设定国家机构的职权，存在一定的理论难题。其时，全国人大常委会工作机构负责同志在《关于监察法规的决定》的说明中就指出，“对监察法规作出明确规定，较为理想的方式是修改立法法。”不过，由于法律修改需要时间，“由全国人大常委会作决定，明确国家监察委员会可以制定监察法规，既具有法律效力，又能够及时地解决问题，比较适当、可行。”而且，“采取由全国人大常委会作决定的方式，对机构职责问题作出规定，以往是有过先例的。”[③]虽然说明中提到这一决定

---

① 《立法法》规定：“中央军事委员会根据宪法和法律，制定军事法规。战区、军兵种和中国人民武装警察部队，可以根据法律和中央军事委员会的军事法规、决定、命令，在其权限范围内，制定军事规章。军事法规、军事规章在武装力量内部实施。军事法规、军事规章的制定、修改和废止办法，由中央军事委员会依照本法规定的原则规定。”

② 参见宋方青、张可：《国家监察委员会监察法规制定权：权限范围与制度构建》，载《湘潭大学学报(哲学社会科学版)》2021 年第 4 期。

③ 沈春耀：《关于〈全国人民代表大会常务委员会关于国家监察委员会制定监察法规的决定(草案)〉的说明——2019 年 10 月 21 日在第十三届全国人民代表大会常务委员会第十四次会议上》，载《中华人民共和国全国人民代表大会常务委员会公报》2019 年第 6 期。

“具有法律效力”[①]，但这是否意味着全国人大常委会决定具有等同于法律的层级效力，存在疑问。实际上，这一表述应是指该决定具有规范约束力，它可以缓和监察法规制定权的合法性问题，但不能取代法律。可见，仅将全国人大常委会的决定作为监察法规的法律基础并不充分。

另一方面，监察法规的实体性内容可以经由关于监察权的基本法律加以规定。2019 年全国人大常委会通过《关于监察法规的决定》，对于补充性界定监察机关的职责来说，具有积极意义。不过，《监察法》是关于监察权和国家监察机关的基本法律，由全国人大全体会议审议通过，应规定监察委员会的职责、权限。而且，《监察法》直接面对和处理监察权和监察委员会的特殊性——纪检监察机关合署办公，《立法法》并不直接回应这类特殊问题。所以，由 2019 年《关于监察法规的决定》和未来《监察法》统一规定监察法规的内容，有其制度上的优势。

四、《立法法》选择参考军事法规方案的理由

2023 年《立法法》修改，仅在附则中对监察法规作出确认式规定，形成由 2019 年《关于监察法规的决定》和《立法法》共同作为监察法规合法性基础的模式。这一选择实际上是比照军事法规的入法方案，它充分考虑了监察法规的特殊性。监察法规附属于监察权，由监察机关制定，受到我国施行党的纪律检查机关和国家监察机关合署办公体制的影响，具有政治属性、监督属性和法治属性。这种特殊性影响了《立法法》修改工程。《立法法》本质上是程序性法律，不直接面对和处理党政关系问题，所以应尽量减少对复杂问题的过度干预。

（一）监察权的实在性与监察委员会的非实体性

2018 年修改现行宪法，在国家机构中增设了监察委员会，也规定

---

① 沈春耀：《关于〈全国人民代表大会常务委员会关于国家监察委员会制定监察法规的决定（草案）〉的说明——2019 年 10 月 21 日在第十三届全国人民代表大会常务委员会第十四次会议上》，载《中华人民共和国全国人民代表大会常务委员会公报》2019 年第 6 期。

了监察权。宪法第一百二十三条规定，中华人民共和国各级监察委员会是国家的监察机关。第一百二十七条规定，监察委员会依照法律规定独立行使监察权，不受行政机关、社会团体和个人的干涉。实践中，从 2016 年开始，监察委员会就开始组建，但方式是在党的纪律检查机关上增加机构牌子。这是我国的纪检监察制度的基本特征，反映了新时代的党政关系逻辑。监察委员会与党的纪律检查机关施行合署办公，“代表党和国家行使监督权和监察权，履行纪检、监察两项职责。”[①]从机构外部看，监察权具有实在性，属于实在性权力，监察委员会却从改革伊始就和党的纪律检查机关一体化运作。只有当党的纪律检查机关在行使监察权以及履行相关义务时，监察委员会的机构面貌才能够呈现出来。可见，监察委员会的地位还要进一步讨论。在党政合署办公的一体化结构中，纪检监察机关本质上是党的机构，监察委员会很难称得上是一个“实体性机构”。

党政合署办公的专门监督机关集中行使监督权，既行使党内的权力，也行使国家权力。如果剖开来看，实际上，纪委行使了国家监察权，监委行使了党内监督权。然而，这种分割会引起争论。所以，在本质上，权力主体——纪委监委不能分割，权力程序——纪律检查程序和国家监察程序也不能分割。[②] 这是监察机关的特殊之处。目前，只有中华人民共和国中央军事委员会存在此种结构，它与中国共产党中央军事委员会是一体化结构。合体的制度安排强化了中国共产党对权力的“穿透式控制”，让党的领导更为全面、深入。这或许是将监察委员会定位为政治机关的原因。[③] 通过监察委员会开展国家监察，党的监督也

① 李建国：《关于〈中华人民共和国监察法（草案）〉的说明——2018 年 3 月 13 日在第十三届全国人民代表大会第一次会议上》，载《中华人民共和国全国人民代表大会常务委员会公报》2018 年第 2 期。

② 有学者建议党内监督程序和国家监察程序的区分。参见程衍：《纪、监程序分离之提倡》，载《华东政法大学学报》2021 年第 3 期。

③ 理论界针对“政治机关”的讨论较多，较为全面系统的观点可参见莫纪宏：《国家监察体制改革要注重对监察权性质的研究》，载《中州学刊》2017 年第 10 期；徐汉明：《国家监察权的属性探究》，载《法学评论》2018 年第 1 期。

可以深入到每个层次、每个角度和每个方面，实现监督的全面性、有效性，这是加强党对反腐败工作集中统一领导的具体体现。另一方面，国家监察体制改革丰富了作为社会主义国家根本政治制度的人民代表大会制度的内容，表现为监察委员会由人大产生，对人大负责，并受人大监督。宪法和《监察法》对此做了规定，也规定了人大监督监察委员会的具体任务。这意味着监察委员会尽管本质上是党的机构，也是人大制度框架内的国家机构，必须承担一定的国家机构责任义务。不过，监察体制并非完全如同国家主席或者中央军事委员会的体制安排，后两者在人大监督框架内具有更为突出的特殊性。

在这种权力结构中，监察立法权的定位以及监察法规的性质需要进一步思考。合署办公可以生发出很多体制性联想，它打破了长期以来国家机构和党的机构分立的局面。不过，在党政合署这种权力模式方面，"八二宪法"本身是讳莫如深的，究竟如何体现法治精神，仍有待进一步研究。国家监察体制改革出于功能性考虑，以国家机构补强党的机构，实质是加强党的领导。它们如何在国家立法中加以体现并进行规范，缺少统一的理论基础。这也影响了相关法律的定位。尽管目前我国已经出台《监察法》《政务处分法》《监察官法》等法律，特别是《监察法》具有组织法、行为法、程序法、监督法以及救济法等内容，但它们仍无法组成"监察法律部门"，而是属于"宪法相关法"。

（二）监察法规的复合属性

纪委监委合署办公是人、事、权的一体化运作。这种一体化是实质性的，体现为同一人员、同一机构、同一程序、同一权责。[①] 两者实质重叠、内在一致、彼此互补，形成了对全体党员和所有行使公权力的公职人员的监督全覆盖。例如，一个办案人员，既是纪委的工作人员，又是监委的工作人员；一个内设机构，既是纪委的机构，又是监委的机构。在日常

---

① 参见张力：《党政机关合署办公的标准：功能、问题与重构》，载《政治与法律》2018 年第 8 期。

监督中，对党员领导干部来说，既监督其政务工作，也监督其是否符合党纪要求。当涉及到严重职务违法和职务犯罪时，针对被调查人，既审查其违纪情况，又调查其违法犯罪情况。在这种体制下，监察法规既是监察委员会及其工作人员的行为依据，也可以说是党的纪律检查机关及其工作人员的行为依据。由此带来了监察法规的复合属性，具体来说：

第一，监察法规具有政治属性，表现在它完善了党和国家监督体系，从整体上加强了党对权力监督工作的领导。新时代的政治体制改革要加强党的全面领导，国家监察体制改革就担负了这样的任务。它推动形成党和国家权力监督体系，目的是加强党对党风廉政建设和反腐败斗争的集中统一领导，加强党对权力监督工作的领导，也加强了对公权力的监督，保证公权力正确行使。从本质上看，国家监察是党和国家监督体系的组成部分，离不开党的领导。而且，通过监察委员会开展国家监察，党的影响力更加深入。监察法规辅助国家监察，当然也就发挥了这样的功能。

第二，监察法规具有监督属性，表现在它是党和国家的监督权运行的具体方式，既辅助国家监察，也辅助党内监督。在纪检监察一体化结构中，纪检监察机关运用监察法规，实际上就是在运用纪检监察的复合权力。虽然依据监察法规的监督行为，主要指向国家监察事务，但由于监察事务与党内监督事务紧密结合在一起，所以，多数时候，这一监督行为也指向了党内监督事务。可见，监察法规虽然名义上是监察权的内容，实际上也辅助党内监督权运行。

第三，监察法规具有法治属性，表现在它是中国特色社会主义法律规范体系的组成部分，促进了监察法治，也有利于中国特色社会主义法治体系发展，促进了依规治党。党的十八大以来，法治理念从国家延伸到政党。完善党内法规体系，坚持依规治党，是新时代中国特色社会主义法治建设的重要特征。在促进依规治党方面，监察法规的作用是直接的。[①] 一方面，纪检监察机关在开展工作、行使权力时，必须依照监察法

① 参见张海涛：《依规治党之“规”的范围界定》，载《理论视野》2022 年第 6 期。

规。另一方面，监察法规介入到党的机构的活动之中，意味着党内法规必须与监察法规实现衔接协调，从而将法治标准输入到党内法规之中。

（三）《立法法》的程序法定位

一方面，在规范对象和规定内容上，《立法法》是关于立法权配置和运行的基本法律，但就其存在意义来看，它仍是宪法派生出来的以完成程序性任务为主要功能的法律，没有超出宪法配置立法权的功能。所以，《立法法》在回答宪法体制等重大政治问题时，存在天然局限性。究其原因，监察权具有实在性，但监察委员会不具有实体性，加之监察法规具有复合属性，共同造成了监察法规写入《立法法》的难题。作为立法领域的基本法，《立法法》既要回应监察法规的法律规范属性，又要适当处理监察法规的特殊性，所以应当突出《立法法》的程序法属性，回避涉及到党政关系的政治性和实体性问题。

另一方面，全国人大及其常委会通过的法律，具有较高权威，对所有国家机构以及党组织行为，都可以发挥较为充分的外部约束作用，体现法律的控制能力，这是已经取得共识的法治模式。对于法规来说，它们是宪法和法律创设出来的，附属于行政权、军事权、监察权以及地方的治理自主权限，《立法法》对于法规的规定，通常是概括性和赋权型的，即主要规定权限、程序和监督机制。监察法规是纪检监察机关的自我立法，其本质是辅助监督权，既涉及到党内监督，又涉及到国家监察，既涉及国家机构，又涉及党的组织。这类法规虽然也具有普遍性和约束力，但主要是有利于监督工作的开展，而非对纪检监察机关进行控制。《立法法》对它们作出规定，不宜太过具体和详细，从而将自主权更大限度留给纪检监察机关，特别是防止过度约束党的机关，以免造成理论争议和实践难题。

五、加强对监察法规的监督

《立法法》修改后，监察立法权的合法性基础由《立法法》和 2019 年

《关于监察法规的决定》共同赋予。这一安排总体上是合理的。不过，在传统法治理论看来，监察法规存在着法律基础薄弱、权限不够明确、程序相对简单、监督机制不健全等问题，在运行上可能产生法治危机。正是因为监察立法权合法性基础不足、合法化程度不够以及存在违法可能性，所以有必要加强监督。接下来，在深化国家监察体制改革中加强对监察法规的监督，基本途径是修改《监察法》，规定监察法规的权限、程序和监督机制，并制定《监察法规制定程序条例》，以及建立监察法规和党内法规的衔接协调机制。

（一）监察法规面对的挑战

《立法法》将宪法和法律、全国人大常委会决定并列作为监察立法权的依据，实际上等于《立法法》仅对它们作了简单背书，甚至可以认为是仅对 2019 年全国人大常委会《关于监察法规的决定》的背书。在宪法和法律尚未对监察立法权作出规定的背景下，作为国家立法制度领域的基本法律，《立法法》作出背书式的规定，一定程度上补强监察立法权，但仍有不足。而且，对于监察法规到底应在多大范围内适用和实施，《立法法》没有直接规定，监察立法权的空间过大。这将造成监察立法权在运行中的一系列问题。具体来说：

一是监察立法权的合法性基础不足。尽管纪检监察体制和军事体制皆有党政合署办公、一体化运作的特征，但两者并不能相提并论。这是因为军事体制内涵着紧急状态属性，必须考虑“非常（态）法律”的特殊性。[①] 相较来说，纪检监察体制指向权力监督，属于常态法治领域。在国家监察体制改革前，《行政监察法》《刑事诉讼法》《刑法》等法律就在权力监督上发挥了重要作用。在国家监察体制改革后，党中央也一直强调反腐败工作的规范化法治化。配置立法权是宪法的基本内容，宪法对行政法规、地方性法规作出了规定。严格来说，法规制定权具有宪法保留的某些属性。虽然宪法规定了监察委员会的职权由法律规

① 孟涛：《中国非常法律的形成、现状与未来》，载《中国社会科学》2011 年第 2 期。

定，但监察立法权的宪法属性如何体现仍需要进一步思考。为了弥补合法性基础的不足，可以由《监察法》和《立法法》这两部法律共同规定监察立法权。2023年《立法法》修改增加关于监察法规的规定，具有必要性；其方案充分考虑了监察法规的特殊性，具有合理性。不过，作为一种新型法规形态，监察法规的制度建设需要同完善党和国家监督体系、深化国家监察体制改革结合在一起，这是一项系统工程。《立法法》未规定监察法规的制定权限和程序等重大问题，意味着这部关于立法体制的基本法留出了制度空白和新的立法任务。为了维护我国立法权制度的权威，补强监察法规的合法性基础，以及完善国家监察制度，未来修改《监察法》时可以对监察法规作出进一步规定。

二是监察立法权的合法化程度不够。纪检监察一体化也具有规范性特征。国家监察体制改革带来了意想不到的法治效果，那就是可以通过依规治党实现依法治国的目标。[①] 它既表现为以"国法"约束党组织的行为，也表现为以党纪约束国家机关，党内法规成为各级监察机关的重要规范依据和约束。纪检监察机关既遵循党规，又遵循国法，做到了依规治党与依法治国并举。中国特色社会主义法治在合署办公中实现了依规治党与依法治国的统一，同时也保留了党规与国法之间的二元结构。这一实践创新需要法治理论的支持，监察法规的入法方案就可以实现这一创新。从理论上看，立法或可以适度阐明合署办公的党政一体化体制的规范形式。如前所述，2023年《立法法》修改所选择的方案实际上就回避了这一问题，对实践创新的支持不足，无法回答这种体制的合法化程度问题。这一体制的规范性仍需要回到《监察法》加以体现。

三是监察法规存在违法可能性。《立法法》对监察法规作出简略规定，相当于一种法律的概括授权，这将导致监察立法权的程序、监督机制等皆由监察法规自行规定。这种安排固然不违反宪法和法律，但可能导致监察权借助这种立法方式实现过度扩张，容易出现监察法规违

---

① 李少文：《全面从严治党促进法治中国建设的理论逻辑与实践路径》，载《武汉大学学报（哲学社会科学版）》2021年第6期。

法问题。特别是，监察法规制定与党内法规制定紧密结合在一起，缺少明确的法律依据和法律控制，其权限范围更容易扩张。监察立法权在创制性立法、授权性立法方面缺少有效控制。2019 年《关于监察法规的决定》没有明确规定，《立法法》也未作出任何具体安排，如何保证它们的合法性，是未来要进一步解决的问题。

（二）在深化改革中完善监察法规监督机制

因为监察法规嵌入了党和国家监督体系，所以，对监察法规体制机制的完善，也需要统一于深化国家监察体制改革的进程中，具体方式可以是更明确地规定监察法规的权限、程序，规定人大监督机制，规定党内监督机制，从而化解监察法规的法治危机。具体来说：

首先，修改《监察法》，明确规定监察立法权以及监察法规的权限、程序和监督机制。如前所述，《监察法》是监察领域的基本法律，应当对监察立法权作出规定。虽然监察法规具有特殊性，但在权限、程序以及监督机制方面，仍可以共享行政立法权的一些制度安排，前文对此已有讨论。

其次，制定《监察法规制定程序条例》。这是国家监察委员会为了更好地行使监察立法权，为自己制定的一部监察法规。它应当具有程序性、规范性、开放性等特征。程序性是指这部监察法规只涉及程序问题，不对监察立法权限和内容作出扩张。规范性是指这是一部可操作的程序性规范，指引国家监察委员会制定监察法规。开放性是指监察立法程序应保持适度开放，通过公众参与、协商民主等机制，体现科学立法、民主立法的要求。

再次，建立健全监察法规与党内法规的衔接协调机制。为充分发挥监察法规的作用，必须考虑到纪检监察机关合署办公的实际情况。一方面，监察法规与党内法规应当有相对明确的领域区分，即监察法规主要针对监察事务，以国家监察立法为基本依据。监察法规不宜直接介入党的纪律规范及其运行体制。不过，基于监察法规在组织体系和内部管理方面的从属性特征，党内法规与监察法规可以体现一致性。另一方面，监察法规可以考虑将反腐败工作的一些实践经验和党内法规的一些规定，通过法律规范的方式，吸收到其规范之中。例如，关于监察信息如何公开，可以通过监察法规加以规定，同时吸收相关的党内法规内容。此外，在反腐败的程序机制、政务处分与党纪处分等方面，两者还要进行一定的有效衔接。

本章小结

监察机关立法权需要通过中国特色社会主义法治理论来理解。传统法治理论中，立法机关立法和行政机关立法是普遍现象，它们出现在立法权和行政权区分体制下，行政立法是行政权衍生的权力，受到法律保留、法制统一等原则约束。监察权和监察机关生成于我国国家监察体制改革的过程中，在党的纪律检查机关和国家监察机关施行合署办公、一体化运作的实践传统下，产生了事实与规范上的差距与张力，为传统法治理论带来了新问题，提出了新挑战，集中体现为监察法规的规范定位问题。赋予监察机关立法权是国家监察体制改革过程中就在讨论的话题。然而，2018 年修改宪法和制定《监察法》并未对此作出规定。“2019 年 8 月，国家监察委员会致函全国人大常委会办公厅提出，随着国家监察体制改革不断深入，监察工作中一些深层次问题逐渐显现，监察法中一些原则性表述需要进一步具体化。为便于各级监察机关更好地执行和适用法律，国家监察委员会拟制定出台《监察法实施条例》。”[①]可见，监察立法权来源于实践需要，但这也是立法权配置中一个需要考虑的重大理论问题。监察法规可以由宪法和《监察法》进行规定，也可以由《立法法》进行规定。《立法法》在配置立法权方面没有超出宪法的功能，可以回避党政关系等政治性问题。2023 年修改《立法法》，重要任务之一就是适应监察立法权的现实，并对监察法规作出相应规定。《立法法》选择了参考军事法规的入法方案。这一安排总体上

---

① 沈春耀：《关于〈全国人民代表大会常务委员会关于国家监察委员会制定监察法规的决定（草案）〉的说明——2019 年 10 月 21 日在第十三届全国人民代表大会常务委员会第十四次会议上》，载《中华人民共和国全国人民代表大会常务委员会公报》2019 年第 6 期。

是必要的、合理的，充分考虑了监察法规的特殊性，反映了中国特色社会主义法治的性质和要求。在改革过程中，如何消除外部疑虑，一直是改革的重要考量因素。监察法规也要接受法治一般原则的约束。接下来，深化国家监察体制改革，还要修改《监察法》，进一步完善有关制度，加强对监察法规的监督。

第九章

新时代政治体制改革的基本规律：以国家监察体制改革为例[1]

本章内容摘要

国家监察体制改革体现了中国特色社会主义民主政治发展的基本规律，即坚持党的领导、人民当家作主、依法治国有机统一。改革实践中的三者有机统一首先是三者共同体现。改革为人民行使权力提供新渠道，丰富和发展了人民代表大会制度，进一步深化了权力分工和权力监督的国家权力配置体系。改革促进反腐败工作的制度化、规范化和法治化，是全面依法治国的具体实践。不过，改革最根本的动力和任务是加强党的全面领导，实质是党的建设的展开，进一步强化了党和人民的同一性。这也表明改革中党的领导、人民民主、法治三项元素存在不同权重。改革开放40多年进程中，党的领导、人民当家作主、依法治国是动态平衡的有机统一。在一个时期里，加强党的全面领导是改革主题，但也不能忽视人民当家作主的制度建设和全面依法治国进程。它反映了改革的整体性特征。这三项元素皆是宪法原则，重视宪法的政治发展方案能够有效坚持三者有机统一。这是坚持和完善中国特色社会主义制度的基本要求。

---

① 本章主要内容曾以《政治体制改革的基本规律——以国家监察体制改革为例》为题，发表于《广东行政学院学报》2020年第6期。收入本书时补充了部分内容，并对部分文字表述做了调整。

坚持党的领导、人民当家作主、依法治国有机统一,是中国国家制度和国家治理体系的显著特点,[①]是中国特色社会主义民主政治发展的总体框架和基本规律。党的十九大报告说“三者有机统一于我国社会主义民主政治伟大实践”。[②] 那么,这一框架如何作用于我国的政治体制改革?实践如何反映这一规律?纵观改革开放40多年的历史,政治体制改革虽从未淡出视野,但大规模的制度性变革却不多见。已经取得很大成绩、完成阶段性任务的国家监察体制改革十分典型。作为“事关全局的政治体制改革”,回顾并解析它的过程将是理解政治体制改革规律的重要方式。本章的任务是通过国家监察体制改革的实践,说明坚持党的领导、人民当家作主、依法治国有机统一是具体的,表现出共同体现、不同侧重、动态平衡的特点。在此基础上,本章进一步提出重视宪法的政治体制改革方案,即整体改革观,能够有效坚持三者有机统一。

一、人民当家作主的制度建设

在我国,人民是国家权力的拥有者,实现一切权力属于人民是所有政治的目标。这是中国特色社会主义民主政治的根本属性,也体现在中国共产党的政策之中。[③] 国家监察体制改革的直接内容是实现人民当家作主,它既是人民行使国家权力的有效表达,也是通过国家机构体系实现权力分工和权力监督的反映。

---

① 《中共中央关于坚持和完善中国特色社会主义制度　推进国家治理体系和治理能力现代化若干重大问题的决定(2019年10月31日中国共产党第十九届中央委员会第四次全体会议通过)》,载《人民日报》2019年11月6日第001版。

② 习近平:《决胜全面建成小康社会　夺取新时代中国特色社会主义伟大胜利——在中国共产党第十九次全国代表大会上的报告(2017年10月18日)》,人民出版社2017年版,第36页。

③ 习近平:《决胜全面建成小康社会　夺取新时代中国特色社会主义伟大胜利——在中国共产党第十九次全国代表大会上的报告(2017年10月18日)》,人民出版社2017年版,第35—36页。

（一）丰富和发展人民代表大会制度

监察委员会是人民的监察委员会，“在党中央统一领导下行使公权力，为人民用权，对人民负责，受人民监督。”[①]这一宣示并不是抽象的，而是具体的，关键在于它提供了人民行使权力的新通道。这是证成国家监察体制改革推进人民民主的最主要依据。

人民民主是社会主义的生命。[②] 这一论断揭示了社会主义制度的本质，它继承了近代以来人类政治文明的重要思想和先进成果。问题在于，人民如何体现国家主人的地位？这就构成了现代制度设计的根本性问题。它在社会主义国家也不例外。恩格斯在《共产主义原理》中说：“无产阶级革命将建立民主的国家制度，从而直接或间接地建立无产阶级的政治统治。”[③]列宁进一步论述了人民代表的意义，“为了建立共和制，就绝对要有人民代表的会议，并且一定要是全民的按普遍、平等、直接和无记名投票的选举制选出的和立宪的会议。”[④]新中国成立后，我们开始建设人民代表大会制度，它在 1949 年《共同纲领》中就已确认、在“五四宪法”中正式建立起来，是我国的政体形式和根本政治制度。“这种政治制度，是同我们国家的根本性质相联系的。”[⑤]这也为现下政治实践所确认，党的十九大报告中说：“人民代表大会制度是坚持党的领导、人民当家作主、依法治国有机统一的根本政治制度安排，必须长期坚持、不断完善。”[⑥]

---

① 李建国：《关于〈中华人民共和国监察法（草案）〉的说明——2018 年 3 月 13 日在第十三届全国人民代表大会第一次会议上》，载《中华人民共和国全国人民代表大会常务委员会公报》2018 年第 2 期。

② 《习近平新时代中国特色社会主义思想学习纲要》，学习出版社、人民出版社 2019 年版，第 123 页。

③ 《马克思恩格斯选集》（第 1 卷），人民出版社 2012 年版，第 304 页。

④ 列宁：《社会民主党在民主革命中的两种策略》（1905 年 6—7 月），载《列宁选集》（第 1 卷），人民出版社 2012 年版，第 519 页。

⑤ 刘少奇：《关于中华人民共和国宪法草案的报告（一九五四年九月十五日在中华人民共和国第一届全国人民代表大会第一次会议上的报告）》，载《江苏教育》1954 年第 19 期。

⑥ 习近平：《决胜全面建成小康社会　夺取新时代中国特色社会主义伟大胜利——在中国共产党第十九次全国代表大会上的报告（2017 年 10 月 18 日）》，人民出版社 2017 年版，第 37 页。

人民代表大会制度的内涵是极为丰富的，首先就表现为人民代表大会是国家权力机关，全国人大是最高国家权力机关。国家监察体制改革直接针对人民代表大会制度，所以它是针对宪法保留事项的改革。[①] 从内容上看，改革“将行使国家监察职能的专责机关纳入国家机构体系”[②]，说明监察委员会是人民代表大会制度之中的国家机构。它有两层含义：其一，监察权力是一种国家权力，而不是社会权力、政党权力；其二，监察权力并不是最高的权力，而是由最高权力派生出来的一种权力，它服从于最高权力。这表明监察委员会还必须接受人民的监督，对人民负责，进而演化出一系列针对监察权的控制方式，表现在制度上就是宪法第一百二十六条规定的“国家监察委员会对全国人民代表大会和全国人民代表大会常务委员会负责。地方各级监察委员会对产生它的国家权力机关和上一级监察委员会负责。”这些皆可以视为人民代表大会制度的内容。目前的问题在于，目前各级人大对同级监察委员会的监督是否充分，对此存在着较大的争议。[③] 这也是对于人民代表大会制度是否完备的争议。

（二）权力分工与权力监督

国家监察体制改革的直接效果是在国家机构体系中组建了一套新的国家机关——监察委员会。宪法明确规定，作为国家的监察机关，监察委员会“依法独立行使监察权”，“对所有行使公权力的公职人员进行监督”。可见，社会主义宪法主张权力受到监督，[④]监察委员会本身就是一种独立的监督权力设计。

国家权力配置是一个复杂的系统，任何权力体系的设计都要遵从一定的逻辑。自启蒙运动以来，分权主义就是配置国家权力的基本原

---

① 李少文：《国家监察体制改革的宪法控制》，载《当代法学》2019 年第 3 期。

② 李建国：《关于〈中华人民共和国监察法（草案）〉的说明——2018 年 3 月 13 日在第十三届全国人民代表大会第一次会议上》，载《中华人民共和国全国人民代表大会常务委员会公报》2018 年第 2 期。

③ 李少文：《国家监察体制改革的宪法控制》，载《当代法学》2019 年第 3 期。

④ 周叶中主编：《宪法》，高等教育出版社、北京大学出版社 2000 年版，第 105 页。

理，已经取得了不可动摇的地位。[①] 在孟德斯鸠看来，一切有权力的人都容易滥用权力，“有权力的人们使用权力一直到遇到界限的地方才休止。”[②]马克思和恩格斯在批判资产阶级统治时，明确指出了权力滥用的恶果。在马克思主义看来，在阶级社会里，从社会分离出来的国家是阶级矛盾不可调和的产物，国家权力必然用来维护统治阶级利益。“这些机关，而其中主要的是国家权力，为了追求自己特殊的利益，从社会的公仆变成了社会的主宰。”[③]这样一来，权力就异化、变质了，拥有权力的人开始追求自己的特殊利益。马克思主义也承认权力之间相互制约和监督的必要性。马克思深切认识到，分权学说作为资产阶级统治的“永恒规律”是因为“王权、贵族和资产阶级为夺取统治而争斗，因而，在那里统治是分享的，那里占统治地位的思想就会是关于分权的学说。”[④]他肯定分权学说带来的进步意义，并指出分权的实质“是为了简化和监督国家机构而实行的日常事务的分工。”[⑤]马克思高度赞扬了1831年《黑森宪法》确立的分权体系，“没有哪一部宪法对执行机关的权限做过这样严格的限制，在更大程度上使政府从属于立法机关，并且给司法机关以如此广泛的监督权。”[⑥]马克思认识到，在权力滥用和腐败的情况下，人民的自由和权利就会受到侵犯。

在马克思主义的指导下，合理配置国家权力同样是社会主义国家政治建设的重要任务。人民代表大会制度之下的不同国家机构之间实现的是分工协作、相互配合。我国的国家机构设置延续了结构性分权的基本逻辑，形成了一元制之下的权力分工模式。改革之前的权力分工体系并没有独立的监督权，而是将这一权力类型分散到不同机构之中。改革之后，由全国人民代表大会产生“一府一委两院”（实际上是国家主席加中央军委主席加“一府一委两院”），并由全国人大保留立法权、重大事

---

① [英]维尔：《宪政与分权》，苏力译，生活·读书·新知三联书店1997年版，第3页。
② [法]孟德斯鸠：《论法的精神》，许明龙译，商务印书馆2016年版，第185页。
③《马克思恩格斯全集》（第22卷），人民出版社1956年版，第227页。
④《马克思恩格斯选集》（第1卷），人民出版社1995年版，第99页。
⑤《马克思恩格斯全集》（第5卷），人民出版社1957年版，第224页。
⑥《马克思恩格斯全集》（第13卷），人民出版社1962年版，第596—600页。

务决定权以及人大的监督权等，在进一步凸显最高权力时也形成了立法、行政、监察与司法的分工架构。从性质上看，监察委员会是一种基于功能、目标和专业性而展开的权力配置方案，属于功能性分权的新形式。单独行使的监督权符合功能性分权的基本特点，正是因为它的目标非常明确和专业，带有强烈的业务独立属性。推动国家监察体制改革是“权力必须受到制约和监督”的具体要求。正是因为权力必须受到监督，所以才需要推动改革，而新设立的监察委员会行使的就是一种监督权。

二、全面依法治国的具体实践

因为涉及到制度与立法，国家监察体制改革在目标、内容和方式上皆与法治直接相关，在多个层次上体现了法治的进步。这种进步既包括通过改革依法反腐败，进而贯彻有限政府的原则，也包括监察制度本身贯彻法治原则，推动监察权规范化、程序化和制度化。本次改革是全面依法治国的一次具体实践。不过，在实践中，关于改革的法治争议一直存在，这体现了改革面对的法治责难以及法治元素在改革过程中的地位问题。

第一，反腐败工作的制度化。国家监察体制改革的直接目标是更有效的反腐败，是“总结党的十八大以来反腐败实践经验，为新形势下反腐败斗争提供坚强法治保障的现实需要”。[①] 问题在于，如何才是最有效的反腐败方式？改革首先寻求“形成强有力的反腐败机构”。[②] 具体来说：从国家机关之间的关系来看，由人大产生的监察委员会对人大负责，但不需要报告工作，避免形成对抗结构和紧张关系。[③] 从党政关

① 李建国：《关于〈中华人民共和国监察法（草案）〉的说明——2018 年 3 月 13 日在第十三届全国人民代表大会第一次会议上》，载《中华人民共和国全国人民代表大会常务委员会公报》2018 年第 2 期。

② 李建国：《关于〈中华人民共和国监察法（草案）〉的说明——2018 年 3 月 13 日在第十三届全国人民代表大会第一次会议上》，载《中华人民共和国全国人民代表大会常务委员会公报》2018 年第 2 期。

③ 莫纪宏：《国家监察体制改革要注重对监察权性质的研究》，载《中州学刊》2017 年第 10 期。

系来看，监察委员会实际上是党组织和国家机构的合体结构，亦即纪委监委的合署办公，既是指人员、机构的合一，也是权责的合一，从而让党的领导方式和组织原则输入到国家机构内部，而党组织的运行逻辑带有强烈的集中统一、令行禁止的色彩。从内部结构来看，监察委员会奉行民主集中制的组织原则，将党组织活动原则和国家机构组织原则结合在一起，并以反腐败的工作业务为主线，是鲜明的权力集中结构。这些由立法确认的关系共同塑造了反腐败机构“强有力”的结果。

第二，有限政府的形式化。改革的一个重要任务是落实习近平所要求的“加强对权力运行的制约和监督，把权力关进制度的笼子里，形成不敢腐的惩戒机制、不能腐的防范机制、不易腐的保障机制”。[①] “把权力关进制度的笼子里”蕴含着一种有限政府的理念，而它作为宪法精神，对于控制权力、塑造宪法秩序来说发挥了至关重要的作用。改革在形式上实现了有限政府的要求，体现了法治精神。这主要涉及到两个层面的问题。其一，监察机关是“把权力关进制度的笼子里”的执行者，它行使的监察权的任务之一就是确保有限政府。所以，改革的直接目标是实现“全覆盖”——“实现对所有行使公权力的公职人员监察全覆盖”。[②] 当然，这里存在着一个逻辑上的“鸿沟”，即对公职人员的监察与对权力分支的监督之间是不同的，有限政府原则的直接要求并不是指向公职人员。不过，在我国目前的公职人员管理体系以及公权力的运作过程中，这种监督促成有限政府的意义仍是显著的。其二，监察机关自身的权力是否是有限的，这是一个让学者很担忧的问题。[③] 从逻辑上看，监察权当然是有限的，这种有限性既表现在监察机关是人民代表大会制度的一部分，监察权只是人民主权的延伸，也表现在监察权受

① 《习近平在十八届中央纪委二次全会上发表重要讲话强调更加科学有效地防治腐败　坚定不移把反腐倡廉建设引向深入》，载《中国监察》2013 年第 3 期。

② 李建国：《关于〈中华人民共和国监察法（草案）〉的说明——2018 年 3 月 13 日在第十三届全国人民代表大会第一次会议上》，载《中华人民共和国全国人民代表大会常务委员会公报》2018 年第 2 期。

③ 秦前红：《我国监察机关的宪法定位》，载《中外法学》2018 年第 3 期。

制于宪法和法律的明确约束。[1] 不过,在实践中,监察权的有限性仍需要通过具体制度加以展现,既要为监察机关及其工作人员划定行为的程序边界,也为相对人提供合理充分的对抗性权利,凸显宪法权利的反向制约作用。

第三,国家监察制度的法治化。一方面,监察机关运作贯彻形式法治原则,具备了法律依据。这主要是指国家监察立法逐渐完备,宪法也为此做了修改。另一方面,监察制度输入法治价值,从而塑造制度本身的合法性。其中最主要的问题在于我们如何看待目前监察制度的法治化程度。因为腐败本身是无价值的,造成的危害十分严重,所以反腐败能够聚集正当性。作为一项目的明确的活动,反腐败工作以效率和成效作为衡量标准。问题的关键在于反腐败如何与分权、法治、程序保障和人权保障等诸价值的平衡,让反腐败工作遵循法治与人权保障的基本要求,这是本次改革解决的法治难题。这在监察机关具体权力运用之中体现出来并引发争论。[2]

第四,依规治党与依法治国的统一。改革带来了意想不到的法治效果,那就是通过依规治党实现依法治国的目标。[3] 它既表现为以"国法"约束党的机关的行为——因为纪委监委合署办公,这就是监察权专责机关纳入国家机构体系的重要意义,也表现为以党纪约束国家机关的问题,党内法规成为各级监察机关的重要规范依据和约束。在实践中,一方面,《中国共产党纪律处分条例》和《监察法》作为反腐败制度设计的两部基础性规范同时发挥作用。"治理一个国家、一个社会,关键是要立规矩、讲规矩、守规矩。法律是治国理政最大最重要的规矩。"[4]在改

---

① 马岭:《关于监察制度立法问题的探讨》,载《法学评论》2017年第3期。

② 刘艳红:《监察委员会调查权运作的双重困境及其法治路径》,载《法学论坛》2017年第6期。

③ 关于依规治党与依法治国的关系,理论上有很多讨论。参见王若磊:《依规治党与依法治国的关系》,载《法学研究》2016年第6期。

④ 习近平:《在中国共产党十八届四中全会第二次全体会议上的讲话(2014年10月23日)》,载《习近平关于严明党的纪律和规矩论述摘编》,中央文献出版社、中国方正出版社2015年版,第6页。

革工程师看来，权力以及行使权力的人都要守规矩，反腐败作为追求政治正义的事业当然也要有“规矩意识”。不过，这里的“规矩”却是复合的，并不单纯只有国家法律，而是包括了党内法规。甚至可以说，党内法规先行、先定是我国反腐败模式的重要特征。这也是理解目前监察制度的基础。另一方面，不同于其他立法，《监察法》和《公职人员政务处分法》呈现出的特点是它们在法律条文中直接呈现了党的领导的根本性原则、党政合署办公的某些特点以及对公职人员的宽泛界定等。这就使得国家监察立法本身呈现出特殊性。实际上，对于《监察法》的明确性存在的一些争议可以从这个方面加以理解。例如，形式法治要求规则的明确性和自洽性，①但理论界对于监察制度的自洽性也产生了一些疑问。有学者提出留置作为监察委的调查措施无法取代作为党纪措施的“两规”。② 面对这种理论上的困惑，必须结合合署办公这一特殊形式来考虑。合署办公作为本次改革的重要特点乃至前提，它是全面的、实质的而非形式的。合署办公既带来了权力性质的复合性，也造成了党规国法同时约束党的机关和国家机关的格局。所以，留置的法定化虽然没有改变“两规”的党内法规基础，却在实际运作中替代了后者，这也是留置取代“两规”的真实涵义。事实上，党的纪律检查机关的运作特别是带有限制人身自由的调查措施受制于《监察法》，用留置取代“两规”正是在这个意义上体现出来的。

三、加强党的全面领导的顶层设计

前文讨论了国家监察体制改革在人民当家作主的制度建设、全面依法治国的具体实践两方面取得的成绩及其存在的争议，尝试揭示本次改革体现的人民民主和法治元素。尽管这两者都非常重要，但它们

---

① 明确性和自洽性是法治的基本要求。参见［美］富勒：《法律的道德性》，郑戈译，商务印书馆2005年版，第75、77页。

② 刘艳红：《程序自然法作为规则自洽的必要条件——〈监察法〉留置权运作的法治化路径》，载《华东政法大学学报》2018年第3期。

仍不能显示改革的全貌,特别是无法展现改革的根本动因与主要任务,亦非改革取得的最大成就。作为一场政治体制改革,国家监察体制改革与作为中国特色社会主义事业领导核心的中国共产党密切相关,根本目的是"加强党对反腐败工作的集中统一领导"。[①]

(一) 改革体现为党的建设的展开

本次改革看起来是针对国家机构的,其影响却超出了国家机构。这一方面是因为它通过党政合署办公实现了纪检监察的一体化,宪法上独立成节的监察委员会在现实实践中并未体现出完整的主体性,新创设的国家机构必须要同党的纪律检查机关结合在一起考虑。在所有的国家机构中,只有中华人民共和国中央军事委员会是这样的设计。另一方面,改革始终着眼于党的领导这一要求的实现与体制机制的完善,国家监察体制改革直接作用于党内监督,而党内监督与国家监察共同构成的监督体系是党的领导的重要依靠。所以,改革内容与中国共产党的自身建设是一体两面的关系。

党的建设是中国共产党重要的法宝。[②] 在长期执政这一前提条件之下,如何始终保持党的长期执政能力,关键就是党要做到自我监督、实现自我净化,始终确保党的先进性。[③] 十九大报告提出新时代推进党的政治建设、思想建设、组织建设、作风建设、纪律建设,把制度建设贯穿其中,[④]形成了党的建设的具体任务。纵观国家监察体制改革的起始与内容,可以称为党的建设的展开,始终作为全面从严治党的一部

① 刘廷飞:《深入学习贯彻习近平总书记在中央政治局第十一次集体学习重要讲话精神　加强党对反腐败工作的集中统一领导》,载《中国纪检监察报》2019 年 3 月 3 日第 1 版。

② 毛泽东:《〈共产党人〉发刊词(一九三九年十月四日)》,载《毛泽东选集》(第二卷),人民出版社 1991 年版,第 606 页。

③ 这是中国共产党自身建设的主线。参见习近平:《决胜全面建成小康社会　夺取新时代中国特色社会主义伟大胜利——在中国共产党第十九次全国代表大会上的报告(2017 年 10 月 18 日)》,人民出版社 2017 年版,第 62 页。

④ 习近平:《决胜全面建成小康社会　夺取新时代中国特色社会主义伟大胜利——在中国共产党第十九次全国代表大会上的报告(2017 年 10 月 18 日)》,人民出版社 2017 年版,第 62 页。

分内容。

第一，国家监察体制改革的范畴是加强党的纪律建设。改革之初，时任中纪委书记王岐山就说："国家监察委员会就是国家反腐败机构，制定国家监察法实质是推进反腐败国家立法。"[①]这揭示了机构设置和立法的本质内容。它仍是在党的纪律建设的范畴之内展开的，因为在改革推动者看来，监察体制改革的首要目标就是更有力地、更深入地反腐败。这是强化党的纪律建设的现实安排，前面提到的很多改革内容皆可以从此视角进行理解。例如，改革需要重塑反腐败机构。在党的体系中，纪委承担了党内监督的主要任务，但党内监督仍有无法覆盖的领域，在实践中还会遇到机构之间权责不清的问题。当国家存在着大面积的腐败现象，关键就在于如何提升反腐败的效率，"整合反腐败力量"成为改革的重要动因。它主要表现在两个方面，其一是"构建了集中统一、权威高效的监察体系"，其二是"实现对行使公权力的公职人员监察全覆盖"。[②] 所以，改革尝试的是组建国家监察机关，同时推行纪委监委合署办公，从而呈现出加强党的纪律的功能。

第二，国家监察体制改革的实质是加强党的政治建设。政治建设是党的根本性建设，是党的建设的统领内容，也是首要内容。[③] 国家立法把党对反腐败工作集中统一领导的体制机制固定下来，[④]这是国家反腐败制度形式的新特点，也是党的政治建设的新实践。它反映了政治建设的具体要求及其意义，"构建党统一指挥、全面覆盖、权威高效的

---

① 王岐山：《推动全面从严治党向纵深发展　以优异成绩迎接党的十九大召开——在中国共产党第十八届中央纪律检查委员会第七次全体会议上的工作报告（2017 年 1 月 6 日）》，载《人民日报》2017 年 01 月 20 日第 004 版。

② 李建国：《关于〈中华人民共和国监察法（草案）〉的说明——2018 年 3 月 13 日在第十三届全国人民代表大会第一次会议上》，载《中华人民共和国全国人民代表大会常务委员会公报》2018 年第 2 期。

③ 习近平：《决胜全面建成小康社会　夺取新时代中国特色社会主义伟大胜利——在中国共产党第十九次全国代表大会上的报告》（2017 年 10 月 18 日），人民出版社 2017 年版，第 62 页。

④ 李建国：《关于〈中华人民共和国监察法（草案）〉的说明——2018 年 3 月 13 日在第十三届全国人民代表大会第一次会议上》，载《中华人民共和国全国人民代表大会常务委员会公报》2018 年第 2 期。

监督体系,能够把制度优势转化为治理效能。”[①]改革之前,反腐败的重任一直主要是由党来承担的,各级纪委与各级行政监察部门的合署办公就是表现。业已建立的反腐败制度体系被学者概括为“三驾马车”,却存在着各自的难题:党内纪委的纪律审查难以覆盖党外公务员;行政监察工作的“全覆盖”至多可达行政系统内部全体部门;检察院司法检察以党内纪检为前置,且限于现实因素难以发挥应有作用。[②] 改革试图对反腐败体制机制做出调整。如何强化反腐败机构的正当性、合理性以及有效性,不仅关系着反腐败效果,也影响国家权力的正常运作。在这种情况下,强调加强反腐败制度和机构建设,就会生发出有关形成新的制度形式的思路,重塑反腐败的制度体系,为维护正常的秩序提供保障。设计一个专业的反腐败机构,形成一种独立的监督性权力,是相较于“三驾马车”结构的制度创新。将党的监督力量和国家机构的监督力量合一,“既完善党的自我监督,又加强对国家机器监督”[③],既推动全面从严治党向前发展,又加强对公权力的监督,更加深入地实现了通过中国共产党管党治党实现社会主义民主政治发展的基本逻辑。

第三,国家监察体制改革的外在表现是加强党的制度建设。改革促成了党内监督与国家监察之间一体两面的关系,通过党内监督实现国家反腐任务和目标,通过国家监察为党内监督提供更为充分有效的法律制度条件。这就使得纪委监委合署办公之后,监察权力同样部分覆盖了党内监督权力,从而实现反向的体制化——实现监督权的国家化。与监督权力国家化类似的是,监察委员会的组织也实现了“政党化”,从而形成党对监督权的有效领导。

---

① 李建国:《关于〈中华人民共和国监察法(草案)〉的说明——2018年3月13日在第十三届全国人民代表大会第一次会议上》,载《中华人民共和国全国人民代表大会常务委员会公报》2018年第2期。

② 秦前红:《困境、改革与出路:从“三驾马车”到国家监察——我国监察体系的宪制思考》,载《中国法律评论》2017年第1期。

③ 习近平:《在第十八届中央纪律检查委员会第六次全体会议上的讲话(2016年1月12日)》,载《人民日报》2016年5月3日第002版。

（二）改革强化党与人民的同一性

党的自身建设具有外溢的社会主义民主政治发展的意义，突出表现在政治建设和纪律建设增强无产阶级政党的统一性、革命性和纯洁性，进而实现中国语境下的“民主同一性”，即中国共产党始终与最广大人民的根本利益保持一致，中国共产党执政就是表达最广大人民的意志和利益。党的制度建设又是将党与人民始终同一进行制度化的方式。这种同一性就是国家监察体制改革通过加强党的全面领导所发挥的社会主义民主政治发展的根本性作用，它贯彻了政治保障的逻辑，即为中国特色社会主义民主政治发展和国家治理现代化提供更加充分完善的政治保障。

同一性是民主的根本内容。卢梭在阐释人民主权和社会契约时说：“使它能以全部共同的力量来卫护和保障每个结合者的人身和财富，并且由于这一结合而使每一个与全体相联合的个人又只不过是服从自己本人，并且仍然像以往一样地自由。”[①]简单地说，根据社会契约建立的国家所要实现的正是“人民自己统治自己，人民自己服从自己”。这种人民主权式的民主观奠定了近代以来的政治基础，也深刻影响了马克思主义民主观，后者同样强调人民的主权。[②] 不过，马克思进行了阶级划分。在马克思主义看来，无产阶级才是国家政权的掌握者，人民民主才是真正的民主，这就是民主的阶级性主张。问题在于，在制度上如何实现人民民主？自巴黎公社以后的马克思主义实践表明，人民作为统治阶级必须牢牢掌握政权。因此，坚持中国共产党领导是社会主义民主政治发展的最根本要求，也是始终确保人民民主和法治的政治保障。

在中国特色社会主义民主政治发展的实践中，关键仍在于如何始终确保人民民主，即始终保持这种真正的民主同一性。这就是加强党

---

① ［法］卢梭：《社会契约论》，何兆武译，商务印书馆2003年版，第19页。

② 俞可平：《马克思论民主的一般概念、普遍价值和共同形式》，载《马克思主义与现实》2007年第3期。

的全面领导的民主实践价值,它不同于文章第一部分所讨论的人民当家作主的制度实践,而是从另一个角度间接实现的人民民主,植根于党的领导所能提供政治保障。在理论上经常遭遇的挑战是党的领导如何与人民民主相协调而不是相冲突。这也是三者有机统一的难题。这个问题在国家监察体制改革中也有体现,那就是加强党的领导如何仍然体现民主属性。回到党与人民的同一来理解本次改革,发现改革的政治逻辑,才是答案。质言之,本次改革是通过改革加强党的领导,从而表达出社会主义民主的功能。在中国共产党的话语体系中,党的根基在于人民,血脉系于人民,力量源于人民。习近平在强调反腐败工作时说:“如果不坚决纠正不良风气,任其发展下去,我们党就会失去根基、失去血脉、失去力量。”[①]国家监察体制改革正是要重新把握党的这种“人民性”。正是因为加强监督削弱乃至消除了党的自身利益、公权力的特殊利益,增强党的群众性基础,党的人民属性才能得到保证。这具体表现在:改革强化党内监督和国家监察,是党的自我革命、自我净化的反映,增强了党的先进性和纯洁性,从而体现了党与人民的同一。

四、三者有机统一的不同侧重与动态平衡

国家监察体制改革的实践是复杂的,前文分析了改革进程中的党的领导、人民民主与法治元素。中国特色社会主义民主政治发展强调坚持党的领导、人民当家作主、依法治国有机统一,构成了政治体制改革的总体逻辑预设和制度条件。这一论断在国家监察体制改革之中仍然凸显出来,只不过它的表现形式更为多样。

(一)三者有机统一在同一改革中的共同体现与不同侧重

第一,三者有机统一共同体现在改革实践中。如前文所述,加强党

---

① 新华社:《习近平在十八届中央纪委二次全会上发表重要讲话强调更加科学有效地防治腐败　坚定不移把反腐倡廉建设引向深入》,载《中国监察》2013年第3期。

的全面领导，推动人民当家作主的制度建设，推进全面依法治国，这些皆是我们推进国家监察体制改革时的考虑。在加强党的全面领导作为主要目标之下，人民民主和依法治国仍然在中国特色社会主义事业中占据着基础性地位，在民主政治发展中发挥了关键性作用，影响着改革过程与新建立的监察制度。

第二，三者在同一改革实践中有不同侧重。国家监察体制改革过程中存在着加强党的领导、人民当家作主的制度建设和推进全面依法治国三个实践面向，它们在改革所涉及的具体内容、具体方面存在着相互冲突的可能性。例如，突出改革作为党的政治建设的一面，它可以透过中国共产党与人民的同一性增强人民当家作主的内容，但可能会与依法治国所要求的有限政府原则产生龃龉。事实上，在实践中，党的领导、人民当家作主的制度建设和依法治国的要求是具体的，然而，这三个面向的重要性程度在每一项具体实践中并不是同等重要的。从整体上看，改革的最主要任务是加强党的领导，这贯彻在改革的目标和任务之中。改革作为人民当家作主制度建设的内容同样表现突出，尽管存有不同认识，但在中国特色社会主义民主制度的概念之下，改革是对人民代表大会制度的丰富和发展，特别是进一步完善了人民行使权力的通道，形成了更合理的权力分工和权力监督体系。与之同时，在法治的部分，改革尽管作为全面依法治国的具体实践，但存在的法治争议是明显的，前文也有阐述。换言之，改革在党的领导、人民民主的意义是显著的，在推动法治进步的过程中可能存在着一定的缺憾，特别是改革过程中出现了宪法收缩的现象。[①] 三者有机统一要求改革不能忽视法治，所以监察制度的制度化程度和法治化标准依然是改革深化的重点，甚至在很大程度上影响着改革的权威性和认受性。

第三，改革存在的法治责难需要通过三者有机统一进行解答。因为法治元素更多体现在细节之中，它往往会成为制约改革推进的因素，呈现出规范与现实之间的张力，这也是政治体制改革通常面对的问题。

---

① 李少文:《国家监察体制改革的宪法控制》，载《当代法学》2019 年第 3 期。

解决法治责难，必须回到中国特色社会主义民主政治发展的全局性角度来认识。这是因为，改革的正当性与合法性主要来源于加强党的领导和人民当家作主的制度建设，党的领导、人民民主是支持改革的政治基础。不仅如此，在我们的改革语境之中，推动全面依法治国也是改革的目标和任务，但这里的法治元素同样是从整体上进行理解的，是相较于改革之前的反腐败工作特点而言的，它并不是从某个单独的法治细节来界定的。从效果上看，改革的确也推动了法治发展，包括前文所述的促进反腐败工作制度化、有限政府形式化、监察制度法治化以及依规治党和依法治国的统一，尽管它并不是那么完美。所以，加强党的领导、人民当家作主的制度建设和全面依法治国的具体实践都是改革的正当性与合法性基础，并且这三个方面都是从中国特色社会主义民主政治发展的角度展开的。

（二）三者有机统一在历史进程中的动态平衡

避免机械地理解有机统一，既是指同一改革实践——如国家监察体制改革的具体措施会呈现出三项元素的不同权重，也是指在判断一个时期、一个阶段的政治社会发展面貌时，要看到这个时期和阶段的主题，不能将三者不分轻重、不加条件的同一对待。例如，2018 年宪法修改将“中国共产党领导是中国特色社会主义最本质的特征”写入第一条，其目的就是加强党的全面领导。对此，关于宪法修正案草案的说明中说得非常清楚：“……宪法从社会主义制度的本质属性角度对坚持和加强党的全面领导进行规定，有利于在全体人民中强化党的领导意识，有效把党的领导落实到国家工作全过程和各方面，确保党和国家事业始终沿着正确方向前进。”[①]这也从侧面反映出过去一段时间的改革发展进程中可能存在弱化党的领导的问题，它需要在接下来的改革中进行一定的纠偏。与之相联系的就是国家监察体制改革有效贯彻和体现

① 王晨：《关于〈中华人民共和国宪法修正案（草案）〉的说明——2018 年 3 月 5 日在第十三届全国人民代表大会第一次会议上》，载《中华人民共和国全国人民代表大会常务委员会公报》2018 年特刊。

了这一逻辑。所以，加强党的全面领导可谓是这一个阶段的主题，它的重要性会压倒人民当家作主的制度建设和依法治国的具体实践。

尽管如此，它并不意味着我们在这个阶段就放弃了三者有机统一。一方面，任何阶段，三个元素都缺一不可，尽管改革过程中会有不同侧重，但不能完全忽视任何一个元素。纵使国家监察体制改革的根本目标是加强党的全面领导，但它依然要符合人民民主和法治的标准，构成人民当家作主的制度建设和全面依法治国的具体实践内容。另一方面，一个阶段的主题侧重并不导致中国特色社会主义民主政治发展的失序，因为从长远历史角度来看，三者仍然是有机统一的。在改革开放 40 多年的社会主义民主政治实践中，不同历史阶段的主题是鲜明的。

回顾 40 多年来的改革，一段时间里，我们也将人民民主作为重要的改革逻辑，大力推动人民当家作主的制度建设就是表现。改革开放之初，邓小平在《党和国家领导制度的改革》一文中说："要使我们的宪法更加完备、周密、准确，……要改善人民代表大会制度，等等。关于不允许权力过分集中的原则，也将在宪法上表现出来。"①所以，在制定"八二宪法"的过程中，宪法工程师们加强了全国人大常委会的地位与功能，这使得人民代表大会发挥了更大的更有效的作用。王汉斌说这是根据小平同志提出的"要改善人民代表大会制度"的要求所进行的设计，"是国家政治体制的重要改革，对健全国家体制，加强国家权力机关的工作和建设，有重大而深远的意义。"②胡乔木说："因为人大常委会可以经常开会……起了一个国会的作用……"③彭真也说："适当扩大全国人大常委会的职权是加强人民代表大会制度的有效办法。"与之同时，宪法也规定了县一级人大设常委会。做实、做强、做大人民代表大会，是人民当家作主制度建设的具体表现。

一段时间里，我们又将法治作为重要的改革逻辑，大力推动依法治

---

① 《邓小平文选》(第二卷)，人民出版社 1993 年版，第 339 页。
② 王汉斌：《邓小平同志亲自指导起草一九八二年宪法》，载《中国人大》2004 年第 16 期。
③ 许崇德：《中华人民共和国宪法史》，福建人民出版社 1995 年版，第 630 页。

国的具体实践就是表现。[①] 这是因为法治建设是当时迫切且重要的任务。1997 年党的十五大报告明确“依法治国,建设社会主义法治国家”是党领导人民治理国家的基本方略。1999 年,依法治国又被写入宪法。党的十八届四中全会是一次关于全面依法治国的中央全会,从顶层设计上提出了法治建设的一系列目标、方略,被认为是社会主义法治国家建设的又一个里程碑。[②] 概言之,20 多年来,我国的法治建设成就显著。

党的十八大以来,我们将加强党的全面领导放在了突出位置,这是十八大以来政治发展的主要线索,[③]国家监察体制改革、现行宪法第五次修改过程都是具体表现。如前所述,这一阶段,我们将加强党的全面领导作为了改革主题和重点也并没有意外。将它作为改革目标,处处强调改革强化的党的领导,并非将三者割裂开来。正是因为之前的政治发展忽视或者弱化了这一点,所以今天的改革才特别重视它。所以,加强党的全面领导正是体现了历史进程中的三者有机统一,反映了三者动态平衡的规律。[④]

可能存在的问题在于:如何始终确保三者有机统一而不是因为时代或阶段主题就忽视三者中的任何两个或一个元素。实际上,在理解和适用坚持党的领导、人民当家作主、依法治国有机统一时,要避免的错误认识是三者或任两者的对抗式结构,不能将党的领导与人民当家作主、依法治国对立起来,同样也不能利用民主、法治的部分特征元素消解党的领导的要求。历史上,我们就曾出现过类似的情形。在现行宪法通过之后第二天,《人民日报》社论说:“……在人民中间,包括在一部分共产党员中间造成一种错觉:人民建立了自己的政权以后,似乎法制是可讲可不讲的,法律是可有可无的。十年内乱从反面给我们上了

---

① 卓泽渊:《40 年改革开放与社会主义法治国家建设》,载《学习时报》2018 年 11 月 21 日第 001 版。

② 沈国明:《改革开放 40 年法治中国建设:成就、经验与未来》,载《东方法学》2018 年第 6 期。

③ 林晖:《确保党始终成为伟大事业的坚强领导核心——党的十八大以来坚持和加强党的全面领导综述》,载《人民日报》2018 年 7 月 6 日第 006 版。

④ 李少文:《国家监察体制改革的宪法控制》,载《当代法学》2019 年第 3 期。

一堂应该说是终身难忘的法制课：无产阶级一旦掌握政权，就要加强法制建设，用法制保证无产阶级和广大人民的利益。不讲法制，有法不依，无法无天，只有利于坏人，而不利于人民。”[①]这一论述颇为深刻，它揭示了法治对于社会主义国家的意义。我们在“十年内乱”时期忽视了法治建设，实际上就是忽视乃至放弃了三者有机统一，这是历史带给我们的惨痛教训。同样地，在我国政治生活中，党是居于领导地位的。[②] 党的领导始终是根本，我们的一切政治体制改革都要坚持这个前提，如果背离了这个前提，社会主义民主政治就失去了根本保障，也偏离了方向，改革必然就会失败。由于党的领导是与人民当家作主紧密结合在一起，党是与人民民主结合在一起的，所以人民民主也势必会弱化。那些推动人民民主的改革措施也就偏离了方向，最终走向失败。20 世纪 80 年代的政治体制改革或许就出现了这样的危机。所以，任何时候任何阶段，都必须要坚持三者有机统一。

五、整体改革观：重视宪法的政治体制改革方案

“党的领导是人民当家作主和依法治国的根本保证，人民当家作主是社会主义民主政治的本质特征，依法治国是党领导人民治理国家的基本方式，三者统一于我国社会主义民主政治伟大实践。”[③]这是大家耳熟能详的关于三者关系的陈述。不过，如前所述，实践中的三者有机统一并不容易达成共识，既有历史进程中的不同主题，也有同一改革中存在的不同侧重。所以，必须在政治体制改革中设定一个中国特色社会主义民主政治发展的有效方案，关键在于重视宪法，形成宪法控制下

① 人民日报社：《新时期治国安邦的总章程》，载《人民日报》1982 年 12 月 5 日第 001 版。
② 习近平：《决胜全面建成小康社会　夺取新时代中国特色社会主义伟大胜利——在中国共产党第十九次全国代表大会上的报告（2017 年 10 月 18 日）》，人民出版社 2017 年版，第 36 页。
③ 习近平：《决胜全面建成小康社会　夺取新时代中国特色社会主义伟大胜利——在中国共产党第十九次全国代表大会上的报告（2017 年 10 月 18 日）》，人民出版社 2017 年版，第 36 页。

的整体改革方案。这是本章的论证终点。

(一) 现行宪法包含三者有机统一

从逻辑上看，在推动政治体制改革、适用这三个元素时，某个或者某两个因素存在全有或者全无的两种情形。这当然就不是三者有机统一了。具体来说，我们加强党的领导，就可能存在着忽视人民民主、法治的问题，如果不去推动人民当家作主的制度建设和推进依法治国，那就不叫“三者有机统一”；我们推动人民民主，如果在这个过程中弱化了党的领导，不遵循法治，那也不叫“三者有机统一”；我们推动法治建设，如果在这个过程中弱化党的领导，忽视人民民主的制度建设和具体实践，同样也不是“三者有机统一”。出现这些情况时，我们的政治体制改革就面临风险，社会主义民主政治发展就会出问题。

我国现行宪法可谓是一部三者有机统一的宪法。序言和宪法第一条皆强调了坚持党的领导，这是我国特殊的法权结构。[①] 政治宪法学就认为，“中国共产党领导中国人民”是“八二宪法”的第一根本法。[②] 同时，现行宪法也是一部人民民主的宪法，第二条直接宣示了“中华人民共和国的一切权力属于人民”，并且通过总纲、基本权利、国家机构条款建立了人民当家作主的制度体系。宪法同样贯彻了法治逻辑，序言最后一段称：“本宪法以法律的形式确认了中国各族人民奋斗的成果，规定了国家的根本制度和根本任务，是国家的根本法，具有最高的法律效力。”第五条规定：“中华人民共和国实行依法治国，建设社会主义法治国家。”它可谓是法治国家条款。可见，党的领导、人民民主、法治三个元素皆是我国宪法的规定，构成宪法确立的中国特色社会主义民主的基本形式。站在政治体制改革的角度，它是宪法秩序的核心结构图，也是宪法维护的社会主义民主政治发展的底线。

这个逻辑可以进一步从内部和外部两层结构进行观察：三者都是

---

① 翟志勇：《人民主权是一种法权结构与公民行动》，载《学术月刊》2013 年第 10 期；翟志勇：《八二宪法的生成与结构》，载《华东政法大学学报》2012 年第 6 期。

② 陈端洪：《论宪法作为国家的根本法与高级法》，载《中外法学》2008 年第 4 期。

宪法的要求，也都围绕着宪法展开并发挥作用；同时，它们之间也相互作用，并以“有机统一”作为底线。

首先，宪法是三者关系的中心，是集中统一之归宿：中国共产党领导是宪法民主性（或宪法确认的民主形式）的根本内容，并且党的领导直接表达人民民主的内容；宪法设计的人民代表大会制度是具体的民主制度形态；宪法规定依法治国的具体要求和主要内容。从外部结构来说，中国共产党主导各级人民代表大会及其常委会，在组织人事、工作内容、程序等各个方面控制人民代表大会；人民代表大会衍生出国家机构体系，包括立法、行政、监察、司法机构，共同构成依法治国的基础；党必须在宪法和法律的范围内活动，依法治国也要求将党的活动纳入法治轨道。具体结构可见下图：

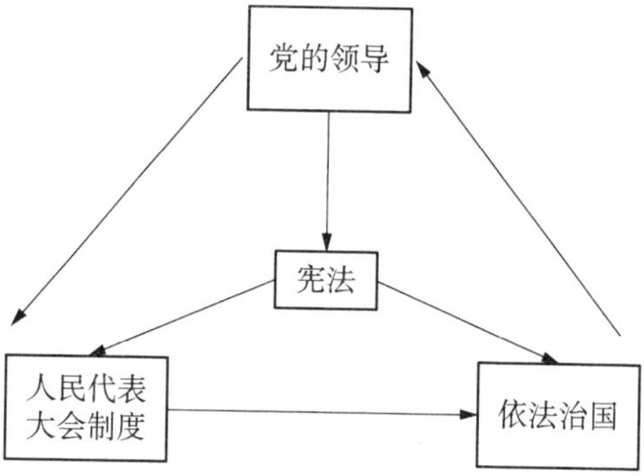

不过，以上只是浅层次的民主结构。实际上，我国宪法所设计的这一民主形式和关系更为复杂，其核心逻辑就是所有的权力关系都处在相互约束之中，共同构成最高权威，而单独一项均不体现宪法秩序的全貌。

从宪法的角度来说，中国共产党领导是宪法明确规定的民主性之内容，但宪法的价值与功能正是控制民主；宪法设计人民代表大会制度，全国人大亦可通过修改宪法以及立法、解释宪法等方式发展宪法；宪法确立了依法治国的逻辑，但法治正是为了贯彻宪法，包括了宪法的实施。从外部结构的角度来说，人民代表大会制度是实现人民当家作主的制度形式,它与党的领导具有目标一致性;全国人民代表大会供给法律,但法治要求民意表达方式和民意机关也要在法治之中;法治约束政党,也为党的领导提供基本方式。于是上图可以更进一步复杂化为如下形式:

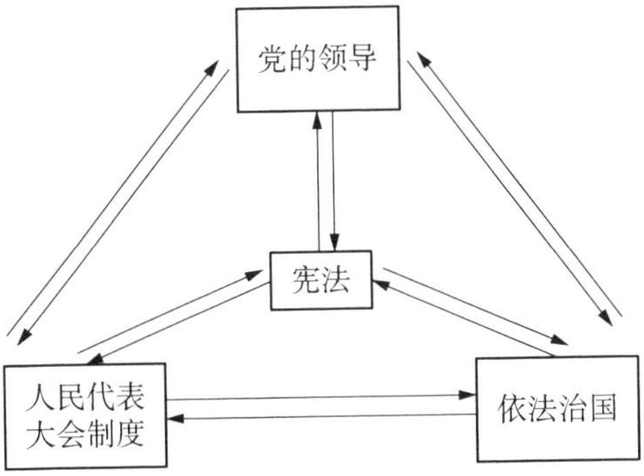

(二)全面贯彻实施宪法

可见,我国宪法设计的社会主义民主制度形式是一个元素繁多、相互约束的结构,党的领导、人民当家作主、依法治国有机统一是作为一个整体存在于宪法之中,构成了国家的根本政治结构。离开任何一个元素,就意味着宪法秩序的变革。比如,离开党的领导,社会主义事业就少了保证,这是"改旗易帜的邪路";离开人民当家作主,社会主义事业缺少了本质,我们就会失去方向,这也是"改旗易帜的邪路";离开依法治国,社会主义事业就偏离了路线,这是"封闭僵化的老路"。① 维护坚持党的领导、人民当家作主、依法治国有机统一就是维护宪法的内容,而三者有机统一也就是宪法所设定的民主政治发展的底线。坚持"全面"贯彻实施宪法,就是坚持党的领导、人民当家作主、依法治国有

① 中国共产党主张既不走封闭僵化的老路,也不走改旗易帜的邪路,而且要保持政治定力。参见习近平:《决胜全面建成小康社会　夺取新时代中国特色社会主义伟大胜利——在中国共产党第十九次全国代表大会上的报告(2017 年 10 月 18 日)》,人民出版社 2017 年版,第 17 页。关于"改旗易帜的邪路"和"封闭僵化的老路"是理论界讨论很多的话题。参见汪青松:《"两个不走":中国道路的方向性规定》,载《政治学研究》2014 年第 6 期。

机统一，这也是“全面”一词的意义。在任何时候，政治体制改革都要受到宪法的控制，国家监察体制改革就提供了一个范例。[①]

就政治实践来说，必须以宪法为中心，全面贯彻实施宪法，始终坚持依宪治国，是最容易达成共识的现代化的中国特色社会主义民主政治发展方案。习近平在总结新中国成立以来60多年我国宪法制度的发展历程时指出：“只要我们切实尊重和有效实施宪法，人民当家作主就有保证，党和国家事业就能顺利发展。反之，如果宪法受到漠视、削弱甚至破坏，人民权利和自由就无法保证，党和国家事业就会遭受挫折。”[②]这是长期实践中得出的“宝贵启示”，反映了宪法的根本地位。宪法凝聚了人民的共识，[③]所以，重视宪法的政治发展能够取得最大公约数。中国特色社会主义民主政治发展与国家治理体系现代化是紧密结合在一起的，最能体现现代化要义的正是宪法实施和依宪治国，所以以宪法为中心的政治发展符合现代化的发展方向。实际上，这一判断也与国家监察体制改革相关，一个直接表现就在于改革始终没有离开宪法讨论的范围，最后还通过修改宪法的方式来完成。宪法控制是确保改革成功的关键。[④]

总而言之，重视宪法，推动宪法实施，坚持以宪法治国，是政治体制改革的核心要义，也是中国特色社会主义民主政治发展的根本出路。如此改革方略，体现了政治体制改革的整体性特征，可称得上“整体改革观”。

本章小结

政治体制改革与中国特色社会主义民主政治发展是坚持和完善中

---

① 李少文：《国家监察体制改革的宪法控制》，载《当代法学》2019年第3期。

② 习近平：《在首都各界纪念现行宪法公布施行30周年大会上的讲话（2012年12月4日）》，载《人民日报》2012年12月5日第002版。

③ 韩大元：《宪法与社会共识：从宪法统治到宪法治理》，载《交大法学》2012年第1期。

④ 李少文：《国家监察体制改革的宪法控制》，载《当代法学》2019年第3期。

国特色社会主义制度、推进国家治理体系和治理能力现代化的关键性问题,关系着国家的长治久安。它们遵循何种规律、形成哪种模式,正是理论研究需要回答的问题。本章以国家监察体制改革为例,形成如下具体结论。第一,坚持党的领导、人民当家作主、依法治国有机统一是中国特色社会主义民主政治发展的基本框架和根本规律,也是改革开放 40 多年来我们社会主义事业成功的奥秘之所在。三者有机统一并不是纯粹抽象的,而是体现在实践之中,但实践表达又极为复杂。第二,三者有机统一首先是政治体制改革中的三者共同体现。国家监察体制改革体现民主逻辑、分权逻辑,表现在它是人民当家作主的重要制度建设;体现法治逻辑,表现在它是全面依法治国的具体实践;体现政治逻辑,表现在它以加强党的全面领导为根本目标,突出党的领导的政治保障作用。第三,三者在同一改革实践中存在不同侧重。党的领导、人民民主、法治三项元素在改革实践中有不同权重,尤其是具体改革措施贯彻的逻辑就有很大不同。第四,三者有机统一在历史进程中呈现出动态平衡的规律。历史发展存在着不同的阶段性主题,一个阶段通常只有一个或两个主题。一段时间里,我们特别注重人民当家作主的制度建设,又一段时间里,我们特别注重依法治国。现下,我们将加强党的全面领导作为阶段主题,正是反映了历史进程中的三者有机统一。第五,中国特色社会主义民主政治发展必须重视宪法。宪法最充分地体现了三者有机统一,它同时规定了这三项元素,提出了三者有机统一的要求,并且宪法因其根本法地位而将三者有机统一确定为改革底线。改革以及一个时期、阶段里的政治社会发展都不能逾越此底线。社会主义民主政治发展以全面贯彻实施宪法、坚持依宪治国为中心,贯彻宪法对政治体制改革的控制力,就能始终保持正确的方向。

结论：政党依附型宪法发展模式

宪法是一个历史性文件，是凝固的根本意志。这种历史属性的作用是两面的。通过凝固的历史意志约束动态的现时意志，防止执政者滥用权力以及民意，本就是制宪的目标。然而，历史宪法具有代际特征，可能不符合时代精神和社会要求。所以，几乎所有宪法都有不断发展的必要。宪法发展是一个宽泛概念，表达的是一部宪法按照某种设想不断进化的现象。这种发展并不是任意的，而是遵循一定规律，在形式上主要表现为不修改文本的解释（interpretation）、建造（construction）以及对文本的修改，在内容上涉及宪法的精神、原则等观念以及制度边界等概念，在方向上通常被界定为一种更适应现实社会的"进步"。与之相近的概念是德国法上的宪法变迁，但两者并不完全等同，后者包容度显然更弱，且方向性色彩较淡。宪法究竟如何发展、如何进步，可以按照宪法原初的精神、原则和规定提前进行设定，也要受到现时政治意志和政治活动的影响。

从历史经验看，宪法发展存在不同路径，已经证明的模式包括司法主导型和社会推动型。"司法主导型宪法发展模式"是指法官通过在个案中适用宪法、解释宪法，不断明确宪法文字的内涵，甚至向宪法注入新内涵，保证"活的宪法"，实现宪法发展。它适应了司法审查的制度逻辑，体现了法官的决定性作用以及司法主义的权力基础。"社会推动型宪法发展模式"是指在激烈变化的社会中，国家机关、政党以及社会力量等都可以对宪法的精神、原则以及制度内容提出主张，从而在社会运动中形成新的宪法共识,促成宪法的正式或者非正式修正,实现宪法观念以及制度的与时俱进。这种模式带有“非常态政治”的特征,反映了特定社会状态下重塑政治社会共识的过程,体现了人民的决定性作用。美国当代宪法学家布鲁斯·阿克曼的“宪法时刻”(constitutional moment)理论实际上就描述了社会运动对宪法发展的作用。

新时代中国政治实践表明宪法发展存在一种新路径,即“政党依附型宪法发展模式”,主要内容是指中国宪法发展受到中国共产党政党治理活动的影响。社会主义国家宪法发展依赖于执政党所开展的政治社会改革,特别是依附于马克思主义政党的政党治理。依附(dependency)是一种关系。依附理论(Dependency Theory)在关于现代化模式的讨论中得到广泛运用,或许也可以引入到政治发展和宪法发展问题中。宪法发展的依附性反映了这部宪法的本质属性和运行特征,政党依附型意味着宪法发展并非绝对自主的,而是主要受到政党影响。改革开放以来,我国的许多宪法实践,特别是一些争议性问题,或许可以从中得到一定启发。

本书主要分析新时代中国宪法发展受到全面从严治党的影响,尝试从不同方面揭示这种关系结构,包括全面从严治党对国家治理、政党治理、法治中国建设以及权力监督体系建设的影响,国家监察体制改革实现的党政关系、党法关系新发展,改革受到的宪法控制,监察法治建设的内在逻辑与外溢效应,等等。另外,从宪法角度看,它还表明了社会主义国家的“政党依附型宪法发展模式”。在社会主义国家,一切权力属于人民,但实践中的人民主权是复杂的。这是因为在人民民主专政的国体中,集中统一的马克思主义政党居于领导地位。中国是社会主义国家,中国共产党领导是中国特色社会主义事业的领导核心,中国共产党领导中国人民构成一种复合主权结构。社会主义国家宪法必须适应马克思主义政党特征和人民民主专政的国体,宪法发展受到政党活动影响,宪法呈现出一种依附逻辑。当然,宪法是根本法,还有其自主逻辑和不可逾越的内在要求,也约束着政治。其中的理论问题十分复杂，已非这里的讨论主题。“政党依附型宪法发展模式”可以说是理解中国宪法以及当代中国宪法实践的一种视角，它构成了本书的讨论终点和额外理论收获。

参考文献

一、中文著作

(1)《马克思恩格斯选集》(第1至4卷),人民出版社2012年版。
(2)《列宁选集》(第一至四卷),人民出版社。
(3)《毛泽东选集》(第一至四卷),人民出版社。
(4)《邓小平文选》(第一至三卷),人民出版社。
(5)《十八大以来重要文献选编》(上、下),中央文献出版社。
(6)《习近平谈治国理政》(第一至四卷),外文出版社。
(7)习近平:《论坚持全面深化改革》,中央文献出版社2018年版。
(8)习近平:《论坚持全面依法治国》,中央文献出版社2020年版。
(9)习近平:《论把握新发展阶段　贯彻新发展理念　构建新发展格局》,中央文献出版社2021年版。
(10)习近平:《论中国共产党历史》,中央文献出版社2021年版。
(11)《习近平关于协调推进"四个全面"战略布局论述摘编》,中央文献出版社2015年版。
(12)《习近平关于社会主义政治建设论述摘编》,中央文献出版社2017年版。
(13)《习近平关于全面从严治党论述摘编》(2021年版),中央文献出版社2021年版。
(14)《习近平新时代中国特色社会主义思想学习纲要》,学习出版社、人民出版社2019年版。
(15)[美]汉密尔顿、杰伊、麦迪逊:《联邦党人文集》,程逢如等译,商务印书馆1980年版。
(16)[美]麦迪逊:《辩论:美国制宪会议记录》,尹宣译,辽宁教育出版社2003年版。
(17)[美]萨托利:《政党与政党体制》,王明进译,商务印书馆2006年版。
(18)[美]富勒:《法律的道德性》,郑戈译,商务印书馆2005年版。
(19)[美]戴维·阿普特:《现代化的政治》,李剑、郑维伟译,中央编译出版社2011年版。
(20)[美]福山:《政治秩序的起源》,毛俊杰译,广西师范大学出版社2014年版。

(21) [美]阿克曼:《别了,孟德斯鸠:新分权的理论与实践》,聂鑫译,中国政法大学出版社 2016 年版。
(22) [美]阿克曼:《我们人民:奠基》,汪庆华译,中国政法大学出版社 2017 年版。
(23) [美]罗文斯坦:《现代宪法论》,王锴、姚凤梅译,清华大学出版社 2017 年版。
(24) [美]戈登:《控制国家》,应奇等译,江苏人民出版社 2001 年版。
(25) [英]洛克:《政府论》(下篇),叶启芳、瞿菊农译,商务印书馆 1964 年版。
(26) [英]哈特:《法律的概念》,许家馨、李冠宜译,法律出版社 2011 年版。
(27) [英]维尔:《宪政与分权》,苏力译,生活・读书・新知三联书店 1997 年版。
(28) [英]惠尔:《现代宪法》,翟小波译,法律出版社 2006 年版。
(29) [法]孟德斯鸠:《论法的精神》,许明龙译,商务印书馆 2016 年版。
(30) [法]卢梭:《社会契约论》,何兆武译,商务印书馆 2003 年版。
(31) [法]托克维尔:《论美国的民主》,董果良译,商务印书馆 1988 年版。
(32) [法]西耶斯:《论特权・第三等级是什么?》,冯棠译,商务印书馆 1990 年版。
(33) [德]康拉德・黑塞:《联邦德国宪法纲要》,李辉译,商务印书馆 2006 年版。
(34) [德]迪特儿・格林:《现代宪法的诞生、运作和前景》,刘刚译,法律出版社 2010 年版。
(35) [德]马克斯・韦伯:《社会科学方法论》,杨富斌译,华夏出版社 1999 年版。
(36) [德]马克斯・韦伯:《经济与社会》(第一卷),阎克文译,上海人民出版社 2020 年版。
(37) [德]马克斯・韦伯:《经济与社会》(第二卷)(上、下册),阎克文译,上海世纪出版集团 2020 年版。
(38) [德]施密特:《宪法学说》,刘锋译,上海人民出版社 2016 年版。
(39) [德]罗伯特・米歇尔斯:《寡头统治铁律——现代民主制度中的政党社会学》,任军锋等译,天津人民出版社 2003 年版。
(40) [意]安格鲁・帕尼比昂科:《政党:组织与权力》,周建勇译,上海人民出版社 2013 年版。
(41) 陈顾远:《中国法制史概要》,商务印书馆 2011 年版。
(42) 陈新民:《德国公法学基础理论》(上、下册),山东人民出版社 2001 年版。
(43) 陈端洪:《制宪权与根本法》,中国民主法制出版社 2010 年版。
(44) 陈国权、皇甫鑫:《功能性分权:中国的探索》,中国社会科学出版社 2021 年版。
(45) 邓纯东:《全面从严治党理论研究》,中国社会科学出版社 2020 年版。
(46) 黄炎培:《八十年来:黄炎培回忆录》,中国文史出版社 1982 年版。
(47) 胡锦光:《新时代宪法发展与依宪治国》,法律出版社 2021 年版。
(48) 韩大元主编:《比较宪法——宪法文本与宪法解释》,中国人民大学出版社 2007 年版。
(49) 罗豪才、宋功德:《软法亦法》,法律出版社 2005 年版。
(50) 李世忠:《全面从严治党的方法论研究》,新华出版社 2021 年版。
(51) 秦前红、叶海波:《国家监察制度改革研究》,法律出版社 2018 年版。
(52) 秦前红:《监察改革中的法治工程》,译林出版社 2020 年版。
(53) 莫纪宏:《实践中的宪法学原理》,法律出版社 2007 年版。
(54) 马怀德主编:《监察法学》,人民出版社 2019 年版。
(55) 祁刚利:《政党民主论》,中央编译出版社 2011 年版。

(56) 宋功德、张文显主编:《党内法规学》,高等教育出版社 2020 年版。
(57) 邵春保:《新时代全面从严治党新布局》,中国方正出版社 2018 年版。
(58) 许崇德:《中华人民共和国宪法史》,福建人民出版社 1995 年版。
(59) 俞可平:《权力与权威》,商务印书馆 2020 年版。
(60) 叶海波:《政党立宪主义研究》,厦门大学出版社 2009 年版。
(61) 杨德山:《中国共产党的政党学说:一个学说史视角的梳理和分析》,中共党史出版社 2005 年版。
(62) 张翔主编:《德国宪法案例选释(第一辑):基本权利总论》,法律出版社 2012 年版。
(63) 周淑真:《政党政治学》,人民出版社 2011 年版。
(64) 周叶中主编:《宪法》,高等教育出版社、北京大学出版社 2006 年版。
(65) 中央纪委国家监委新闻传播中心:《全面从严治党职责与实践探索》,人民出版社。

二、中文文章

(1) 习近平:《坚定不移走中国特色社会主义法治道路　为全面建设社会主义现代化国家提供有力法治保障》,载《求是》2021 年第 5 期。
(2) 习近平:《推进党的建设新的伟大工程要一以贯之》,载《求是》2019 年第 19 期。
(3) 习近平:《在中央人大工作会议上的讲话(2021 年 10 月 13 日)》,载《求是》2022 年第 5 期。
(4) 习近平:《以史为鉴、开创未来,埋头苦干、勇毅前行》,载《求是》2022 年第 1 期。
(5) 习近平:《在新的起点上深化国家监察体制改革》,载《求是》2019 年第 5 期。
(6) 习近平:《坚持、完善和发展中国特色社会主义国家制度与法律制度》,载《求是》2019 年第 23 期。
(7) 习近平:《在庆祝全国人民代表大会成立 60 周年大会上的讲话(2014 年 9 月 5 日)》,载《人民日报》2014 年 9 月 6 日第 002 版。
(8) 习近平:《在第十八届中央纪律检查委员会第六次全体会议上的讲话(2016 年 1 月 12 日)》,载《人民日报》2016 年 5 月 3 日第 002 版。
(9) 习近平:《在省部级主要领导干部学习贯彻党的十八届五中全会精神专题研讨班上的讲话(2016 年 1 月 18 日)》,载《人民日报》2016 年 5 月 10 日第 002 版。
(10) 习近平:《在华盛顿州当地政府和美国友好团体联合欢迎宴会上的演讲(2015 年 9 月 22 日,西雅图)》,载《人民日报》2015 年 9 月 24 日第 002 版。
(11) 习近平:《在"不忘初心、牢记使命"主题教育总结大会上的讲话(2020 年 1 月 8 日)》,载《人民日报》2020 年 01 月 09 日第 002 版。
(12) 习近平:《在党的群众路线教育实践活动总结大会上的讲话(2014 年 10 月 8 日)》,载《人民日报》2014 年 10 月 09 日第 002 版。
(13) 王岐山:《推动全面从严治党向纵深发展　以优异成绩迎接党的十九大召开——在中国共产党第十八届中央纪律检查委员会第七次全体会议上的工作报告(2017 年 1 月 6 日)》,载《人民日报》2017 年 01 月 20 日第 004 版。
(14) 王晨:《关于〈中华人民共和国宪法修正案(草案)〉的说明——2018 年 3 月 5

日在第十三届全国人民代表大会第一次会议上》，载《中华人民共和国全国人民代表大会常务委员会公报》2018 年特刊。
(15) 李建国：《关于〈中华人民共和国监察法(草案)〉的说明——2018 年 3 月 13 日在第十三届全国人民代表大会第一次会议上》，载《中华人民共和国全国人民代表大会常务委员会公报》2018 年第 2 期。
(16)《彭真传》编写组：《彭真主持起草一九八二年宪法》，载《党的文献》2013 年第 1 期。
(17) 人民日报社论：《新时期治国安邦的总章程》，载《人民日报》1982 年 12 月 5 日第 001 版。
(18) 中华人民共和国国务院新闻办公室：《中国的民主》，载《人民日报》2021 年 12 月 05 日第 005 版。
(19) 白钢、潘迎春：《论坚持党的领导、人民当家作主和依法治国的有机统一》，载《政治学研究》2010 年第 1 期。
(20) 曹鎏：《论职务违法调查的理论逻辑、规制路径及证据规则》，载《法学评论》2020 年第 5 期。
(21) 陈光中、邵俊：《我国监察体制改革若干问题思考》，载《中国法学》2017 年第 4 期。
(22) 陈端洪：《论宪法作为国家的根本法和高级法》，载《中外法学》2008 年第 4 期。
(23) 陈端洪：《宪法学的知识界碑——一个政治学者和一个宪法学者关于制宪权的对话》，载《开放时代》2010 年第 3 期。
(24) 陈瑞华：《论国家监察权的性质》，载《比较法研究》2019 年第 1 期。
(25) 陈志刚：《正确理解党的领导与依法治国、依宪执政》，载《马克思主义研究》2016 年第 6 期。
(26) 陈驰、陈亮：《政党治理现代化的制度路径》，载《四川师范大学学报(社会科学版)》2020 年第 6 期。
(27) 陈柏峰：《党内法规的功用和定位》，载《国家检察官学院学报》2017 年第 3 期。
(28) 陈金钊：《对"重大改革都要于法有据"之"法"的理解》，载《中共浙江省委党校学报》2015 第 3 期。
(29) 陈家喜、黄惠丹：《论政党治理视域中的全面从严治党》，载《社会主义研究》2016 年第 3 期。
(30) 蔡定剑：《党政分开与加强社会主义民主建设》，载《当代法学》1988 年第 1 期。
(31) 程迈：《欧美国家宪法中政党定位的变迁——以英美法德四国为例》，载《环球法律评论》2012 年第 3 期。
(32) 程雷：《刑事诉讼法与监察法的衔接难题与破解之道》，载《中国法学》2019 年第 2 期。
(33) 陈国权、周鲁耀：《制约与监督：两种不同的权力逻辑》，载《浙江大学学报(人文社会科学版)》2013 年第 6 期。
(34) 褚福民：《以审判为中心与国家监察体制改革》，载《比较法研究》2019 年第 1 期。
(35) 丁邦开：《党政分开的法学思考》，载《法学研究》1988 年第 3 期。
(36) 丁玮：《宪政视野下的刑事正当程序——美国宪法与刑事诉讼法关系的实证分析》，载《吉林大学社会科学学报》2009 年第 6 期。

(37) 龚少情:《政党精英主义的贫困——对政党寡头统治铁律否定党内民主的一种批判性考察》,载《科学社会主义》2015 年第 4 期。
(38) 公丕祥:《新时代伟大社会革命的宪法保障》,载《法律科学》2018 年第 4 期。
(39) 葛洪义:《"监督"与"制约"不能混同——兼论司法权的监督与制约的不同意义》,载《法学》2007 年第 10 期。
(40) 郭文涛:《监察委员会监察人大代表的理解与论证》,载《西南政法大学学报》2018 年第 4 期。
(41) 郭定平:《政党中心的国家治理:中国的经验》,载《政治学研究》2019 年第 3 期。
(42) 莫纪宏:《国家监察体制改革要注重对监察权性质的研究》,载《中州学刊》2017 年第 10 期。
(43) 莫纪宏:《坚持党的领导与依法治国》,载《法学研究》2014 年第 6 期。
(44) 马岭:《政体变化与宪法修改:监察委员会入宪之讨论》,载《中国法律评论》2017 年第 4 期。
(45) 马岭:《监察委员会的设立与人大制度的完善及宪法修改》,载《苏州大学学报(法学版)》2017 第 4 期。
(46) 马岭:《关于监察制度立法问题的探讨》,载《法学评论》2017 年第 3 期。
(47) 马怀德:《全面从严治党亟待改革国家监察体制》,载《光明日报》2016 年 11 月 12 日第 3 版。
(48) 马怀德:《〈国家监察法〉的立法思路与立法重点》,载《环球法律评论》2017 年第 2 期。
(49) 孟涛:《党内法规体系的形成与完善》,载《法学研究》2021 年第 6 期。
(50) 欧爱民:《合署办公的宪法学思考——以国家监察委员会的创制为样本》,载《广西大学学报(哲学社会科学版)》2019 年第 6 期。
(51) 胡锦光:《论国家监察体制改革语境下的宪法修改》,载《北京行政学院学报》2017 年第 5 期。
(52) 韩大元:《宪法与社会共识:从宪法统治到宪法治理》,载《交大法学》2012 年第 1 期。
(53) 韩大元:《认真对待中国宪法文本》,载《清华法学》2012 年第 6 期。
(54) 韩大元:《中国共产党依宪执政论析》,载《中共中央党校学报》2014 年第 6 期。
(55) 韩大元:《论国家监察体制改革中的若干宪法问题》,载《法学评论》2017 年第 3 期。
(56) 郝铁川:《论良性违宪》,载《法学研究》1996 年第 4 期。
(57) 胡萧力、王锡锌:《基础性权力与国家"纵向治理结构"的优化》,载《政治与法律》2016 年第 3 期。
(58) 江泽林:《"两会制"民主视域下的人民政协——全过程人民民主的重要政治制度》,载《中国社会科学》2021 年第 12 期。
(59) 江国华:《正当性、权限与边界——特别权力关系理论与党内法规之证成》,载《法律科学》2019 年第 1 期。
(60) 季卫东:《论法制的权威》,载《中国法学》2013 年第 1 期。
(61) 姜明安:《国家监察法立法的若干问题探讨》,载《法学杂志》2017 年第 3 期。
(62) 姜明安:《论中国共产党党内法规的性质与作用》,载《北京大学学报(哲学社会科学版)》2012 年第 3 期。
(63) 焦洪昌、叶远涛:《论国家监察体制改革的修宪保障》,载《北京行政学院学报》2017 年第 3 期。
(64) 蒋劲松:《政党的国法治理》,载《法学》2016 年第 1 期。
(65) 泮伟江:《宪法的社会学启蒙——论作为政治系统与法律系统结构耦合的宪法》,载《华东政法大学学报》2019 年第 3 期。
(66) 陆宇峰:《"自创生"系统论法学:一种理解现代法律的新思路》,载《政法论坛》2014 年第 4 期。
(67) 陆宇峰:《依规治党与依法治国相统一的原理和要求》,载《当代世界与社会主义》2017 年第 1 期。
(68) 林彦:《通过立法发展宪法——兼论宪法发展程序间的制度竞争》,载《清华法学》2013 年第 2 期。
(69) 林来梵:《转型期宪法的实施形态》,载《比较法研究》2014 年第 4 期。
(70) 刘艳红:《程序自然法作为规则自洽的必要条件——监察委留置权运作的困境及法治化路径》,载《华东政法大学学报》2018 年第 3 期。
(71) 刘艳红:《监察委员会调查权运作的双重困境及其法治路径》,载《法学论坛》2017 年第 6 期。
(72) 刘怡达:《论纪检监察权的二元属性及其党规国法共治》,载《社会主义研究》2019 年第 1 期。
(73) 刘先春、柳宝军:《近年来国内学界政党治理研究述评》,载《当代世界与社会主义》2016 年第 3 期。
(74) 刘作翔:《当代中国的规范体系:理论与制度结构》,载《中国社会科学》2019 年第 7 期。
(75) 刘作翔:《论重大改革于法有据:改革与法治的良性互动——以相关数据和案例为切入点》,载《东方法学》2018 年第 1 期。
(76) 刘峰:《十八大以来反腐败国家立法研究的回顾与展望》,载《法学评论》2017 年第 5 期。
(77) 刘志明:《列宁的无产阶级政党思想及其当代意义》,载《马克思主义研究》2010 年第 11 期。
(78) 刘家义:《论国家治理与国家审计》,载《中国社会科学》2012 年第 6 期。
(79) 刘建明:《"第四权力说"的历史滑落》,载《现代传播(中国传媒大学学报)》2006 年第 4 期。
(80) 李龙、周雪峰:《论"党的领导、人民当家作主和依法治国的有机统一"》,载《湘潭大学学报(哲学社会科学版)》2009 年第 3 期。
(81) 李忠:《国家监察体制改革与宪法再造》,载《环球法律评论》2017 年第 2 期。
(82) 李琦:《转型中国的修宪困境与政治正当性》,载《法商研究》2006 年第 4 期。
(83) 李海文、王燕玲:《彭真与现行宪法的制定——许崇德教授访谈录》,载《百年潮》2001 年第 12 期。
(84) 李海平:《论党内民主的宪制化》,载《云南社会科学》2013 年第 3 期。
(85) 李树忠:《党内法规与国家法律关系的再阐释》,载《中国法律评论》2017 年第 2 期。
(86) 李树忠:《改革与宪法关系论》,载《比较法研究》2020 年第 5 期。

（87）强世功:《从行政法治国到政党法治国——党法和国法关系的法理学思考》，载《中国法律评论》2016 年第 3 期。
（88）强世功:《党章与宪法:多元一体法治共和国的建构》，载《文化纵横》2015 年第 4 期。
（89）秦前红:《政党主治的宪法之维——基于制度主义立场的研究》，载《岭南学刊》2007 年第 1 期。
（90）秦前红、苏绍龙:《党内法规与国家法律衔接和协调的基准与路径——兼论备案审查衔接联动机制》，载《法律科学（西北政法大学学报）》2016 年第 5 期。
（91）秦前红:《困境、改革与出路:从“三驾马车”到国家监察——我国监察体系的宪制思考》，载《中国法律评论》2017 年第 1 期。
（92）秦前红、石泽华:《监察委员会留置措施研究》，载《苏州大学学报（法学版）》2017 年第 4 期。
（93）秦前红:《国家监察体制改革宪法设计中的若干问题思考》，载《探索》2017 年第 6 期。
（94）秦前红、刘怡达:《中国现行宪法中的“党的领导”规范》，载《法学研究》2019 年第 6 期。
（95）沈国明:《改革开放 40 年法治中国建设:成就、经验与未来》，载《东方法学》2018 年第 6 期。
（96）沈岿:《论宪制改革试验的授权主体——以监察体制改革试点为分析样本》，载《当代法学》2017 年第 4 期。
（97）沈岿:《宪法规范层次论——一种解释方法》，载《清华法学》2012 年第 5 期。
（98）石伟:《党内法规中的“刑法”——新修订版〈中国共产党纪律处分条例〉解读》，载《马克思主义与现实》2016 年第 4 期。
（99）孙笑侠、冯建鹏:《监督，能否与法治兼容——从法治立场来反思监督制度》，载《中国法学》2005 年第 4 期。
（100）田雷:《“差序格局”、反定型化与未完全理论化合意》，载《中外法学》2012 年第 5 期。
（101）童之伟:《“良性违宪”不宜肯定——对郝铁川同志有关主张的不同看法》，载《法学研究》1996 年第 6 期。
（102）童之伟:《国家监察立法预案仍须着力完善》，载《政治与法律》2017 年第 10 期。
（103）童之伟:《对监察委员会自身的监督制约何以强化》，载《法学评论》2017 年第 1 期。
（104）王汉斌:《邓小平同志亲自指导起草一九八二年宪法》，载《中国人大》2004 年第 16 期。
（105）王浦劬:《论当代中国地方政府的法律定位》，载《国家行政学院学报》2012 年第 6 期。
（106）王若磊:《依规治党与依法治国的关系》，载《法学研究》2016 年第 6 期。
（107）王梦瑶:《三权合一:论监察委员会留置权的性质定位》，载《福建警察学院学报》2018 年第 3 期。
（108）王旭:《“法治中国”命题的理论逻辑及其展开》，载《中国法学》2016 年第

1 期。
(109) 王韶兴、张垚:《政党法治:一种新型的政党文明形态》,载《文史哲》2005 年第 1 期。
(110) 汪青松:《“两个不走”:中国道路的方向性规定》,载《政治学研究》2014 年第 6 期。
(111) 汪海燕:《监察制度与〈刑事诉讼法〉的衔接》,载《政法论坛》2017 年第 6 期。
(112) 汪仕凯:《先锋队政党的治理逻辑:全面从严治党的理论透视》,载《政治学研究》2017 年第 1 期。
(113) 许崇德:《党的领导是我国宪法生命力的源泉》,载《法学家》2003 年第 5 期。
(114) 熊秋红:《监察体制改革中职务犯罪侦查权比较研究》,载《环球法律评论》2017 年第 2 期。
(115) 肖金明:《新中国宪法政治发展的回顾与展望》,载《法学论坛》2018 年第 3 期。
(116) 徐汉明:《国家监察权的属性探究》,载《法学评论》2018 年第 1 期。
(117) 俞可平:《马克思论民主的一般概念、普遍价值和共同形式》,载《马克思主义与现实》2007 年第 3 期。
(118) 俞可平:《权力与权威:新的解释》,载《中国人民大学学报》2016 年第 3 期。
(119) 叶海波:《中国共产党依规治党的法治基因及其百年历史演进》,载《武汉大学学报(哲学社会科学版)》2021 年第 1 期。
(120) 姚国建:《论“党规严于国法”的正当性及其界域》,载《理论视野》2020 年第 6 期。
(121) 杨建军:《党内法规对责任制度的构造》,载《法学》2022 年第 5 期。
(122) 虞崇胜:《国法与党纪:“双笼关虎”的制度逻辑》,载《探索》2015 年第 2 期。
(123) 袁刚:《封建皇权和中国古代的监察监督》,载《法学杂志》2000 年第 3 期。
(124) 应星:《政党治理传统的实践逻辑》,载《学海》2020 年第 4 期。
(125) 翟志勇:《八二宪法的生成与结构》,载《华东政法大学学报》2012 年第 6 期。
(126) 翟志勇:《人民主权是一种法权结构与公民行动》,载《学术月刊》2013 年第 10 期。
(127) 翟志勇:《监察委员会与“八二宪法”体制的重塑》,载《环球法律评论》2017 年第 2 期。
(128) 翟志勇:《论监察权的宪法性质——兼论八二宪法的分权体系》,载《中国法律评论》2018 年第 1 期。
(129) 赵晖、梁剑:《“政治与行政二分”及“党政分开”思想的政治智慧与实践》,载《理论探讨》2014 年第 5 期。
(130) 张友渔:《宪法修改和坚持四项基本原则》,载《青海社会科学》1982 年第 3 期。
(131) 张恒山:《论坚持党的领导与依法治国》,载《安徽师范大学学报(人文社会科学版)》2015 年第 2 期。
(132) 张步文:《“双规双指”:相对合理性与适法有限性》,载《河北法学》2005 年第 1 期。
(133) 张湛彬:《八十年代的中国政治体制改革》,载《党史研究与教学》2000 年第 2 期。
(134) 张建伟:《法律正当程序视野下的新监察制度》,载《环球法律评论》2017 年第

2 期。
(135) 张翔、赖伟能:《基本权利作为国家权力配置的消极规范——以监察制度改革试点中的留置措施为例》,载《法律科学》2017 年第 6 期。
(136) 张晋藩:《中国古代监察思想、制度与法律论纲——历史经验的总结》,载《环球法律评论》2017 年第 2 期。
(137) 张国安:《论中国古代监察制度及其现代借鉴》,载《法学评论》2009 年第 2 期;
(138) 张峰振:《论宪法保留》,载《政法论坛》2018 年第 4 期。
(139) 张志铭:《转型中国的法律体系建构》,载《中国法学》2009 年第 2 期。
(140) 张文显:《新时代全面依法治国的思想、方略和实践》,载《中国法学》2017 年第 6 期。
(141) 张文显:《坚持依法治国和依规治党有机统一》,载《政治与法律》2021 年第 5 期。
(142) 张文显:《习近平法治思想的理论体系》,载《法制与社会发展》2021 年第 1 期。
(143) 章志远:《论党内法规制定中的党员参与》,载《法治研究》2019 年第 2 期。
(144) 周佑勇:《推进国家治理现代化的法治逻辑思维方法》,载《法商研究》2020 年第 4 期。
(145) 周佑勇:《对监督权的再监督:地方人大监督地方监察委员会的法治路径》,载《中外法学》2020 年第 2 期。
(146) 周叶中:《宪法至上:中国法治之路的灵魂》,载《法学评论》1995 年第 6 期。
(147) 周叶中、邓书琴:《论中国共产党党内法规的价值取向——以党员义务和党员权利为视角》,载《中共中央党校学报》2018 年第 4 期。
(148) 郑磊:《国家监察体制改革的修宪论纲》,载《环球法律评论》2017 年第 2 期。
(149) 祝捷、王萌:《新时代推进党内法规制度建设创新路径探析》,载《兰州学刊》2020 年第 6 期。
(150) 朱福惠:《论检察机关对监察机关职务犯罪调查的制约》,载《法学评论》2018 年第 3 期。

三、外文资料

(1) Alan Ware, *The American Direct Primary: Party Institutionalization and Transformation in the North*, London: Cambridge University Press, 2002.
(2) Bruce Ackerman, *We the People*, Vol. 1: Foundations, Cambridge: Harvard University Press, 1991.
(3) Cass Sunstein, *Designing Democracy: What Constitutions Do*, Oxford: Oxford University Press, 2001.
(4) Christopher Kam, *Party Discipline and Parliamentary Politics*, London: Camb-ridge University Press, 2009.
(5) Deter Grimm, *The Achievement of Constitutionalism and its Prospects in a Changed World*, in Martin Loughlin and Petra Dobner (eds.), The Twilight of Constitutionalism?, Oxford: Oxford University Press, 2010, pp. 328 - 349.
(6) Gary D. Rowe, Lochner Revisionism Revisited, *Law & Social Inquiry*, Vol. 24, No. 1(1999), pp. 221 - 252.

(7) Giovanni Satoria, *Comparative Constitutional Engineering: An Inquiry into S-tructures, Incentives and Outcomes*, New York: New York University Press, 1997.

(8) James Bryce, *Flexible and Rigid Constitution*, in James Bryce, Studies in His-tory and Jurisprudence, Oxford: Clarendon Press, 1901, pp. 124 - 213.

(9) John F. Bibby, *Politics, Parties, and Elections in America* (forth edition), Belmont, CA: Wadsworth, 2000.

(10) Karen M. Kaufmann, J. G. Gimpel and A. H. Hoffman, A Promise Fulf-illed? Open Primaries and Representation, *Journal of Politics*, Vol. 65, No. 2 (2003), pp. 457 - 476.

(11) Karl Loewenstein, Militant Democracy and Fundamental Rights(I), *The American Political Science Review*, Vol. 31, No. 3(1937); Militant Democracy and Fundamental Rights(II), *The American Political Science Review*, Vol. 31, No. 4(1937).

(12) Keith Whittington, *Constitutional Construction: Divided Powers and Constitutional Meaning*, Cambridge: Harvard University Press, 1999.

(13) Krister Lundell, Determinants of Candidate Selection: The Degree of Centralization in Comparative Perspective, *Party Politics*, Vol. 10, No. 1(2004), pp. 25 - 47.

(14) Larry J. Sabato and Howard R. Ernst, *Encyclopedia of American Political Parties and Elections*, New York: Infobase Publishing, 2009.

(15) Maurice Duverger, *Political Parties: Their Organisation and Activity in the Modern State*, London: Methuen, 1954.

(16) Michael Besso, A Study in Constitutional Development: The Effect of Political and Social Institutions on the Campaign for a Written Constitution in Connecticut, *Studies in American Political Development*, Vol. 17, No. 2 (2003), pp. 117 - 148.

(17) Neal Devins and Louis Fisher, *The Democratic Constitution*, New York: Oxford University Press, 2004.

(18) Nelson W. Polsby, *Consequence of Party Reform*, Oxford: Oxford University Press, 1983.

(19) Reuven Hazan, *Does Cohesion Equal Discipline? Towards a Conceptual Delin-eation*, in Reuven Y. Hazan (eds.), Cohesion And Discipline in Legislatures: Political Parties, Party Leadership, Parliamentary Committees and Governance, London: Routledge, 2013.

(20) Richard Gunther and Larry Diamond, *Types and Functions of Parties*, in Larry Diamond and Richard Gunther (eds.), Political Parties and Democracy, Baltimore and London: The Johns Hopkins University Press, 2001.

(21) Richard Forgette, *Congress, Parties & Puzzles: Politics as a Team Sport*, New York: Peter Lang, 2004.

(22) Tom Ginsburg (eds.), *Comparative Constitutional Design*, London: Cambrid-ge University Press, 2012.

后　记

本书是近年来我围绕全面从严治党与中国宪法发展的关系所做研究的初步梳理，也是我主持的国家社科基金青年项目“全面从严治党的宪法基础”研究（17CFX009）的主要成果。中国共产党十八大以来最重要的政治活动之一就是全面从严治党，这也对中国法治建设产生了深刻影响。可以说，新时代我们取得的一系列成就，离不开全面从严治党。这种真实的政治活动，必然对宪法这个政治法产生直接或间接影响。理论界对这一现象的感知是明确的，但由于种种原因，研究或许仍有一些不足。我选择这个主题，应当说有着较为明确的“问题导向”，也怀有一定的理论追求。本书分析新时代全面从严治党促进宪法发展的影响关系，也从宪法角度提炼出“政党依附型宪法发展模式”。围绕此题，我做了不少研究，一些成果已经公开发表，其中还提出了个别新颖观点，所以整理后出版，希望有一定社会意义，当然也以此完成我的具体工作任务。

该研究是我在学术道路上一以贯之却仍不成熟的一项成果。对于政党问题，我总体上是熟悉的，因为七八年前我所做的博士论文就可以归属到政党与选举主题，后来也由上海三联书店出版社正式出版（《西方政党初选机制比较研究》，上海三联书店 2018 年版）。到中央党校工作后，我没有放弃这一主题，但从比较研究转向了中国问题研究，倒也契合党校的理论特色。对于当代中国宪法学来说，这一研究是不易的。其中的困难从多年前的选题直至今时的出版，我都深有感触。

除关注美国政党制度外，我较早注意到并积极引入宪法工程(constitutional engineering)的理论。这一全球化思维下的宪法实践学说在美国影响很大，但国内关注却不多，虽然包括我在内的研究者有一些引介、改造，但终究难以有效成长。当然原因有很多。不过，这种探寻制度原理、关注制度效能以及重视理性设计的新型宪法学思维，在回答全面从严治党所带来的政治影响以及如何推进国家监察体制改革时，仍有积极意义。本书也可以算作我在此理论研究上的一项成果。

我还积极引入了另一理论——宪法建造(constitutional construction)。它属于在美国有较大影响但国内不甚重视的一个学说脉络。长期以来，我们对宪法的理解主要是司法化的，运用的是法官裁判思维下的逻辑和概念。这种司法主义的宪法思维，美国是始作俑者，但在美国也存在一种反思性考虑，即国会和总统对宪法做了什么，产生了什么影响。宪法建造大约是其中的一个理论，它关注受约束的政治主体如何反向作用于具有约束力的宪法，如何在不修改宪法的情况下通过建造(construct)宪法的不确定性内容，赋予宪法原本不具备的新内涵，实现政治目标，同时推动宪法发展。或许有人反对使用这个概念，但历史上，政治主体在不断建造宪法新内涵，这种现象是客观存在的。我在北京大学法学院读博士时就已经注意到这个理论，尝试引入、改造，正是出于中国存在改革与宪法关系难题的缘由。将其运用于国家监察体制改革和监察法治，是一种新理论方案。它也并非只是一种扩权的理论工具。当然，对此我还有更多设想，包括进一步提炼"互动宪法"的观念，即政治主体不断向宪法不确定性内容寻找合法性，宪法不断从政治活动中获得生命力，从而形成动态合法性的理论。它可以从全面从严治党与宪法的关系中获得启示，但已非本书的任务。

这些议题以及我的研究路径，都属于"hard 模式"，从思考、成文到呈现在大家面前，经历了许多曲折。不过，这些研究可以将视野打开，而且一些理论探索也有一定的现实意义。在宪法与政治的关系问题上，怕是没有什么捷径可走。近几年，我更加关注一些原理性问题，特别重视合法性以及宗教、道德、理性等权威元素和审议民主，对韦伯、德沃金十分感兴趣。我经常感慨，韦伯为何如此伟大，德沃金的理论为何如此具有启发性。我尝试将宪法与它们结合在一起，这种思路在本书中也有一些体现。聚焦这些理论，并非没有现实关怀。实际上，它们可以为当代中国提供很多启示，特别是其中所蕴藏的一些政治原理，是我们用以建设中国特色宪法学自主知识体系的深刻基础、必要内容，也是从制度文明高度探寻中国特色宪法发展道路的有效选择。对此，当代中国宪法学或许还有关注不够、思考不深的地方，而这恰是我所理解的中央党校理论研究的使命与特色。

在研究过程中，我的领导和老师给予了很多关心和帮助。中央党校的卓泽渊、时和兴、周佑勇、封丽霞教授等领导一直支持我的教学科研工作，卓泽渊教授审定了当时课题申请的材料，周佑勇教授建议了本书的名称，刘启云、王立峰教授等前辈同事对这一研究提出过很多指导建议。一直关心我的北京大学叶静漪教授、武汉大学秦前红教授，都对此主题有深入思考，给我创造了很多学习条件。秦前红教授还欣然为本书作序。感谢国家社科基金以及匿名评审专家，让我能够立项且顺利结项。本书很多章节曾在期刊、报纸上公开发表，感谢这些刊物以及编辑老师的支持和帮助。感谢上海三联书店以及责任编辑郑秀艳老师，先后帮助我及时出版了两本著作。本书从筹备到出版，较为仓促，还存在很多不足，请读者批评指正。

李少文

2023 年 9 月

图书在版编目(CIP)数据

全面从严治党与新时代中国宪法发展/李少文著. —上海：上海三联书店,2023.9
ISBN 978-7-5426-8222-2

Ⅰ.①全… Ⅱ.①李… Ⅲ.①中国共产党—党的建设—研究 ②宪法—研究—中国 Ⅳ.①D26②D921.04

中国国家版本馆 CIP 数据核字(2023)第 165584 号

全面从严治党与新时代中国宪法发展

著　　者 / 李少文

责任编辑 / 郑秀艳
装帧设计 / 一本好书
监　　制 / 姚　军
责任校对 / 王凌霄

出版发行 / 上海三联书店
(200030)中国上海市漕溪北路 331 号 A 座 6 楼
邮　　箱 / sdxsanlian@sina.com
邮购电话 / 021-22895540
印　　刷 / 上海惠敦印务科技有限公司

版　　次 / 2023 年 9 月第 1 版
印　　次 / 2023 年 9 月第 1 次印刷
开　　本 / 640 mm × 960 mm　1/16
字　　数 / 200 千字
印　　张 / 16
书　　号 / ISBN 978-7-5426-8222-2/D·599
定　　价 / 68.00 元

敬启读者,如发现本书有印装质量问题,请与印刷厂联系 021-63779028